高等职业教育"十二五"规划教材

Daolu Jiaotong Kongzhi Jishu Yingyong
道路交通控制技术应用

林晓辉　曹成涛　编著

人民交通出版社

内 容 提 要

本书采用任务驱动模式，结合实际工程项目——某市干道信号协调控制系统设计与实施进行编写，将道路交通控制相关技术融合到工程项目设计的整个过程，在项目设计过程各阶段中，利用VISSIM交通微观仿真软件对各设计方案进行仿真论证。本书按照理论、知识、能力架构分成九个模块，包括道路交通控制基础知识、交通信号控制基础知识、交通量采集与统计、VISSIM交通仿真软件入门、交叉口定时控制设计与仿真、交叉口感应控制设计、干道信号协调控制方案设计与仿真、区域信号协调控制系统设计、高速公路交通控制设计。

本书可作为交通安全与智能控制专业以及交通工程、道路交通控制、交通安全工程等相关专业的专科和本科的教学用书，同时，本书也可作为交通运输、交通管理部门的管理和技术人员参考用书。

图书在版编目(CIP)数据

道路交通控制技术应用 / 林晓辉，曹成涛编著. —北京：人民交通出版社，2014.1
ISBN 978-7-114-11077-1

Ⅰ. ①道… Ⅱ. ①林… ②曾… Ⅲ. ①公路运输—交通控制 Ⅳ. ①U491.5

中国版本图书馆CIP数据核字(2013)第299220号

高等职业教育"十二五"规划教材
书　　名：道路交通控制技术应用
著 作 者：林晓辉　曹成涛
责任编辑：任雪莲
出版发行：人民交通出版社股份有限公司
地　　址：(100011) 北京市朝阳区安定门外外馆斜街3号
网　　址：http://www.ccpress.com.cn
销售电话：(010) 59757973
总 经 销：人民交通出版社股份有限公司发行部
经　　销：各地新华书店
印　　刷：北京市密东印刷有限公司
开　　本：787×1092　1/16
印　　张：16.75
字　　数：436千
版　　次：2014年1月　第1版
印　　次：2020年8月　第3次印刷
书　　号：ISBN 978-7-114-11077-1
定　　价：42.00元

(有印刷、装订质量问题的图书由本社负责调换)

交通安全与智能控制专业教材编审委员会

主　　任：徐建闽

副 主 任：郭庚麒　杨　波（企业专家）

成　　员：杨志伟　曹成涛　王　标（企业专家）

　　　　　林晓辉　李少伟　饶建炜（企业专家）

　　　　　廖建尚　秦　方（行业专家）

前　言

随着信息技术的飞速发展,道路交通控制技术日益更新,为了培养与时俱进的智能交通行业高技能人才,提高交通控制岗位从业人员的专业技术水平,广东交通职业技术学院交通安全与智能控制专业教学团队,在《道路交通信号控制》校本教材的基础上,编写了《道路交通控制技术应用》一书。

本书根据交通控制岗位能力要求,引入交通信号控制相关国家标准,融入大量城市道路交通控制工程案例,由从事交通技术类课程教学的教学团队编写。本教材主要有以下特色:

(1)"课岗融通,标准引领"。根据交通控制岗位能力要求,引入交通信号控制相关国家标准,确定课程知识模块,根据知识模块,确定教材各模块项目内容,真正做到"课岗"融通,标准引领,使学生所学即所考,所学即所需,适应智能交通行业人才需求。

(2)引入大量工程案例。本教材各模块项目知识点均引入工程案例,理论与实际相结合,吸引学生的注意,激发学生的学习兴趣,便于学生更好地理解和巩固理论知识。

(3)提出"能力目标与知识目标"。每个模块均设"能力目标"与"知识目标",提出本模块的"主要内容、学习能力目标、学习的难点与重点"等内容,让学生明白本模块所讲授的主要内容。

(4)配备多媒体辅助教学资源包。自主开发丰富的教学资料包(如动画、视频资料、互动性内容、试卷库等),方便教师教学,拓展学生的知识面,提高学生的自学能力。

本书由广东交通职业技术学院林晓辉、曹成涛编著,模块一～七由林晓辉编写,模块八～九由曹成涛编写,全书由林晓辉统稿。广东轻工职业技术学院王丽婷老师对书稿提出了宝贵意见;广州智能交通指挥中心、广东京安交通科技有限公司、广州运星科技有限公司的多位工程师对本书的编写提供了很大的帮助,在此表示感谢。

本书提供与教学配套的教学资源包,读者可登录"道路交通控制技术"精品课程网站(http://www.gdcp.cn/jpkc/jtkz)下载。

由于编者水平有限,加之时间仓促,书中难免存在不少缺点和错误,恳请各位读者批评指正。

编者
2013 年 7 月

目 录

模块一　道路交通控制基础知识 ··· 1
　项目一　认识道路交通控制的目的和任务 ·· 1
　项目二　认识交通信号及交通信号灯 ·· 4
　项目三　交通信号控制发展历程 ·· 6
　项目四　认识交通信号控制的范围及系统类型 ·· 8
　项目五　认识国内外城市主要采用的信号控制系统 ··································· 11
　项目六　认识我国城市道路交通控制面临的问题 ····································· 13

模块二　交通信号控制基础知识 ·· 15
　项目一　设计城市道路交叉口渠化 ··· 15
　项目二　认识道路交通标志标线 ··· 24
　项目三　认识交叉口控制方式 ··· 31
　项目四　绘制交叉口交通冲突图 ··· 35
　项目五　认识我国城市道路交叉口存在的交通问题 ··································· 38
　项目六　认识交通信号基本参数 ··· 40
　项目七　认识交通流参数 ··· 47
　项目八　认识交通控制性能指标 ··· 54
　项目九　设计交通信号相位 ··· 58
　项目十　认识交通信号控制建立的基本条件 ··· 61
　项目十一　设置人行信号灯及人行道 ··· 67

模块三　交通量采集与统计 ·· 69
　项目一　交通量调查概述 ··· 69
　项目二　交通量计数方法 ··· 76
　项目三　交通量调查方法 ··· 78
　项目四　检测器采集交通量数据 ··· 82

模块四　VISSIM 交通仿真软件入门 ··· 87
　项目一　认识交通仿真基础知识 ··· 87
　项目二　认识与操作 VISSIM 交通仿真软件 ··· 93
　项目三　仿真基本路段 ·· 101
　项目四　仿真停车让路控制交叉口 ·· 115
　项目五　仿真公交线路 ·· 120

模块五　交叉口定时控制设计与仿真 ··· 127
　项目一　分析车辆在信号交叉口的运行过程 ·· 127
　项目二　设计交叉口定时信号控制方案 ·· 129

  项目三 仿真交叉口定时控制……141
  项目四 设计交通信号早断与滞后……163

模块六 交叉口感应控制设计……166
  项目一 认识车辆感应控制……166
  项目二 分析半感应控制原理……168
  项目三 分析全感应控制原理……171

模块七 干道信号协调控制方案设计与仿真……174
  项目一 初步认识干道信号协调控制……174
  项目二 设计干道信号协调控制配时方案……179
  项目三 计算干道信号协调控制相位差……182
  项目四 平滑过渡干道信号协调控制方案……190
  项目五 影响干道信号协调控制效果的因素……192
  项目六 仿真干道信号协调控制方案……196

模块八 区域信号协调控制系统设计……201
  项目一 初步认识区域信号协调控制……201
  项目二 认识离线优化的区域信号协调控制……205
  项目三 认识实时优化的区域信号协调控制……220

模块九 高速公路交通控制设计……234
  项目一 认识高速公路的交通特性及存在问题……234
  项目二 认识高速公路交通控制的基本概念与参数……238
  项目三 高速公路匝道控制……240
  项目四 高速公路主线控制……248
  项目五 高速公路通道系统控制……253

参考文献……258

模块一　道路交通控制基础知识

【主要内容】

本模块从分析道路交通存在的问题和解决办法入手,提出了道路交通控制的目的和任务,然后介绍交通信号的种类及作用、交通信号灯的含义及排序、交通信号控制发展简史、交通信号控制的基本类型,以及国内外城市主要采用的信号控制系统,最后介绍了道路交通控制面临的问题。

项目一　认识道路交通控制的目的和任务

【能力目标】
(1)能正确描述城市交通的主要问题;
(2)能正确描述道路交通控制的目的与任务。

【知识目标】
(1)了解城市交通的主要问题;
(2)掌握道路交通控制的目的与任务。

【支撑知识】
(1)城市交通的主要问题;
(2)道路交通控制的目的与任务。

一、城市交通的主要问题

城市交通问题是20世纪以来,工业发达国家一直为之困扰的问题。自第二次世界大战以来,世界经济贸易和社会活动日益繁忙,城市机动车飞速增加,城市交通发生了前所未有的迅速增长,传统的道路交通设施已经不能适应现代社会的需要。当前,城市特别是大城市的交通问题日益严重,主要表现在以下几方面。

(1)交通事故频发,对人类生命财产安全造成了极大的威胁。

自从第一辆汽车问世以来,全球约有超过4亿人死于交通事故,远远高于两次世界大战死亡人数的总和(4 000多万人)。20世纪80年代以来,全世界每年约有50万人死于交通事故,1 000多万人因交通事故而受伤。国际防灾权威组织——红十字及红新月国际联合会在1998年的报告中就曾明确指出:"道路交通事故在不久的将来将超过呼吸疾病、肺结核、艾滋病,成为世界头号杀手之一。"

(2)交通拥挤、堵塞严重,影响了车辆运输效率,限制了城市经济的进一步发展。

由于城市道路空间有限,而车辆保有量增长迅速,目前全世界许多城市随处可见交通拥挤和堵塞现象。早在20世纪70年代,英国道路研究实验室的研究结果表明:在英国,一个大约具有100个交叉口的城市内,每年由于车辆延误造成的经济损失就达400万英镑;在东京,通过260多个主要交叉口的低效交通流引起的年经济损失约为2亿美元；在巴黎，每天由于交通拥挤引起的损失时间相当于一个拥有10万人口的城市的日工作时间。在广州，据2005年9月广州市社会科学院情报所的统计，广州人为交通堵塞付出的代价则高达每年1.5亿小时和117亿元的生产总值损失(相当于本地GDP的7%)。由此可见，交通拥挤和堵塞已成为制约城市经济发展的一个重要因素。

(3)公共交通系统吸引力降低，运行效率下降。

随着城市经济的发展，城市人口也随之增加，进而出行人口数量也急剧上升。"乘车难"及交通设施的不足，严重影响了经济的发展，尽管各地都实施了一系列政策措施，但仍存在一些问题。这些问题的存在降低了公共交通的吸引力，制约了公共交通的发展。具体表现在：①城市公共交通的分担率低。目前，一些大城市尽管实施了一系列公共交通优化的政策，且公交的运输量也处于上升趋势，但是公共交通的出行比例仍然很低。②公共交通服务水平低。主要表现为：速度慢，换乘不方便，路线不合理，密度低，甚至有些地方存在公共交通盲区。③公共交通服务质量差。公共交通低水准的服务质量常常表现为乘坐公共交通耗时太长、舒适性差、安全事故多、乘务人员服务质量差。④公共交通基础设施缺乏统一规划。城市公共交通线网构成主要以公共交通枢纽站为依托，实现点与点的连接。长期以来，由于我国城市公共交通基础设施薄弱，缺乏统一规划，特别是在旧城市改造和新区开发时没有把公共交通设施配套纳入统一规划，给交通营运、管理和居民出行带来不便。⑤公共交通网络规划不合理。"发展公共交通"与"保持主要道路通畅"是城市交通工作者的两大目标。近年来，随着我国城市公共交通的发展，公共车辆的投放量日益加大，乘车难的矛盾有所缓解，但行车难的矛盾却日益突出。

(4)空气污染严重，对城市环境破坏力较大。

车辆的每一次加减速运动，都将使燃油消耗增加。据测算，如果一辆小汽车在7km/h的速度间加减速1000次，则比匀速行驶时要多消耗燃油60L；如果换成货车，则要再多消耗燃油84L。车辆在起动与制动时还将排出一氧化碳、碳氢化合物、氮氧化物等废气污染物，势必造成大气污染，严重影响到人类赖以生存的自然环境。此外，交通还将带来严重的噪声污染，据OECD估计，世界经济发达国家有15%的居民生活在65dB以上的高噪声环境中。

二、道路交通控制的目的与任务

1. 道路交通控制的目的

一般来讲，道路交通自动控制主要指交通信号控制，即红绿灯控制。在社会经济和科学技术进步的推动下，交通科技得到了迅速发展，道路交通控制的目的也在不断变化。最初，道路交通控制的目的在于满足最基本的交通要求——保障交通安全；随后，由于车辆数量的增加，道路上出现了车辆拥挤、阻塞的现象，此时要求道路交通控制在保障交通安全的基础上，还需达到疏导交通、保障交通畅通的目的；近年来，随着交通安全、交通拥挤与交通污染问题的日趋严重，迫使道路交通控制相关部门寻求解决交通问题的新思路与新方法。道路交通控制的目的将主要体现在下述几个方面。

(1)减少交通事故，提高交通安全。

据统计，日本在采用道路交通控制技术后，交通事故数和死亡人数分别下降了7.3%和10.8%。根据我国的统计，在城市交叉口安装了交通信号控制机后，交通事故也有所降低。实践表明，科学合理的道路交通控制技术能大大地减少交通事故的发生，特别是对于交通事故的多发位置——平面交叉口,道路交通控制技术发挥着至关重要的作用。

(2)缓和交通拥挤、堵塞,提高运行效率。

道路交通控制技术为缓和城市交通拥堵,提高交通流通行效率提供了一条有益的途径。据美国、日本、德国、英国等国的统计发现,仅对城市交叉口进行合理的交通信号控制就可以将车辆平均延误时间减少15%~40%,提高道路通行能力20%左右。因此,要通过科学手段,引导交通流合理运行,提高运输效率。

(3)提高公共交通运输系统的吸引力和效率。

公共交通运输工具(如公共汽车、地铁等)具有载客量大、占用道路少的特点。当城市居民大量采用公共交通方式出行时,则可以大大减少小汽车的使用,节省道路空间,减少车辆拥挤与堵塞。对道路交通控制来讲,可实施公交优先信号控制,使得公交车辆可更加快速地通过交叉口,提高公交车辆运行效率,从而提高公共交通系统的吸引力。

(4)节约能源消耗,降低车辆对环境的污染。

除了通过改进汽车构造、改善道路结构可以一定程度地解决交通带来的能源与环境问题以外,优化道路交通控制也是解决问题的有力工具。例如,通过合理的信号控制可以大大减少车辆在交叉口的停车与延误,保证车流有序地通过交叉口,从而减少汽车尾气排放,降低环境污染。

2. 道路交通控制的任务

道路交通控制的研究对象包括人、车、路,所以道路交通控制的任务主要是利用交通信号对道路上的交通运行状况进行合理的引导和控制,缓解交通拥挤,并及时为车辆上的有关人员及行人提供交通情况信息,提高交通运输安全。如图 1-1 所示,交通控制涉及人、车辆、道路等因素,而且在这些因素中,行人和车辆的运行规律随机性很强,十分容易互相影响和受其他因素影响。这些决定了交通控制不同于我们通常所讲的工业控制,交通控制是复杂的、巨型的、开放型的系统控制。

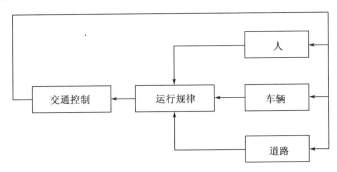

图 1-1 道路交通控制系统涉及因素

能力训练 1-1

不定项选择题

1. 道路交通控制的目的包括(　　)。

   A. 减少交通事故,提高交通安全
   B. 缓和交通拥挤、堵塞,提高运行效率
   C. 提高公共交通运输系统的吸引力和效率

D. 节约能源消耗，降低车辆对环境的污染
2. 道路交通控制的研究对象包括（　　）。
   A. 行人和驾驶员　　　　　　B. 车辆
   C. 道路　　　　　　　　　　D. 以上选项均符合
3. 道路交通控制的任务是（　　）。
   A. 对交通运行状况进行合理的引导和控制
   B. 及时为驾驶员和行人提供交通情况信息
   C. 缓解交通拥挤，提高交通安全
   D. 以上选项均不符合

项目二　认识交通信号及交通信号灯

【能力目标】
(1) 能正确辨别各种交通信号；
(2) 能正确描述交通信号灯水平设置和垂直设置的灯色顺序。
【知识目标】
(1) 掌握交通信号的种类及作用；
(2) 掌握交通信号灯的含义及排序。
【支撑知识】
(1) 交通信号的种类及作用；
(2) 交通信号灯的含义及排序。

一、交通信号

交通信号是指在道路上向车辆和行人发出通行或停止的具有法律效力的灯色信息，一般包括交叉口控制显示、闪光信号、车道方向信号、匝道计数信号、行人信号和铁路交叉道口信号等。本书主要介绍交叉口信号控制，即红绿灯控制。在交叉口安装交通信号具有以下优点：
(1) 使车流有秩序的运行；
(2) 减少交通事故的发生；
(3) 提高交叉口处理交通的能力；
(4) 提供一种中断连续交通流的措施，便于其他交通（如车辆、行人等）穿插。

二、交通信号灯

1. 交通信号灯的含义

交通信号灯是指由红色、黄色、绿色的灯色按顺序排列组合而成的显示交通信号的装置。世界各国对交通信号灯各种灯色的含义都有明确规定，其规定基本相同。我国对交通信号灯的具体规定简述如下。

对于指挥灯信号：
(1) 绿灯亮时，准许车辆、行人通行，但转弯的车辆不准妨碍直行的车辆和被放行的行人通行。
(2) 黄灯亮时，不准车辆、行人通行，但已越过停止线的车辆和已进入人行横道的行人，可

以继续通行。

(3)红灯亮时,不准车辆、行人通行。

(4)绿色箭头灯亮时,准许车辆按箭头所示方向通行。

(5)黄灯闪烁时,车辆、行人须在确保安全的原则下通行。

对于车道灯信号:

(1)绿色箭头灯亮时,本车道准许车辆通行。

(2)红色叉形灯亮时,本车道不准车辆通行。

对于人行横道灯信号:

(1)绿灯亮时,准许行人通过人行横道。

(2)绿灯闪烁时,不准行人进入人行横道,但已进入人行横道的,可以继续通行。

(3)红灯亮时,不准行人进入人行横道。

2.信号灯的次序安排

城市交叉口安置交通信号灯主要有两种布置形式,一种是设在交叉口中央灯柱上,另一种是设在交叉口各入口路边的灯柱上。三种色灯排列方式又分为两种:当水平设置红、黄、绿三种色灯时,则从道路中心线一侧起以红、黄、绿的顺序向路边排列;当垂直设置红、黄、绿三种灯时,则从上往下依次是红灯、黄灯、绿灯,如图1-2所示。

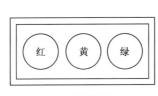

a) 水平设置

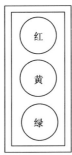

b) 垂直设置

图1-2 交通信号灯的排序

能力训练 1-2

不定项选择题

1. 交通信号包括(　　)。
   A. 交叉口控制显示、闪光信号　　B. 车道方向信号、匝道计数信号
   C. 行人信号、铁路交叉道口信号　　D. 以上选项均符合

2. 下列选项属于交通信号作用的是(　　)。
   A. 使车流有秩序的运行　　B. 减少交通事故的发生
   C. 增加交叉口处理交通的能力　　D. 中断连续交通流

3. 下列关于交通信号灯的描述,正确的是(　　)。
   A. 红灯亮时,不准车辆、行人通行
   B. 绿色箭头灯亮时,准许车辆按箭头所示方向通行
   C. 黄灯闪烁时,车辆、行人须在确保安全的原则下通行

D. 以上选项均不符合
4. 交通信号灯水平设置时,从左往右的灯色分别是( )。
   A. 红、绿、黄　　　　　　　　　B. 红、黄、绿
   C. 绿、红、黄　　　　　　　　　D. 绿、黄、红
5. 交通信号灯垂直设置时,从下往上的灯色分别是( )。
   A. 红、绿、黄　　　　　　　　　B. 红、黄、绿
   C. 绿、红、黄　　　　　　　　　D. 绿、黄、红

项目三　交通信号控制发展历程

【能力目标】
能正确描述交通信号控制各发展阶段的特点。
【知识目标】
(1) 了解交通信号灯的起源;
(2) 了解交通信号控制发展简史。
【支撑知识】
(1) 交通信号灯的起源;
(2) 交通信号控制发展简史。

一、交通信号灯的起源

交通信号灯诞生于 19 世纪,根据英国学者韦伯斯特(F. V. Webster)和柯布(B. M. Cobbe)的著作记述,19 世纪初,在英国中部的约克城,红、绿装分别代表女性的不同身份。其中,穿着红装的女人表示我已结婚,而穿着绿装的女人则是未婚者。后来,英国伦敦议会大厦前经常发生马车轧人的事故,于是人们受到红绿装启发,1868 年 12 月 10 日,信号灯家族的第一个成员就在伦敦议会大厦的广场上诞生了,由当时英国机械师德·哈特设计、制造的灯柱高 7m,身上挂着一盏红、绿两色的提灯——煤气交通信号灯,这是城市街道的第一盏信号灯。在灯的脚下,一名手持长杆的警察随心所欲地牵动皮带转换提灯的颜色。后来人们在信号灯的中心装上煤气灯罩,它的前面有红、绿两块玻璃交替遮挡。不幸的是,只面世 23 天的煤气灯因突然爆炸而自灭,使一位正在值勤的警察也因此断送了性命。从此,城市的交通信号灯被取缔了。直到 1914 年,美国的克利夫兰市才率先恢复了红绿灯,采用了电气信号灯。稍后在纽约和芝加哥等城市相继也重新出现了交通信号灯。

随着各种交通工具的发展和交通指挥的需要,第一盏名副其实的三色灯(红、黄、绿三种标志)于 1918 年诞生。它是三色圆形四面投影器,被安装在纽约市五号街的一座高塔上,由于它的诞生,使城市交通大为改善。黄色信号灯的发明者是我国的胡汝鼎,他怀着科学救国的抱负到美国深造,在大发明家爱迪生为董事长的美国通用电气公司任职员。一天,他站在繁华的十字路口等待绿灯信号,当他看到红灯而正要过去时,一辆转弯的汽车呼的一声擦身而过,吓了他一身冷汗。回到宿舍,他反复琢磨,终于想到在红、绿灯中间再加上一个黄色信号灯,可提醒人们注意危险。他的建议立即得到有关部门的肯定。于是红、黄、绿三色信号灯从此以一个完整的道路工具出现在世界上。

二、交通信号控制发展简史

在近百年的发展中,交通信号控制经历了从手动控制到自动控制、从固定信号周期控制到可变信号周期控制、从非感应控制到感应控制、从单点控制(点控)到干道控制(线控)再到区域控制(面控)的过程。1963年,加拿大多伦多市建立了一套由IBM650型计算机控制的区域交通信号协调控制系统。该系统第一次将计算机技术应用于交通信号控制中,大大提高了控制系统的性能和水平,成为了交通信号控制技术发展新的里程碑。在此之后,英国、美国、澳大利亚、意大利、法国、德国、日本等国家相继建成以计算机为核心的区域交通信号控制系统。交通信号控制技术的发展历程如表1-1所示。

交通信号控制技术发展历程　　　　　　表1-1

年份	方式	国别	应用城市	系统名称	系统特征	路口数	周期	检测器
1868	点控	英国	伦敦	—	燃气色灯	1	固定	无
1914	点控	美国	克利夫兰	—	电灯	1	固定	无
1926	点控	英国	各城市	—	自动信号机	1	固定	无
1928	点控	美国	各城市	—	感应信号机	1	可变	气压式
1917	线控	美国	盐湖城	—	手控协调	6	固定	无
1922	线控	美国	休斯敦	—	电子计时	12	固定	无
1928	线控	美国	各城市	—	步进式定时	多	可变	无
1952	面控	美国	丹佛	—	模拟计算机动态控制	多	可变	气压式
1963	面控	加拿大	多伦多	—	数字计算机动态控制	多	可变	电磁式
1968	面控	英国	格拉斯哥	TRANSYT	静态控制	多	可变	环形线圈
1975	面控	美国	华盛顿	CYRANO	动态控制	多	可变	环形线圈
1980	面控	英国	格拉斯哥	SCOOT	动态控制	多	可变	环形线圈
1982	面控	澳大利亚	悉尼	SCATS	动态控制	多	可变	环形线圈
1985	面控	意大利	都灵	SPOT/UTOPIA	动态控制	多	可变	环形线圈
1989	面控	法国	图卢兹	PRODYN	动态控制	多	可变	环形线圈
1995	面控	德国	科隆	MOTION	动态控制	多	可变	环形线圈
1996	面控	美国	新泽西	OPAC	动态控制	多	可变	环形线圈
1996	面控	美国	凤凰城	RHODES	动态控制	多	可变	环形线圈
1997	面控	希腊	哈尼亚	TUC	动态控制	多	可变	环形线圈

能力训练 1-3

填空题

交通信号控制经历了从手动控制到自动控制、从＿＿＿＿＿＿到＿＿＿＿＿＿、从＿＿＿＿＿＿到＿＿＿＿＿＿、从＿＿＿＿＿＿到＿＿＿＿＿＿再到＿＿＿＿＿＿的过程。

项目四 认识交通信号控制的范围及系统类型

【能力目标】
(1)能正确描述点控、线控、面控的概念；
(2)能正确描述定时控制、感应控制、自适应控制的概念。

【知识目标】
(1)掌握点控、线控、面控的概念；
(2)掌握定时控制、感应控制、自适应控制的概念。

【支撑知识】
(1)点控、线控、面控的概念；
(2)定时控制、感应控制、自适应控制的概念。

一、按控制范围分类

交通信号控制的发展历程,经历了点控、线控、面控三个阶段,如图1-3所示。

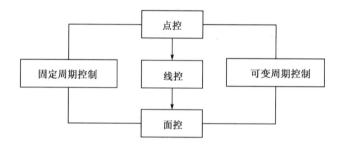

图1-3 点控、线控、面控的发展形式

根据交通信号的控制范围,可以将交通信号控制方式划分为单点控制方式(即点控)、干道协调控制方式(即线控)和区域协调控制方式(即面控),如图1-4所示。

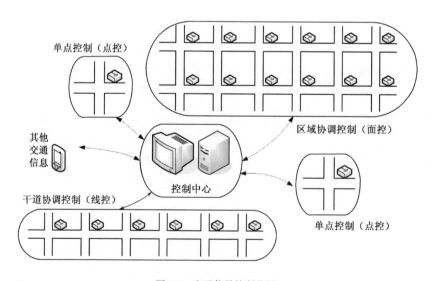

图1-4 交通信号控制范围

(1)单点控制方式(即点控)是指被控路口的交通控制信号只按照该路口的交通状况独立运行,而不考虑该路口周围其他路口交通状况的配时方案设计,使得单个路口的交通运行效果最佳。单点控制方式是交叉口交通信号控制的最基本形式。

(2)干道协调控制方式(即线控)是指将干道上的多个路口以一定方式联结起来作为研究对象,同时对各个路口进行相互协调的配时方案设计,使得干道上按规定车速(通过带速度)行驶的车辆获得尽可能不停顿的通行权。车队在实施了线控的主干道上按规定车速行驶,通过主干道上的若干个交叉口均能够遇到绿灯,所以干道协调控制也叫做绿波信号控制。

这种控制的原始思路是:希望使车辆通过第一个交叉口后,按一定的速度行驶,到达以后各交叉口时就不再遇上红灯。但实际上,由于各车在路上行驶时速度不一,且随有变化,交叉口又有左、右转弯车辆进出等因素的干扰,所以很难碰到一路都是绿灯的情况,但使沿路车辆少遇几次红灯,减少大量车辆的停车次数与延误则是能够保证做到的。

(3)区域协调控制方式(即面控)是指将区域内的所有路口以一定方式联结起来作为研究对象,同时对各个路口进行相互协调的配时方案设计,使得整个控制区域的交通运输效率提高、车辆平均延误时间减少。

在城市交通控制系统中,点控是最简单的一类控制,它只要在每个需要的交叉口设置一台信号机就可以了,因而其设备简单,投资少。但由于交通流具有连续运动的特点,人们逐渐发现这种单点控制的不足之处。如在某个交叉口内信号变化同其相邻的交叉口信号变化不相关时,难免会造成车辆频繁遇到红灯而停车的情况。为了解决这个问题,人们又研制了线控和面控系统,它们的主要特点是将某些交通网络作为一个系统来考虑,研究系统内的协调控制。

较早的交通信号点控的设计思想是由英国道路研究实验室的韦伯斯特(Webster)提出的,他研究了车辆随机到达的特性,提出了计算车辆延误的公式。此外,他还提出了减少行车延误的最佳信号周期以及车辆排队长度的计算公式。他的研究为信号设计奠定了基础。此后,人们开展了广泛的研究。这些研究可以分为两类:一类是在给定相位情况下研究信号配时;另一类是在给定交通运行情况下设计信号配时。1971年,Allsop提出了一种目标函数法,用来减少一个交叉口车流延误时间,他的方法不同于Webster的方法,因为Webster的方法中仅将延误作为目标。1972年,Allsop利用线性规划法研究如何使交叉口通行能力达到最大。1974年,Yagar在Allsop的工作基础上研究了不同交通条件、不同信号相位下,如何使车辆通过交叉口延误时间最小的问题。上述研究工作均是在给定相位划分情况下进行的。1987年,Bryson和Stone提出了应用专家系统设计信号交叉口配时及相位划分。以上这些研究均是在给定交通条件下所进行的设计信号配时和相位划分。

二、按系统类型分类

根据交通信号的运行方式,可以将交通信号控制方式划分为定时控制方式、感应控制方式和自适应控制方式。

(1)定时控制是指根据以往的交通情况,预先设定信号周期和绿灯时间的信号控制方式。但是,这里要注意,在预先设定的信号周期中,不同的时段可以采用不同的信号周期,只是在某一时段内周期参数不发生改变。例如,可以根据城市交通特点,确定交通早高峰时间、午间高峰时间以及晚高峰时间等相应的信号周期方案。定时控制方式可以运用于单个交叉口的独立控制,也可以运用于干道上多个交叉口甚至是区域协调控制。

(2)感应控制是在交叉口进口道上设置车辆检测器,信号灯配时方案由计算机或智能化信号控制机计算,可随检测器检测到的车流信息而随时改变的一种控制方式。感应控制的基本方式是单个交叉口的感应控制,简称单点感应控制。

(3)自适应控制是指各交叉口将检测到的交通信息经过分析处理后传送到控制中心,控制中心根据一定的控制规律制订相应的实时控制方案,再将实时控制参数下传到各交叉口的信号控制方式,常用于整个区域或城市的信号控制。这种控制系统比较复杂,设备投资大,但是其信号配时比较灵活,提高了信号周期的利用率。这类系统根据不同交叉口之间的联系,可以按一定算法对多达上千个交叉口进行实时协调控制。实践表明,这类系统用于控制整个区域或城市的交通时,其效果较为明显。

能力训练 1-4

不定项选择题

1. 根据控制范围,交通信号控制可划分为(　　)。
   A. 点控　　　　　　　　　　　　B. 面控
   C. 线控　　　　　　　　　　　　D. 以上选项均符合

2. 根据运行方式,交通信号控制可划分为(　　)。
   A. 定时控制　　　　　　　　　　B. 感应控制
   C. 区域协调控制　　　　　　　　D. 自适应控制

3. 下列关于点控的描述,正确的是(　　)。
   A. 点控也叫做单点控制方式
   B. 控制一个交叉口的红绿灯,同时要考虑周边其他交叉口的影响
   C. 信号周期固定,不能适应交通流量的随机变化
   D. 以上选项均不符合

4. 下列关于线控的描述,正确的是(　　)。
   A. 线控的控制对象是城市主干道上的若干个交叉口
   B. 车辆在实施了线控的主干道上行驶,均能遇到绿灯
   C. 线控中的车队要按规定的车速行驶,才能获得尽可能不停顿的通行权
   D. 以上选项均不符合

5. 下列关于面控的描述,正确的是(　　)。
   A. 面控的控制对象是某个区域内的若干个交叉口
   B. 面控也叫做区域协调控制
   C. 与点控、线控相比,面控效果最佳
   D. 以上选项均不符合

6. 下列关于定时控制的描述,正确的是(　　)。
   A. 定时控制的信号周期不变
   B. 定时控制既适用于点控,又适用于面控
   C. 定时控制不能适应交通流的随机变化
   D. 以上选项均不符合

7. 下列关于感应控制的描述,正确的是(　　)。
   A. 感应控制能够适应交通流的随机变化

B. 感应控制通常只用于点控
C. 感应控制信号周期会根据交通量变化而变化
D. 以上选项均不符合

8. 下列关于自适应控制的描述,正确的是(　　)。
A. 自适应控制能够适应交通流的随机变化
B. 自适应控制通常用于面控
C. 与定时控制、感应控制相比,自适应控制效果最佳
D. 与定时控制、感应控制相比,自适应控制成本最高

项目五　认识国内外城市主要采用的信号控制系统

【能力目标】
能正确描述 TRANSYT、SCOOT、SCATS 三种系统的类型。

【知识目标】
(1)了解国外信号控制系统发展情况;
(2)了解国内信号控制系统发展情况。

【支撑知识】
(1)国外信号控制系统发展情况;
(2)国内信号控制系统发展情况。

一、国外信号控制系统发展情况

自20世纪60年代,国外一些交通运输研究机构便开始致力于研究交通信号协调控制技术,通过建立模拟区域交通流运行状况的数学模型,以解决区域信号配时的优化问题。1963年,加拿大多伦多市建成的世界上第一套由数字计算机实现的城市区域交通信号控制系统,揭开了城市交通控制系统(Urban Traffic Control System,UTCS)发展历史的序幕,在此之后,国外相继研制出许多区域交通信号控制系统。其中比较成功的有,方案生成式定时控制系统——TRANSYT(Traffic Network Study Tool)系统,方案生成式自适应控制系统——SCOOT(Split Cycle and Offset Optimization Technique)系统,方案选择式自适应控制系统——SCATS(Sydney Coordinated Adaptive Traffic System)系统,分布式实时控制系统——SPOT/UTOPIA(Signal Progression Optimization Technique/ Urban Traffic Optimization by Integrated Automation)系统、RHODES(Real-time Hierarchical Optimized Distributed and Effective System)系统、OPAC(Optimization Policies for Adaptive Control)系统,以及PRO-DYN(Dynamic Programming)系统等。

部分国外先进城市交通控制系统已经在我国一些城市获得应用,其中SCOOT系统已在北京投入使用,SCATS系统已在广州和上海投入使用。到目前为止,广州市区已建成交通信号控制路口556个,其中实现SCATS区域协调控制的路口有118个。通过近期研究分析,当前在广州市区需要安装而尚未安装信号灯的路口共有590个,其中需要采用区域协调控制的路口约为487个。预计今后广州市区每年将新增200个左右具有SCATS区域协调控制功能的路口,进一步扩大该系统协调控制区域的范围。

二、国内信号控制系统发展情况

我国在交通信号协调控制方面的研究工作起步较晚,直到20世纪80年代才开始启动这方面的研究。

一方面,我国组织科研机构进行以改善城市中心交通为核心的交通信号控制系统研究。目前,国内研制的城市交通控制系统有上海交大高新技术股份有限公司的舒达城市交通自适应控制系统、南京莱斯公司(中国电子科技集团公司第二十八研究所)的交通信号控制系统、江苏大为公司的交通信号控制系统、广东三水京安的JK-C3型交通信号控制机、广东安达的AD-TC-D型智能交通灯控制机、西北工大的XATM-V型智能交通信号机、广州运星科技公司的康安达交通信号控制系统等。相比而言,国内城市交通控制系统在可靠性、兼容性、扩展性、灵活性等方面还有待进一步改进和完善。

另一方面,我国采取引进与开发相结合的方针,先后引进并建立了一些城市交通信号控制系统。例如,北京、大连、成都等城市引进了SCOOT系统,上海、广州、沈阳等城市引进了SCATS系统,深圳引进了KYOSAN系统等。此外,一批专业从事交通控制系统开发的公司,为解决日益突出的城市交通问题,也相继开发了一些具有自主知识产权的城市交通控制系统,目前这些交通控制系统大多还在完善之中。

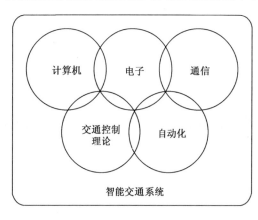

图1-5 智能交通系统涉及的学科领域

总之,城市道路交通控制就是要充分利用现有道路资源合理组织交通,在时间和空间上充分发挥道路的通行能力,对城市有限的道路空间资源的使用进行协调控制。在通信、电子、计算机和自动化等技术高速发展的今天,城市交通自动控制也在不断发展和完善。特别是目前智能交通系统(Intelligent Transportation System)的出现,使交通控制的研究发展呈现出新的局面。因为它已经突破传统意义上的交通控制,是一种从空中到陆地的立体控制结构,并且涉及的领域极其宽广,如图1-5所示。在智能交通系统中,诸如卫星定位系统、车辆内置电子地图以及集通信联络和控制为一体的控制中心等已成为主体,交通情报和信息的传递与共享将在一个十分广泛的基础上进行。同时,在新型车辆出现后所引起的交通运行规律的变化和自动控制技术的进一步应用,将使交通控制理论更加丰富,并产生新的现代交通控制理论。现代智能交通系统的出现,是全球现代科学技术发展的结晶,它表明未来的交通控制已经不再单纯是交通部门的工作,而是需要各个不同科学技术领域的共同协作。

能力训练1-5

填空题

1. TRANSYT系统是一种_____控制系统。
2. SCOOT系统是一种_____控制系统。
3. SCATS系统是一种_____控制系统。

项目六 认识我国城市道路交通控制面临的问题

【能力目标】
能正确描述我国城市道路交通控制面临哪些问题。
【知识目标】
了解我国城市道路交通控制面临的问题。
【支撑知识】
我国城市道路交通控制面临的问题。

我国目前正处于机动化、工业化快速发展时期。随着人民生活水平的提高,汽车等交通工具的拥有量将会大幅度增长。我国城市交通控制主要存在以下一些问题。

1.道路交通缺乏系统建设

我国许多城市路网密度较低,干道间距过大,支路短缺,交通设施少,功能混乱,属于低级的交通系统,难以适应现代交通的需要。尽管不少城市修建环路,在主要交叉口建设立交,并在交通复杂紧张的路段建设城市高架道路,可以在一定程度和一定时期内改善局部城市交通状况,但这些工程建设并不能使城市交通发生根本性的变化。由于人们忽视了道路交通的系统建设,不重视次、支路建设,主干道工程设施不配套,因此路网密度提高很慢,许多先进的交通管理与控制策略难以实施(例如立交平做),交通系统仍将维持在较低水平。

2.交通管理及交通安全设施极少

西方发达国家对城市的交通管理与交通安全设施极为重视,而我国在这方面与国外的差距甚为明显。我国城市道路交通标志、标线、交通信号、护栏、人行天桥和地下人行通道等交通设施都存在许多问题。就北京与东京比较而言,北京的面积是东京的5.8倍,北京的人口和东京差不多,两市都有一个交通控制中心,北京在交通控制中心控制下的交叉口数只有东京的3%;北京的人行天桥数只有东京的4.8%,地下人行通道数只有东京的5%;每公里交通标志数也只有东京的15%。

3.混合交通流十分严重

我国城市道路交通与发达国家相比,所具有的一个显著特征就是:许多城市交叉口由于道路占地有限,面积较小,导致机动车、非机动车和行人常常交织在一起,相互干扰,形成混合交通流,大大降低了交叉口的通行能力。在这种情况下,需要对各种交通流进行统筹安排,根据实际交通情况合理地规划行人和自行车交通,合理地进行交通分离就显得至关重要。

4.不重视城市交通的综合治理

我国的城市交通管理很不重视交通的综合治理。例如,为搞活经济而任意占用交通设施,造成城市道路使用面积紧张;在一些城市,乱停、乱放现象十分严重;部分城市规划人员对城市交通缺乏深入了解,规划工作与交通发展不相适应;交通系统之间缺乏有效的衔接,城市客运换乘十分不便等。

能力训练 1-6

简答题

我国城市道路交通控制面临的问题有哪些?

模块二　交通信号控制基础知识

【主要内容】

本模块首先介绍城市道路交叉口的类型、渠化方法、应用实例,然后介绍常见的道路交通标志标线、交叉口控制方式、交叉口冲突点示意图绘制方法、交叉口存在的交通问题,接着介绍交通信号基本参数、交通流参数、交通控制性能指标、相位设计方法,最后介绍各国交通信号控制建立的条件、设置人行横道及人行道的注意事项。

项目一　设计城市道路交叉口渠化

【能力目标】

(1)能正确辨别各种类型交叉口;
(2)能正确进行简单交叉口渠化设计。

【知识目标】

(1)掌握交叉口类型;
(2)掌握交通渠化的概念、作用、原则、方法;
(3)了解进出口宽度、交叉口拓宽渠化、诱导线和交通岛设计;
(4)了解人行横道设计、自行车交通管理原则与设计。

【支撑知识】

(1)交叉口类型;
(2)交通渠化的概念、作用、原则、方法;
(3)进出口宽度、交叉口拓宽渠化、诱导线和交通岛设计;
(4)人行横道设计、自行车交通管理原则与设计。

一、交叉口类型

平面交叉口具有将城市道路相互连接起来构成道路交通网络的功能,而在城市交通运输中,交叉口对于交通运输的快捷性影响最大,这是因为交叉口通常是交通流的汇集和分流点,行人对机动车影响也集中于此,从而容易造成交通中断。平面交叉口可以分为三路交叉、四路交叉和多路交叉等。根据交叉口的形状又可以分为 T 形交叉口、十字交叉口、Y 形交叉口和环形交叉口。这些交叉口的形状,如图 2-1 所示。

在城市道路交叉口处,交通情况往往比较复杂,因为该处行人往往需要横越人行道,采取交通分离措施较难,这导致了城市交叉口处的交通控制与管理的难度加大。在我国城市中,由于全民交通意识还比较薄弱,乱占道路的现象十分严重。许多交叉口的入口车道常常被占用而变窄,人行道被小商贩占用,行人常常乱穿马路,严重干扰了机动车的正常运行。因此,在我国城市中,要使先进的控制技术和设备发挥最大的作用,就必须做到以下几点:

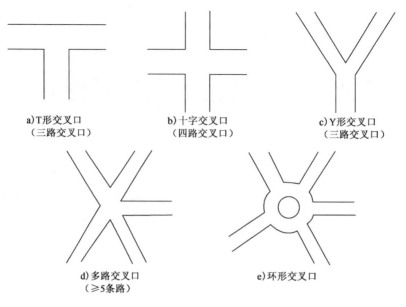

图 2-1 城市道路交叉口类型

(1)完善交叉口的管理,严格执法,坚决制止乱占道路的行为。
(2)加强路口行车和行人过街的管理。
(3)完善交叉口处的交通标志设置。

从目前发展情况看,我国在这方面要做的工作还很多。

二、交叉口的交通渠化

一般来讲,随着城市交通的发展,城市交叉口的运行能力和疏导交通的情况会比人们早期设计时所想象的要差,因为有不少地方的交叉口随着道路建成通车,吸引了大量的交通流,导致其交通量增大,形成了交通瓶颈。因此,要促进交通流的畅通和交通安全,就必须改良交叉口,使其整体形状更能适应交通运行的要求。为了确保交叉口处车辆运行的畅通和安全性,要合理设计交叉口的几何形状,以确保通行能力。同时,也可以进行交通渠化处理。

1. 交通渠化的概念

交通渠化是指利用路面标线、交通标志、交通岛、导流或隔离带等多种措施,对同一平面上行驶的各个方向交通流予以分离,使各种不同类型、不同方向、不同速度的交通流各行其道,减少相互干扰的交通管理方法。交通渠化的目的是提高通行能力、减少交通冲突、方便交通出行、有利于交通安全。

将道路相互连接起来构成道路交通网的交叉口是道路的集结点、交通流的疏散点,不同类型、不同方向、不同速度的交通流汇集于此,而且交叉口内的车辆行驶自由度比较高,行驶方向随意性比较大,容易发生冲撞和摩擦事故,因此交通渠化的重点在交叉口。

2. 交叉口渠化的作用

(1)分隔道路上不同类型的交通流。

交叉口渠化可以将道路上不同类型的交通流分隔,减少同向车辆在行驶过程中的相互干扰,使交叉口各种车辆能按各自规定的车道行驶,从而提高行车速度和交叉口通行能力,同时保障交通安全。

(2)控制进入交叉口车辆的速度。

《中华人民共和国道路交通管理条例》规定,主路车辆通过交叉口有优先通行权,次路车辆必须让主路车辆先行。交叉口渠化可以控制次路车辆进入交叉口的速度,使次路车辆避让主路上的车辆,从而保证速度相对快的主路车流的安全顺畅。

(3)控制车流交叉角度。

相交车流以大于120°角相会时,通常会发生类似正面碰撞的严重事故。通过交通岛的合理渠化设置,可以控制车流交叉角度,将斜交对冲车流变为直角交叉车流。这样,既能提高交叉与合流的顺适性,又能提高交叉口的安全性;不但可以缩短交叉时间和交叉距离,而且便于交叉穿行速度的判断,减少发生事故的可能性。

(4)导流和导向。

交通渠化具有导流和导向的作用,可以明确车辆的行驶路线,使得在交叉口任何一点穿越都不多于两种行驶路线;利用交通岛的布置,可以防止车辆在交叉口转错车道。

(5)减小交叉范围。

交通渠化可以减小交叉口面积,从而减少车辆行驶路线的不确定性,限制交通流的同时缩小车辆与车辆以及车辆与行人在交叉口的冲突区域,增加交叉口的安全性。

(6)帮助驾驶员辨认和遵守交通规则。

设置交通岛等设施可以增强路面标线和交通标志所不具备的易见性和强制性,帮助驾驶员辨认和遵守交通规则。

(7)保护过街行人。

交通岛可以用作行人过街的安全岛,为在一个行人过街相位中未能及时通过交叉口的行人提供一个休息和躲避车流的场所。

3. 交叉口渠化设计原则

(1)符合规范,简单明确,易于理解。

交叉口渠化设计,应符合国家相关标准和规范的规定,不能随意变更或改动。同时,设计后交叉口形状应力求简单明了,避免过于复杂的方案,便于各类交通参与者正确选择适合自己的交通路线。

(2)路线平顺,保证安全。

交叉口渠化设计,应尽可能使交通路线平顺,可以最短时间或最短路程通过,切忌迂回、逆向、急转或者有可能引起碰撞的尖锐角度。同时,各种交通流,即不同流向、不同车种、不同速度的交通流,应尽可能实现分道行驶,以减少相互干扰或碰撞,以保证安全。

(3)保证视距,净化视野。

交叉口渠化设计,应充分保证各方向、各车道车辆和行人的视距,并净化机动车驾驶员的视野。交叉口附近的所有绿化栽植和街道上的市政公用设施,均应以不阻挡视线、不妨碍视线为原则,凡妨碍视线的建筑或绿化均应拆除或砍伐,以确保行车的视距要求。

4. 交叉口渠化设计方法

交叉口渠化设计的方法应该根据交通工程原理和汽车行驶性能予以认真考虑,一般应注意以下几点。

(1)增加进出口车道数,提高交叉口通行能力。

一般可通过拓宽进口道、适当压缩车道宽度(同时应保证最大外形尺寸的车辆能顺利地实现转弯运行,不受阻碍亦不致过分降低车速)、偏移道路中心标线等措施增加交叉口进出口车道数,以达到最大限度提高交叉口通行能力的目标。

(2)保护转弯车流。

在不同方向交通流之间设置分隔带以防止可能的车流冲突并保护转弯车辆和横向行驶车辆。对大量的转弯车流应优先考虑,为其提供方便。

对右转车辆比例较大的交叉口,如有可能应设置右转弯车道,通常设置右转弯车道的方法是拓宽进口。

(3)适当缩小交叉口面积。

因为交叉口面积过大,车辆的行驶轨迹则变宽,行人穿越交叉口要绕大弯。为此,在不妨碍左右转弯车辆行驶的前提下,应该使停车线和人行横道与交叉口尽可能接近。

(4)减少交叉口的分岔数目。

由于交叉口交错点的数目随交叉口岔数的增加成几何倍增长,不同类型的交错点都存在着挤撞和碰撞的危险,这是影响交叉口行车速度和发生交通事故的主要原因,因此在交叉口的设计中应尽量设法减少交叉口的分岔数目。

此外,交叉口渠化设计还要注意:优先保证主要交通流的畅通,在次路设置停车让行标志或者减速让行标志,使得次路车辆停车或者减速,以保证主路车辆优先通行;转弯箭头、车道线、停止线等标志、标线都应保持清楚明确,模糊时应及时更新。

对于上述原则和方法,应该根据交叉口的交通特性、环境等实际情况综合考虑,灵活应用。最根本的原则和方法是符合人的习惯和车辆的运动特性,保证交叉口行车和行人的安全顺畅。

5. 进、出口道宽度

1)进口道的宽度

交叉口进口道车道数的确定,应以保证进口道与路段通行能力相匹配为目标,同时考虑进口道宽度约束。在确定进口道的宽度及车道数时应遵循以下原则:

(1)新建交叉口进口道宽度,应根据预测的各流向流量来决定。

(2)改建交叉口进口道宽度,应根据实测或预测的各交通流向的流量决定。

(3)治理交叉口进口道宽度,应根据各交通流向的实测流量及可实施的治理条件来决定。

进口道每条车道的宽度可较路段上略窄,进口道在大车比例很小时最小宽度可取 2.75m;出口道由于车速较进口道高,其宽度应较进口道宽,具体尺寸根据实际道路条件确定。道路进、出口道的参考设计宽度见表 2-1。

进出口道设计宽度参考值　　　　　表 2-1

项　　目	进　口　道	出　口　道
设计宽度(m)	2.75～3.25	3～3.5

2)出口道的宽度及长度

(1)新建及改建交叉口的出口道车道数,应与上游各进口道同一信号相位流入的最大进口车道数相匹配,出口道每一车道宽不应小于 3.5m;治理性交叉口,条件受限制时,出口车道数可比上游进口道的直行车道数少一条,治理性交叉口出口道每一车道的宽度不应小于 3.25m。

(2)当出口道为干路,相邻进口道有右转专用车道时,出口道必须设置展宽段。

(3)出口道设有公交停靠站时,按港湾停靠站要求设置展宽段;在设置展宽的出口道上设置公交停靠站时,应利用展宽段的延伸段设置港湾式公交停靠站。

(4)出口道的总长度由出口道展宽段和展宽渐变段组成。出口道展宽段长度由缘石转弯曲线的端点向下游方向计算,不设公交停靠站时,长度为60~80m;设置公交停靠站时,再加上公交停靠站所需长度,并须满足视距三角形的要求。出口道展宽渐变段长度 l'_d 应按式(2-1)计算。

$$l'_d = (20 \sim 30)\Delta w \tag{2-1}$$

式中:l'_d——出口道展宽渐变段长度,条件受限制时,l'_d 不应小于30m;

Δw——横向偏移量,m。

6. 平面交叉口的拓宽渠化

由于车流在交叉口处需要重新调整分配,所以即使在路段上通行能力能够得以满足,但在交叉口处原有车道数目仍可能不能满足通过交通量的需求。因此,当交叉口处原有车道数目不能适应要求通过的交通量时,根据路口交通量的需要,可以在交叉口的一定范围内拓宽车道宽度,适当增加交叉口进出口车道数目。而这种做法常受到用地等情况的制约;在无法增加交叉口宽度的条件下,可以利用压缩车道、侧宽等办法,以增加进口道车道数。增设车道的宽度应不小于3.0m。

当需要设置右转或左转专用车道时,为确保必要的车道宽度可采用以下方法:①撤去、缩小或移设中央分隔带;②缩小单车道宽度;③撤去侧宽、停车带;④缩小自行车道、人行道宽度。

由于交叉口附近的人行道将作为横穿道路行人的滞留空间,所以最好不要缩小人行道。但是,对人行道上设置的绿化带可以作一定幅度的缩小。

当现有简单平面交叉口通行能力不能适应实际的交通量需求,经常发生拥挤、阻塞和事故或车速、安全性大大降低时,应考虑进行交叉口的拓宽渠化。根据我国道路交通的实际情况,参照国外的研究成果,建议在主干道和次干道上,当交通量在2 000veh/h以上时,可采用拓宽渠化的方法。

1)右转弯车道渠化设计

当右转交通量大或右转车辆的速度高、行人过街量大时,通常应设置右转专用道。是否需要将右转车从直行车流中分离出来,应视进入交叉口的直行车道混合交通量大小以及右转车所占的比例而定。根据国内的经验,当路段上直行交通量达到允许通行能力的70%以上,而右转车所占比例在15%以上时,应该设置右转车道。

通常右转弯车道的设置有两种方式:外加平行车道(即附加右转车道)和有右转渠化岛的右转专用分离式车道。

(1)外加平行车道。

外加平行车道的右转车道设置方式一般在右转交通量较小时采用。设置右转车道后,右转车进入交叉口之前即可驶入右转车道,使后续的直行车辆不受右转车的影响。图2-2为该方式的示意图。

拓宽车道的长度,应能满足高峰时段内右转车辆候车车队的尾车驶入拓宽的车道。其长度计算公式为:

$$Y = nl_n + l_K \tag{2-2}$$

式中:n——一个周期的红灯和黄灯时间内到达进口车道的右转车辆数,即停候车辆数,veh;

l_n——停候车辆的平均车头间距,m,一般可以取6~9m;

l_K——车辆从原车道驶入相邻拓宽车道所需距离,m,一般可以取12~15m。

(2)有右转渠化岛的右转专用分离式车道。

当右转交通量较大,或者是相交道路速度差较大时,可以设置右转匝道。右转匝道一般由减速车道、匝道及加速车道组成。渠化岛位置以及右转车道的长度均可以根据车速确定。右转匝道的减速车道长度和加速车道长度一般可以取40～60m,图2-3为该方式的示意图。

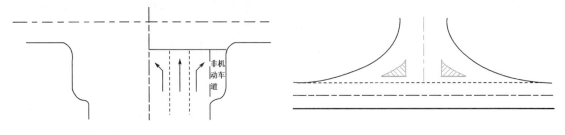

图2-2　右转弯车道示意图　　　　　　　图2-3　右转匝道示意图

2)左转弯车道渠化设计

左转车辆在平面交叉口的转向行驶对直行交通影响很大,容易引起交通事故和降低通行能力。因此,除了单向行驶的单车道道路和设计速度低于60km/h、交通量小于500veh/h并且左转车比例很小的双车道道路,一般应在交叉口进口设置左转车道。左转车道的设置长度,应根据交叉口交通量和左转车比例确定,一般可以取40～100m。

常见的左转车道设置方式有以下两种：

(1)车道中心线的移动和车道宽度的减小。

将交叉口进口道的中心线向左移,腾出左转车道的宽度。在实施过程中,通常要缩小出口处的车道宽度和进口处各车道的宽度。

(2)去掉中央分隔带。

当中央分隔带宽度与欲设置的左转车道所必需的宽度相当时,可以撤掉中央分隔带来设置左转车道。在仅仅撤掉中央分隔带不能完全满足左转车道宽度要求时,可同时减小车道宽度来保证左转车道的宽度。

7.诱导线、交通岛的设计

左转交通对交通的顺畅和安全有很大的影响,特别是与对向直行车辆之间的冲突。因此,为了明确交叉口内左转车辆的行驶和等待位置,以及交通流在交叉口内曲线行驶的方向,宜采用诱导线来诱导车辆,如图2-4所示。

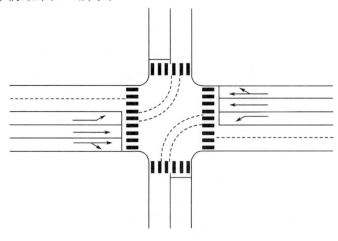

图2-4　诱导线的设置

设置的诱导线过多将会引起交叉口内的混乱,因此设置的诱导线应控制在最少数量。同时,诱导线通常设置在交通流易发生弯曲形成不规则行驶轨迹或跨越其他交通流的地方,与其他路面标线相比,容易磨损,因此要特别注意维护管理和及时更新。

交通岛按其功用及部署位置,可以分为导流岛(或称方向岛)、分车岛(或称分隔带)、中心岛和安全岛。

导流岛对渠化交通起着很大的作用,复杂的(形状不规则、交叉角小等)交叉口往往只要用几个简单的导流岛就能有效地减少车流的冲突,提高交叉口的行车安全性和通行能力。导流岛能限制行车方向,促使斜交对的车流变成直角交叉;也能限制车道宽度,控制车速,防止超车,减少交通事故。图 2-5 是典型导流岛设置示意图。

交通岛的设计应注意以下几点:

(1)交通岛设在行车轨迹最少通过的位置,既可以确保合理的行车轨迹,又可以减少交叉口多余面积,减小冲突区域。

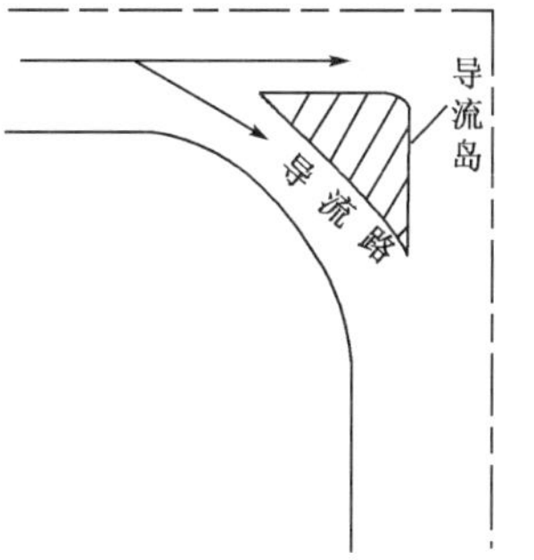

图 2-5 典型导流岛设置示意图

(2)交通岛的设置应该使行车自然方便,一般建议使用比较集中的大岛而不提倡使用混乱分散的小岛。各种交通岛的面积不宜太小,一般不应该小于 $7m^2$。

(3)交通岛的形状和位置,应配合交通组织和管理,给出正确的指示,使车辆按正确的路线行驶。

8. 人行横道的设计

人行横道线表示准许行人横穿行车道的标线,其颜色为白色。人行横道线的设置,应根据行人横穿道路的实际需要确定,一般应选择行人交通汇合处设置,设置方向应与道路垂直。人行横道的最小宽度为 3m,可以根据行人的流量以 1m 为一级加宽。

在交叉口处,一般宜在弯道以外即直线部分设置人行横道,使行人通过距离最短。信号控制交叉口人行横道位置须与信号灯位置配合,一般在停车线前,与停车线相距不小于 1.5m。人行横道过长时应考虑在道路中央设安全岛或中央分隔带。

9. 交叉口自行车交通管理原则与渠化

自行车交通是我国交通的一大特点,我国自行车交通占有很大的比例,因此自行车的交通管理和组织对保障交通系统畅通、安全具有重要的意义。

1)自行车在交叉口的交通管理应遵循的原则

(1)自行车交通应与机动车交通进行空间或时间分离。

(2)如无条件进行分离,也必须给出适当的空间让自行车与机动车分道行驶。

(3)应尽量使自行车处于危险状态的时间减到最小。

(4)如果空间允许,在自行车暂停的地方应提供实物隔离措施。

(5)为了简化机动车驾驶员在交叉口的观察、思考、判断及采取措施的复杂过程,自行车交通与机动车交通的冲突点应尽可能远离机动车交通之间的冲突点。

(6)当自行车与机动车在交叉口等待交通灯或通过交叉口时,应保证互相能够看清楚,特别是当自行车通过交叉口时,应尽可能使机动车驾驶员掌握自行车的行驶路线与方向。

(7)当自行车进入交叉口等待交通灯放行时,应尽可能提供其一个安全的停车位置。

2)交叉口自行车道渠化

根据自行车交通在交叉口的交通管理原则,可以通过以下渠化方法更好地组织自行车交通通过交叉口。

(1)右转弯专用车道。

利用现有的路面开辟专门用于右转弯的自行车车道。其优点是可以缓和交叉口的交通拥挤,有利于交通安全。设置右转弯自行车专用车道要求交叉口较宽,右转自行车流量大,且骑车人严格遵守各行其道的原则。

(2)左转弯专用车道。

国外常用此法处理自行车在交叉口的左转弯问题。日本使用彩色(绿色或蓝色)路面标示自行车左转弯专用车道。这种方法通过限制左转弯自行车流,减少左转弯自行车流对直行机动车流的干扰;然而这样会增加自行车的运行路程,使骑车人感到很不习惯。该法只适用于左转弯自行车流较小,且无须对自行车加强交通管理的交叉口。

(3)左转弯候车区。

在交叉口自行车进口道的前面,设置左转自行车的候车区,绿灯时左转自行车随直行自行车运行至对面的左转候车区内,待另一方向的绿灯亮时再前进,即变左转弯为两次直行。左转弯候车区的优点是可以通过消除左转自行车对机动车的干扰,提高机动车通过交叉口的运行速度及通行能力,能通过减少左转自行车与直行机动车流的冲突点,提高交叉口的交通安全;其缺点与自行车左转弯专用车道的缺点基本相同。

(4)停车线提前。

根据自行车启动快的特点,将交叉口自行车停车线画在机动车停车线的前面,当绿灯亮时,让自行车先进入交叉口,可避免同机动车相互拥挤。两条停车线之间的距离依自行车和机动车交通量大小及交叉口的几何尺寸而定。将停车线提前有利于提高交叉口的通行能力与交通安全,但是只有对骑车人加强管理与教育,使自行车做到合理停车,才能发挥此法的作用。

(5)自行车横道。

在主干道上画自行车横道线,提示驾驶员注意横向自行车。如同人行横道一样,在自行车横道内,自行车是优先的。机动车遇到自行车横道要减速行驶,当横道内有自行车时应暂停,让自行车先通过。自行车横道适用于支路(包括胡同、里弄等)与主路或次路的平面交叉处,还适用于一些大建筑物出入口与主路的交叉处。

三、案例分析

广东省江门市的喷水池交叉口位于跃进路与建设路交界处,喷水池上有一座江门市的标志性建筑——"春燕"雕塑,喷水池交叉口布置图如图2-6所示。随着江门市区的汽车保有量激增,喷水池交叉口堵塞问题日益严重。现欲将喷水池交叉口进行渠化改造,以提高其通行能力,缓解交通拥挤。

根据实际情况和交叉口渠化原则,设计了四套渠化方案。

1.维持现状环岛方案

该方案是维持现状环岛和交通组织不变,中区大道开通后增设一个小型渠化岛,并以红绿灯控制,如图2-6所示。

优点:对交叉口现状破坏最少,尽可能完整地保留了标志性建筑。

缺点：此方案下的交通组织依旧比较混乱，交叉口通行能力较低，不能解决交叉口的拥挤现状，中区大道开通后拥挤现象会更严重。

2. 拆除环岛渠化方案

该方案需要拆除喷水池环岛和雕塑，渠化改造为"十"字形交叉口并以红绿灯控制，如图 2-7 所示。

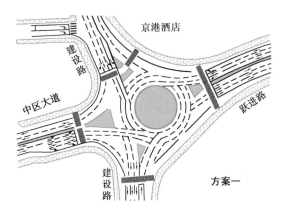

图 2-6 喷水池交叉口布局图

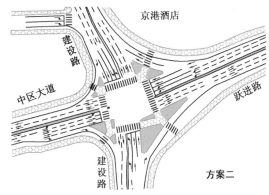

图 2-7 拆除环岛渠化方案

优点：此方案下的交通组织将变得比较规范，交叉口的通行能力将会显著提高，行车视距开阔，可较好地改善目前的交通状况。

缺点：需要拆除城市标志性建筑——喷水池及雕塑。

3. 整体保留环岛渠化方案

该方案不拆除喷水池花圃，对交叉口进行异型渠化改造，并以红绿灯控制，如图 2-8 所示。

优点：既能不拆除喷水池和雕塑，较好地保留交叉口标志性建筑，又能基本满足交通组织需求。

缺点：此方案的交通组织效果没有方案二显著，行车路线不规则，并部分改变了交叉口原貌，需拆除部分建筑。

4. 部分保留立体雕塑渠化方案

该方案是拆除环岛外围喷水池，保留立体雕塑"春燕"，对交叉口进行渠化改造，并以红绿灯控制，如图 2-9 所示。

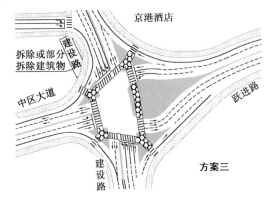

图 2-8 整体保留环岛渠化方案

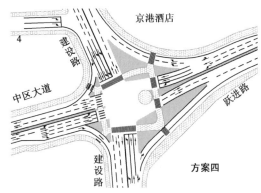

图 2-9 部分保留环岛渠化方案

优点:保留了交叉口最重要的标志性建筑,交通在一定程度上也比较顺畅。

缺点:由于没有完全拆除喷水池的建筑,此交叉口的行车视距不够开阔,另外,原有喷水设施和体操运动员雕塑也无法保留。

能力训练 2-1

不定项选择题
1. 根据交叉口形状,交叉口可分为(　　)。
   A. T形交叉口　　　　　　　　　　　B. 十字交叉口
   C. 三路交叉口　　　　　　　　　　　D. 环形交叉口
2. 要使先进的控制技术和设备发挥最大的作用,就必须做到(　　)。
   A. 完善交叉口的管理,严格执法,坚决制止乱占道路的行为
   B. 加强路口行车和行人过街的管理
   C. 完善交叉口处的交通标志设置
   D. 以上选项均符合
3. 交通渠化常用措施有(　　)。
   A. 路面标线　　　B. 交通标志　　　C. 交通岛　　　D. 导流、隔离带
4. 交通渠化的目的是(　　)。
   A. 提高通行能力　　　　　　　　　　B. 减少交通冲突
   C. 方便交通出行　　　　　　　　　　D. 有利于交通安全
5. 下列选项属于交通渠化作用的有(　　)。
   A. 分隔道路上不同类型的交通流,控制进入交叉口车辆的速度
   B. 控制车流交叉角度,导流和导向
   C. 减小交叉范围,保护过街行人
   D. 帮助驾驶员辨认标志标线和遵守交通规则
6. 下列选项符合交通渠化原则的有(　　)。
   A. 应力求简单明了,避免过于复杂的方案
   B. 不同流向、不同车种、不同速度的交通流,应尽可能实现分道行驶
   C. 凡妨碍视线的建筑或绿化,均应拆除或砍伐,以确保行车的视距要求
   D. 以上选项均不符合
7. 交叉口渠化设计时,应当注意的事项有(　　)。
   A. 增加进出口车道数,提高交叉口通行能力
   B. 保护转弯车流
   C. 适当缩小交叉口面积
   D. 减少交叉口的分岔数目

项目二　认识道路交通标志标线

【能力目标】
(1)能正确辨别各种交通标志;
(2)能正确辨别各种交通标线。

【知识目标】
(1)掌握各种交通标志、标线；
(2)了解交通标志设置原则；
(3)了解交通标线设置原则。

【支撑知识】
(1)交通标志种类及设置原则；
(2)交通标线种类及设置原则。

道路交通标志、标线是交通管理的重要基础设施，被人们称之为"无声的交警"。道路交通标志、标线通过不同颜色的图案、符号、文字，随时随地提醒、保护交通参与者，以免在路上遇到状况不知如何处理而发生危险。道路交通标志、标线对维护交通秩序、保障行车安全起着极其重要的作用。

道路交通标志、标线的设置，应当符合道路交通安全、畅通的要求和《道路交通标志和标线》(GB 5768—2009)的规定，并保持清晰、醒目、准确、完好、易于识别。交通标志一般设于道路两旁或是路口处，标线则直接画在路面上。

一、认识道路交通标志

交通标志牌作为道路行车的指示设施，均被设置在道路的醒目位置。设立交通标志的意义，简单地说，在于让驾驶员及行人了解路况、指示方向或告知各种通行规定。

1. 交通标志类别

道路交通标志是用图形、符号和文字传递特定信息，用以管理交通的安全设施。交通标志分为主标志和辅助标志两大类。其中主标志包括：禁令标志、警告标志、指示标志、指路标志、旅游区标志、道路施工安全标志。辅助标志附设在主标志下，起辅助说明作用。

(1)禁令标志。

禁令标志按国际惯例以红色线条表示，最为显眼。形状一般为圆形，个别是顶角朝下的等边三角形；颜色为白底、红圈、黑图案，图案压杠。用来禁止或限制驾驶员及行人的交通行为，要求他们严格遵守禁令标志所表示的内容，如图2-10的"限速"、"减速让行"与"禁止停车"标志都有着必须遵守的强制性要求。

a)"限速"标志

b)"减速让行"标志

c)"禁止停车"标志

图2-10 禁令标志示例

(2)警告标志。

警告标志是警告驾驶员、行人注意危险地点的标志，形状是顶角朝上的等边三角形；颜色是黄底、黑边、黑图案，也有白底红图案的。路途中，一旦看到这种黄色标志，驾驶员和行人就要提高警觉，注意前方危险的状况，并做好应变的准备。如图2-11所示的"注意行人"、"急转弯"标志都是提醒前方有影响行车安全的状况。

a)"注意行人"标志　　　　　　　　　　　　b)"急转弯"标志

图 2-11　警告标志示例

（3）指示标志。

指示标志是用来指示驾驶员、行人行进方向的标志，颜色为蓝底白图案；形状分为圆形、长方形和正方形。如图 2-12 所示的"立交行驶路线"、"直行和转弯"与"单向行驶"标志都是指示驾驶员如何行驶。

a)"立交行驶路线"标志　　　　　b)"直行和转弯"标志　　　　　c)"单向行驶"标志

图 2-12　指示标志示例

（4）指路标志。

指路标志是传递道路方向、地点、距离等信息的标志（图 2-13）。一般指路标志为蓝底白图案，高速公路为绿底白图案；形状一般为长方形或正方形。

a)"交叉路口预告"标志　　　　　b)"地点识别"标志　　　　　c)"地点方向"标志

图 2-13　指路标志示例

（5）旅游区标志。

旅游区标志是提供旅游景点方向、距离的标志，颜色为棕色和白色。

（6）道路施工安全标志。

道路施工安全标志是通告道路施工区通行的标志，该标志使用蓝色、黑色、黄色、白色。

（7）辅助标志。

辅助标志主要是对主标志起辅助说明的作用。辅助标志的颜色使用黑色和白色，有时也用多种标志的组合来表达较为复杂的意思，这时就会有各种颜色组合在标志上。

（8）可变信息标志。

可变信息标志是一种因交通、道路、气候等状况的变化而改变显示内容的标志。一般可用作速度限制、车道控制、道路状况、交通状况、气候状况及其他内容的显示。主要用于高速公路、城市快速路的信息显示。

可变信息标志的显示方式有多种,如高亮度发光二极管、灯泡矩阵、磁翻板、字幕式、光纤式可变信息标志等,可根据标志的功能要求、显示内容、控制方式等进行选择。可变信息标志的版面应根据需要进行专门设计。

2.交通标志设置的原则

交通标志的设置应为道路使用者提供适时、准确、足够的诱导信息,充分发挥道路快速、舒适、安全的效能。交通标志的布设,应结合道路线形、交通状况、沿线设施等情况,根据交通标志的不同种类来设置。标志结构形式设计及标志设置位置,应与道路线形及周围环境协调一致,满足美观及视觉的要求。一般应注意以下几点:

(1)一般情况下,标志设置在道路的右侧,驾驶员易于看到的位置。对于超车道、行车道、紧急停车带这类车道划分和道路指示标志,设置在路侧确有困难时,通常采用门架式支撑,将标志板安装在道路上方,为了便于驾驶员判读,确保交通安全。在高速公路终点附近,还将一些禁令或警告标志设置在中央分隔带内。

(2)交通标志的设置位置,均应保证标志与标志之间互不影响,而且没有其他结构物阻挡视线。在同一地点,指路标志和禁令标志不能同时出现。

(3)互通式立交及服务区附近的标志设置,以车辆行驶至交叉口或分流、合流处时,不影响驾驶员视线为原则。

(4)标志设置能保证驾驶员有足够的反应时间,以便作出安全运行所必需的判断。

(5)路侧标志保证与路肩外缘有25cm的净距,标志板下边缘与紧急停车带外侧面间有2m的净空。在道路上方设置的标志,保证板下边缘与路面间的净距大于5m。

(6)标志板正面面向来车方向,与道路走向基本成直角布置,板面稍向内倾斜。关于路侧标志的倾斜问题,目前尚有不同意见。有些国家的规范认为,只有当标志板与路肩外缘相距9m以上时才向内倾斜,当标志板与路肩外缘相距不足9m时,为防止反光造成的目眩现象,反而将它向外倾斜3°。

(7)同一地点需要设置两种以上标志时,可以安装在一根标志柱上,但最多不应超过四种。交通标志牌在一根立柱上并设时,应按照警告、禁令、指示的顺序,先下后上、先左后右地排列,应避免出现互相矛盾的标志内容。应保证标志牌的支撑结构安全、外形美观、经久耐用,支撑结构形式主要有单柱式、双柱式、单悬臂式、双悬臂式、门架式等几种。

(8)除少数交通标志在白天起作用外,大部分标志都是昼夜起作用的。交通标志必须设置在照明条件比较好的位置,或者有发光或反光装置。在夜间交通量较大的道路,应尽量采用反光标志。

二、认识道路交通标线

道路交通标线是由标画于路面上的各种线条、箭头、文字、立面标记、突起路标和轮廓标等构成的道路交通设施。对于道路交通标线的颜色、线条所赋予的遵行、禁止、限制等规定,驾驶员必须严格遵守。标线的作用是管制和引导交通,对路口及路段的交通管理起着重要的辅助作用,可与标志配合使用,也可单独使用。标线应能确保车流分道行驶,导流交通行驶方向,指引车辆在汇合及分流前驶入合适的车道,加强行驶纪律和秩序,减少事故。标线应保证白天和晚上均具有视线诱导功能,并应做到车道分界清晰、线向清楚、轮廓分明。

高速公路、一级公路、二级公路和城市快速路、主次干道应按照《道路交通标志和标线》

(GB 5768—2009)设置交通标线,其他道路可以根据需要设置。标线有画在路中间的,也有画在路边的。

1. 交通标线类别及其内容

我国现行的交通标线共有29种,按照功能划分为:指示标线、禁止标线和警告标线。它们的名称和作用分别介绍如下。

1)指示标线

(1)双向两车道路面中心线为黄色虚线,用来分隔对向行驶的交通流,在保证安全的情况下,允许车辆越线超车或向左转弯。

(2)车行道分界线为白色虚线,用来分隔同向行驶的交通流,在保证安全的情况下,允许车辆变换车道行驶。

(3)车行道边缘线:白色实线,用来表明车行道边线。

(4)左转弯待转区线:白色虚线,用来指示左转弯车辆可在直行时段进入待转区,等待左转。

(5)左转弯导向线:白色虚线,表示左转弯的机动车与非机动车的分离。主要用于特殊平面交叉口。

(6)人行横道线:白色条纹,表示准许行人横穿行车道。

(7)高速公路车距确认标线:白色平行粗实线,为驾驶员保持行车安全距离提供参考。每隔50m设置一组标线,间隔200m重复设置。

(8)高速公路出入口标线:白色,为驶入或驶出匝道车辆提供安全交汇,减少与突出的路缘石碰撞。

(9)停车位标线:白色实线,表示车辆停放位置。

(10)港湾式停靠站标线:白色,表示车辆通向专门的分离引道和停靠位置。

(11)收费岛标线:表示收费岛的位置,为驶入收费车道的车辆提供清晰的标记。

(12)导向箭头为白色箭头实线,用以引导行车方向。

(13)路面文字标记,白色或黄色,用以指示或限制车辆行驶。

2)禁止标线

(1)禁止超车线:中心黄色双实线表示严格禁止车辆跨线超车或压线行驶;中心黄色虚实线表示实线一侧禁止车辆越线超车或向左转弯,虚线一侧准许车辆越线超车或向左转弯;中心黄色单实线表示不准车辆跨线超车或压线行驶。

(2)禁止变换车道线:白色实线,用于禁止车辆变换车道和借道超车,白色实线的长度表示禁止变换车道的范围。

(3)禁止路边停放车辆线:白黄相间条纹表示该路段禁止路边长时停放车辆,黄色表示该路段禁止路边临时或长时停放车辆,如图2-14所示。

(4)停止线:白色,表示车辆等候放行信号,或停车让行的停车位置。

(5)让行线:车辆在此路口必须停车或减速让干道车辆先行。

(6)非机动车禁驶区标线:用以告示骑车人在交叉口内禁止驶入的范围。

(7)导流线:白色,表示车辆需按规定的路线行驶,不得压线越线。

(8)中心圈:用以区分车辆大、小转弯及交叉口车辆左、右转弯的指示,车辆不得压线行驶,如图2-15a)所示。

(9)路口禁停网格:黄色网状条纹,用以告示驾驶员禁止在设置本标线的交叉口(或其他出

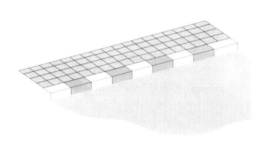
a) 禁止路边长时停放车辆线

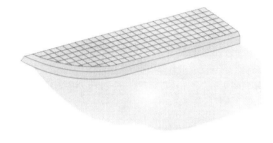
b) 禁止路边临时或长时停放车辆线

图 2-14 禁止路边停放车辆线

入口处)临时停车,防止交通阻塞,一般用于重要单位、部门前,禁止车辆在内停放,如图 2-15b) 所示。

(10)车种专用道线:用以指示该车道仅限于某车种行驶,其他车种和行人不得进入。

(11)禁止掉头标线:禁止车辆掉头的交叉口或路段,如图 2-15c)所示。

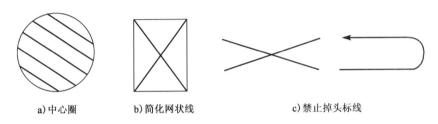

a) 中心圈　　b) 简化网状线　　c) 禁止掉头标线

图 2-15 禁止标线示例

3)警告标线

(1)车行道宽度渐变段标线:颜色与中心线一致,警告驾驶员路宽缩减或车道数减少,应谨慎行车,并禁止超车。

(2)接近路面障碍物标线:颜色与中心线一致,表示车辆须绕过路面障碍物行驶。

(3)近铁路平交道口标线:指示前方有铁路平交道口,警告驾驶员谨慎行车。该标线仅用于无看守人员的铁路道口。

(4)减速标线:白色,表示车辆必须减速慢行。

(5)立面标记:提醒驾驶员注意,车行道或近旁有高出路面的构造物,以防止发生碰撞。

2. 道路平面交叉口标线的设置原则

道路平面交叉口的标线,包括人行横道线、停止线、车行道中心线、车道分界线、导向箭头等。在设置上述标线时,应考虑交叉口的形状、交通量、车行道宽度、转弯车辆的比例、非机动车的比例等因素,并遵循下列设置原则。

(1)交叉口的导向车道线长度,应根据交叉口的几何线形确定,其最短长度为 30m。导向车道线应画白色单实线,表示不准车辆变更车道。

(2)平面交叉口的进口车道内,应有导向箭头标明各车道的行驶方向。距交叉口最近的第一组导向箭头,设置在导向车道线的末尾。导向箭头重复设置的次数和距离,应根据交叉口进口道的具体情况确定。一般计算行车速度大于 60km/h 的道路,导向箭头按导向车道线的长度重复三次;计算行车速度小于 60km/h 的道路,导向箭头按导向车道线的长度重复两次。

能力训练 2-2

不定项选择题

1. 交通标志包括（　　）。
   A. 禁令标志　　　B. 警告标志　　　C. 指示标志　　　D. 指路标志

2. 下列交通标志中,属于禁令标志的有（　　）。
   A. 　B. 　C. 　D.

   (注：图片顺序应为)
   A. 　B. (让行标志)　C. (反向弯路)　D. (人行横道)

3. 下列交通标志中,属于警告标志的有（　　）。
   A. 　B. 　C. 　D.

4. 下列交通标志中,属于指示标志的有（　　）。
   A. 　B. 　C. 　D.

5. 下列交通标志中,属于指路标志的有（　　）。
   A. 　B. 　C. 　D.

6. 下列符合交通标志设置原则的选项有（　　）。
   A. 标志设置在道路的左侧,驾驶员易于看到的位置
   B. 标志设置能保证驾驶员有足够的反应时间以便作出安全运行所必需的判断
   C. 大部分标志都是昼夜起作用的
   D. 以上选项均符合

7. 交通标线包括（　　）。
   A. 禁令标线　　　　　　　　　　　　B. 警告标线
   C. 指示标线　　　　　　　　　　　　D. 以选项均符合

8. 下列选项对指示标线的描述,正确的有（　　）。
   A. 双向两车道路面中心线,黄色虚线,用来分隔对向行驶的交通流
   B. 车行道分界线,白色虚线,用来分隔对向行驶的交通流
   C. 车行道边缘线,白色虚线,用来表明车行道边线
   D. 人行横道线,白色条纹,表示准许行人横穿行车道

9. 下列选项对禁止标线的描述,正确的有（　　）。
   A. 禁止超车线,中心黄色双实线表示严格禁止车辆跨线超车或压线行驶
   B. 禁止变换车道线,白色虚线,用于禁止车辆变换车道和借道超车
   C. 禁止路边停放车辆线,黄色表示该路段禁止路边长时停放车辆
   D. 导流线,黄色,表示车辆需按规定的路线行驶,不得压线越线

10. 设置交叉口的交通标线时,应当考虑的因素有（　　）。
    A. 交叉口几何形状　　　　　　　　　B. 交通量
    C. 转弯车辆比例　　　　　　　　　　D. 以上选项均符合

项目三　认识交叉口控制方式

【能力目标】
(1)能正确描述交叉口控制的四种方式；
(2)能正确描述八种交通警察指挥手势。

【知识目标】
(1)掌握四种交叉口控制方式的使用情况；
(2)了解八种交通警察指挥手势。

【支撑知识】
(1)交叉口控制方式；
(2)交通警察指挥手势。

平面交叉路口采用的控制方式，主要有以下四种：停车让路控制、减速让路控制、信号控制、交通警察指挥控制。停车让路控制与减速让路控制是利用特定的交通标志标线对通过路口的支路车辆进行通行控制；信号控制是利用交通信号灯对通过路口的各个方向的车辆和行人进行通行控制；交通警察指挥控制则是通过交通警察在路口的现场指挥对通过路口的各个方向的车辆和行人进行通行控制。

一、停车让路控制

停车让路控制是针对城市中的支路和交通流量比较大的干道交叉的路口而言，如图 2-16 所示。在这些路口，支路上的车辆必须停车让干路上的车辆先行，然后再寻找适当的机会通过交叉口或与干道交通流汇合。停车让路控制主要应用于以下一些情况：
(1)支路上的交通流量大大低于干道上的交通流量；
(2)从支路上的车辆来看，视距、视野不太良好；
(3)干道上的交通流复杂，车道多或转弯车辆多，在采用这种控制方式的路口处，支路进口应有明显的"停"的交通标志。

二、减速让路控制

减速让路控制是在交通流量十分小的支路(包括小街、小巷和胡同)与交通流量不大的干道的交叉口设置让路标志，以便提醒车辆在进入交叉口前，先降低车速观察周围的交通情况，然后再通过，即驾驶员要有"一停、二看、三通过"的思想，如图 2-17 所示。在这种情况下，支路上的车辆必须等到干路上的车辆通过以后才能通行。在我国城市中，由于城市建设的原因，存在大量的支路，与这些支路相连的许多交叉口都是车流量不大的。在这些路口设置减速让路标志时，要注意改善路口的视距条件，使支路上的车辆在进入交叉口前能看清楚干道上的车辆，以便于寻找合适的行车空隙穿过。在采用这种控制方式的路口处，支路进口应有明显的"让"的交通标志。

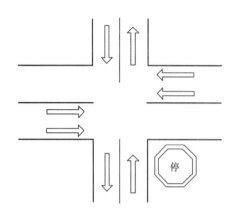

图 2-16 停车让路控制方式示意图

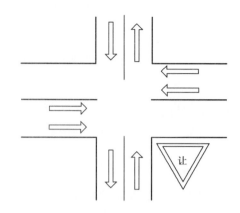

图 2-17 减速让路控制方式示意图

三、信号控制方式

采用信号机控制和引导交通流称为交通信号控制,交通信号控制通过信号灯色来给予交通流通行权,以形成畅通有序的交通流。在城市道路交通系统中,交通信号控制是最重要的一类控制方式,它在很大程度上决定城市交通的运输效率。下面的章节将详细介绍这种控制方式。

四、交通警察管理与指挥

交通警察指挥控制要求驶入交叉口的车辆按照交通警察的指挥手势依次通行。与交通信号控制方式相比,交通警察指挥控制是一种较为原始的交通控制方式,但由于我国交叉口处的人车混行现象十分突出,城市居民的交通意识淡薄,许多驾驶员与行人在交叉口处(特别是在下述的一些特殊情况下)对信号灯和交通标志根本不予理睬,随意行驶与横穿马路,因此交通警察指挥控制仍是一种非常有效的控制方式。交通警察指挥控制有利于对突发性事件的处理,对于暂时性交通流波动的出现具有很好的疏导作用,主要应用于以下一些特殊情况:

(1)交通信号系统发生故障;
(2)交叉口发生交通事故,出现严重交通堵塞;
(3)大型活动或道路施工期间;
(4)某些交叉口的信号灯控制装置不能处理高峰时段大交通流量时。

交通警察指挥手势一共有八种,包括停止信号、直行信号、左转弯信号、左转弯待转信号、右转弯信号、变道信号、减速慢行信号、示意车辆靠边停车信号。

1. 停止信号

含义:不准交警前方的车辆通行,如图 2-18 所示。

图 2-18 停止信号手势示意图

2. 直行信号

含义:准许交警左右两方直行的车辆通行,如图 2-19 所示。

3. 左转弯信号

含义:准许车辆左转弯,在不妨碍被放行车辆通行的情况下可以掉头,如图 2-20 所示。

图 2-19　直行信号手势示意图

图 2-20　左转弯信号手势示意图

4. 左转弯待转信号

含义：准许交警左方左转弯的车辆进入路口，沿左转弯行驶方向靠近路口中心，等候左转弯信号，如图 2-21 所示。

图 2-21　左转弯待转信号手势示意图

5. 右转弯信号

含义：准许交警右边的车辆右转弯，如图 2-22 所示。

图 2-22　右转弯信号手势示意图

6. 变道信号

含义：车辆腾空指定的车道，减速慢行，如图 2-23 所示。

图 2-23　变道信号手势示意图

7. 减速慢行信号

含义：车辆减速慢行，如图 2-24 所示。

图 2-24　减速慢行信号手势示意图

8.示意车辆靠边停车信号

含义:车辆靠边停放,如图 2-25 所示。

图 2-25　示意车辆靠边停车信号手势示意图

能力训练 2-3

不定项选择题

1.平面交叉路口采用的控制方式主要有(　　)。
　　A.停车让路控制　　　　　　　　　　B.减速让路控制
　　C.信号控制　　　　　　　　　　　　D.交通警察指挥控制
2.下列对停车让路控制的描述,正确的是(　　)。
　　A.无论主干道是否有车辆通行,支路上的车辆都必须停车
　　B.适用于主干道车辆比较多,支路车辆比较少的情况
　　C.在支路上设置有明显的停车让行标志
　　D.以上选项均符合
3.下列对减速让路控制的描述,正确的是(　　)。
　　A.允许支路上的车辆减速后,寻找穿插空当通过交叉口
　　B.适用于主干道交通量不大,支路交通量比较小的情况
　　C.在支路上设置有明显的停车让行标志
　　D.以上选项均符合
4.下列对信号控制方式的描述,正确的是(　　)。
　　A.通过信号灯色来给予交通流通行权,以形成畅通有序的交通流
　　B.交通信号控制是最普遍的一种控制方式
　　C.信号控制方式比停车让路控制更优越
　　D.信号控制方式比减速让路控制能更加有效解决交通问题
5.下列对交通警察管理与指挥的描述,正确的是(　　)。
　　A.通过信号灯色来给予交通流通行权,以形成畅通有序的交通流
　　B.交通警察指挥控制是一种较为原始的交通控制方式
　　C.交通警察指挥控制的权限最大
　　D.以上选项均符合

6.下列哪些情况下,需要交通警察指挥控制(　　)。
   A.交通信号系统发生故障
   B.交叉口发生交通事故,出现严重交通堵塞
   C.大型活动或道路施工期间
   D.以上选项均符合

项目四　绘制交叉口交通冲突图

【能力目标】
(1)能正确描述交叉口交错点种类;
(2)能绘制十字交叉口、T形交叉口交通冲突示意图;
(3)能正确描述十字交叉口分流点、合流点、冲突点个数。

【知识目标】
(1)掌握十字交叉口、T形交叉口交通冲突示意图的绘制方法;
(2)了解交叉口分流点、冲突点计算公式推导过程;
(3)掌握交叉口分流点、冲突点计算公式。

【支撑知识】
(1)交叉口交错点类型;
(2)交叉口冲突点计算公式。

一、交叉口交错点类型

进出交叉口的车辆由于行驶方向的不同,车辆之间的交错将产生不同性质的交错点。交错点可分为分流点、合流点与冲突点,如图2-26所示。

a)分流点　　　　　　b)合流点　　　　　　c)冲突点

图2-26　交叉口的基本交错点示意图

同一行驶方向车辆向不同方向分开的地点称为分流点(或称为分岔点);不同行驶方向车辆以较小角度向同一方向汇合的地点称为合流点(或称为汇合点);不同行驶方向车辆以较大角度相互交叉后向不同方向分开的地点称为冲突点(或称为交叉点)。

分析十字交叉口可能存在的交错点,得出十字交叉口交通冲突示意图,如图2-27所示。

二、冲突点计算公式

1.交叉口分流点计算公式

对于交叉口分流点个数S,可用以下公式进行计算:
$$S = n(n-2) \tag{2-3}$$

式中：n——交叉口分岔数，且 $n \geqslant 3$。

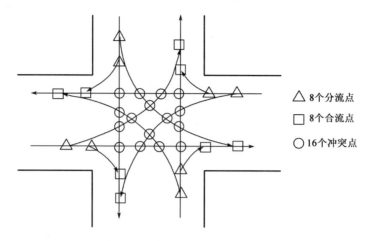

图 2-27　十字交叉口交通冲突示意图

下面采用数学归纳法对分流点公式进行证明。

证明：

(1) 当 $n=3$ 时，交叉口为三岔路，其分流点为 3；

(2) 假设当 $n=k$ 时，交叉口分流点 $S_k = k(k-2)$ 成立；

(3) 当 $n=k+1$ 时，第 $k+1$ 条支路上可以有 k 条车流进入其他 k 条支路上，分流点个数为 $k-1$；同时，其他 k 条支路上的车流可以进入第 $k+1$ 条支路，分流点个数为 k，因此有：

$$S_{k+1} = S_k + k - 1 + k = k(k-2) + 2k - 1 = k^2 - 1 = (k+1)(k+1-2) \qquad (2\text{-}4)$$

因此，当 $n=k+1$ 时，公式也成立，命题得证。

2. 交叉口冲突点计算公式

对于交叉口冲突点个数 M，可用以下公式进行计算：

$$M = \frac{n^2(n-1)(n-2)}{6} \qquad (2\text{-}5)$$

式中：n——交叉口分岔数，且 $n \geqslant 3$。

下面对冲突点公式进行证明。

证明：

假设某交叉口有 $R_1, R_2, \cdots, R_n$ 条支路相交，如图 2-28 所示。

(1) R_1 与 R_2 交通流的冲突点如图 2-29 所示，数量为：

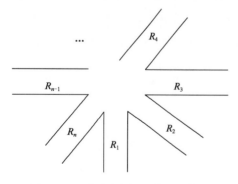

图 2-28　R_n 条支路相交的交叉口示意图

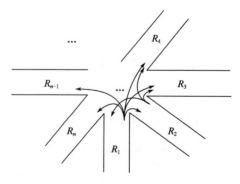

图 2-29　R_1 与 R_2 交通流的冲突点示意图

$$1+2+3+\cdots+n-2 \mid +0$$

(2)同理,R_1 与 R_3 交通流的冲突点数为:
$$1+2+3+\cdots+n-3 \mid +1$$

(3)同理,R_1 与 R_4 交通流的冲突点数为:
$$1+2+3+\cdots+n-4 \mid +1+2$$

......

($n-2$)同理,R_1 与 R_{n-1} 交通流的冲突点数为:
$$1 \mid +1+2+3+\cdots+n-3$$

($n-1$)同理,R_1 与 R_n 交通流的冲突点数为:
$$0 \mid +1+2+3+\cdots+n-2$$

分析上述规律,可知 R_1 与其他 $n-1$ 条支路的冲突点为:

$$\begin{aligned}
N &= 2[1+(1+2)+\cdots+(1+2+\cdots+n-2)] \\
&= 2[1+(1+2)+\cdots+(1+2+\cdots+n-2)] \\
&= 2\left[\frac{1\times 2}{2}+\frac{2\times 3}{2}+\cdots+\frac{(n-2)\times(n-1)}{2}\right] \\
&= 1^2+1+2^2+2+\cdots+(n-2)^2+(n-2) \\
&= 1^2+2^2+\cdots+(n-2)^2+1+2+\cdots+(n-2) \\
&= \frac{(n-2)(n-1)(2n-3)}{6}+\frac{(n-2)(n-1)}{2} \\
&= \frac{n(n-1)(n-2)}{3}
\end{aligned} \tag{2-6}$$

同样可计算出任何一条支路与其他 $n-1$ 条支路的冲突点个数均为 N,因此,交叉口所有冲突点个数为:

$$M = \frac{n}{2}\cdot N = \frac{n^2(n-1)(n-2)}{6} \tag{2-7}$$

表 2-2 给出了交叉口分岔数与交错点数目对照。由式(2-5)和表 2-2 都可以看出,随着交叉口分岔数的增加,冲突点和交错点成几何增长,从而将大大增加交叉口行车的危险性。

交叉口分岔数与交错点数目对照表 表 2-2

项目		交叉口分岔数			
		3	4	5	6
交错点类型	分流点	3	8	15	24
	合流点	3	8	15	24
	冲突点	3	16	50	120
交错点总数		9	32	80	168

能力训练 2-4

一、不定项选择题

1.交叉口交错点分为(　　)。

　　A. 合流点　　　　　　　　　　　　B. 分流点

        C. 交叉点 D. 以上选项均符合
2. 同一行驶方向车辆向不同方向分开的地点称为（　　）。
   A. 合流点 B. 分流点
   C. 交叉点 D. 以上选项均符合
3. 不同行驶方向车辆以较小角度向同一方向汇合的地点称为（　　）。
   A. 汇合点 B. 分岔点
   C. 交叉点 D. 以上选项均符合
4. 不同行驶方向车辆以较大角度相互交叉后向不同方向分开的地点称为（　　）。
   A. 汇合点 B. 分岔点
   C. 交叉点 D. 以上选项均符合
5. 十字交叉口交错点个数为（　　）。
   A. 8 B. 16
   C. 32 D. 以上选项均符合
6. 十字交叉口冲突点个数为（　　）。
   A. 8 B. 16
   C. 32 D. 以上选项均符合
7. 十字交叉口分流点个数和合流点个数均为（　　）。
   A. 8 B. 16
   C. 32 D. 以上选项均符合

二、应用题

绘制 T 形交叉口交通冲突示意图，并注明合流点、分流点、冲突点位置及其个数。

项目五　认识我国城市道路交叉口存在的交通问题

【能力目标】
(1)能正确描述城市道路交叉口存在的主要问题；
(2)能正确描述解决交叉口交通问题的措施。

【知识目标】
(1)了解城市道路交叉口存在的主要问题；
(2)掌握解决交叉口交通问题的措施。

【支撑知识】
(1)城市道路交叉口存在的主要问题；
(2)解决交叉口交通问题的措施。

一、交叉口存在的主要交通问题

目前，我国城市交叉口存在的主要问题有如下几方面。
(1)路口面积较大，缺乏交通渠化设计或设计不合理，没有发挥应有作用。
在许多较大的路口，车辆驾驶员和骑自行车者选择捷径进出路口，因此容易互相冲突。如果在这些路口合理地进行交通渠化和设置导流岛，就可以初步缓解交通拥挤问题。
(2)路口大量的机动车与非机动车、行人混行。

在城市中心区的道路平交路口,高峰期的交通往往是机动车和自行车混合进出路口,特别是需要"左转"的车辆穿插于路口交通流之间,大大影响了路口的通行能力。在中心商业区,行人横穿街道,既影响了交通安全,又造成路口通行能力的下降。

(3)路口信号灯控制缺乏合理性。

比如,行人绿灯时间往往与其他进出路口的车辆左转相位或右转相位一致,使得行人在绿灯时间仍然不能安心穿过路口,机动车也不能顺利地驶过人行横道,从而影响了路口交通和行车安全。

(4)人行过街天桥设施差,在实际中不能发挥应有作用。

许多人行过街天桥位置设置不合理,上下阶梯多,道路上的行人护栏不连续,引桥过长,行人往往不愿意走上天桥。

(5)人行道被占用情况比较严重。

在一些支路与支路交叉、干道与支路交叉的地方,人行道被占用情况比较常见。占用道路者大多是一些小商贩。由于人行道路被占用,许多行人被迫往机动车道靠(特别是在缺乏护栏或护栏不连续的地方),严重影响了机动车的通行,且容易引发交通事故。

(6)交通标志和标线不完善。

我国城市的许多道路交叉口及其附近的交通标志和标线设置不足,在一些关键路口和路段缺乏明显的引导标志和标线。

二、解决交叉口交通问题的措施

上述问题的存在,严重制约着城市交通控制系统功能的发挥,其影响是不容忽视的。若这类问题得不到解决,再先进的控制技术和设备也不能解决日趋严重的城市交通问题。例如,广州市曾经对行人和自行车交通对于机动车运行的影响进行了评估,研究结果表明,有控制的自行车交通在交叉口处使机动车的通行能力降低了20%,而无控制的自行车流使机动车的通行能力降低了30%;对于行人,增加一个行人信号相位,则在无自行车流的情况下使机动车的通行能力降低了20%,在有控制的自行车交通情况下降低35%,在无控制的自行车交通情况下降低45%。由此可以看出,对于城市交叉口处的交通控制,不能单纯考虑信号控制,而是要统筹兼顾,自行车和行人因素是绝对不能忽视的。这可以从以下几个方面着手。

1. 重视自行车和行人因素

(1)在城市交叉口处,应利用护栏、分隔带及自行车专用道等方式将非机动车和机动车分开。在中心区设置机动车车道时,同时设置与之平行的有足够容量的自行车车道。

(2)设计使行人和自行车方便行走的天桥。

(3)通过安装行人信号装置、改善地面行人过街设施,以提高行人交通安全,同时改善机动车通行条件。

2. 建立自行车和行人交通网络

要建立合理的城市交通运输体系,需要考虑建立自行车和行人交通网络,该网络应具有以下特点:

(1)与城市道路网和公交线路网相结合,并有明确的分级。

(2)具有连续性,以便建立整个网络。

(3)与现有的出行发生点和商业活动中心协调相连,发挥其功用。

（4）具有完整性，尽量消除断头路，避免零碎设施，吸引行人和自行车使用该网络。

能力训练 2-5

简答题
1. 我国城市交叉口存在的主要交通问题有哪些？
2. 解决交叉口交通问题的措施有哪些？

项目六　认识交通信号基本参数

【能力目标】
（1）能正确描述各种交通信号基本参数的概念；
（2）能正确描述信号相位与控制步伐的关系；
（3）能正确描述车流在其相位期间通过交叉口的流量变化。

【知识目标】
（1）掌握交通信号基本参数的概念；
（2）掌握四相位控制方案与步伐的对应关系。

【支撑知识】
交通信号基本参数：信号周期、信号相位与控制步伐、全红时间、绿灯间隔时间、最短绿灯时间、绿信比、损失时间等。

一、信号周期

信号周期是指信号灯色按设定的相位顺序显示一周所需的时间，即一个循环内各控制步伐的步长之和，用 C 表示，单位为秒，如图 2-30 所示。

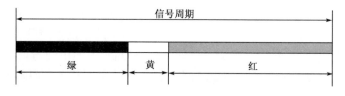

图 2-30　信号周期示意图

t_R 表示一次循环中红灯时间，t_Y 表示一次循环中黄灯时间，t_G 表示一次循环中绿灯时间，C 表示信号周期，则有：

$$C = t_R + t_Y + t_G \tag{2-8}$$

信号周期是决定交通信号控制效果优劣的关键控制参数。信号周期 C 又可分为最佳周期时间和最短周期时间。最佳周期时间 C_0 是通车效益指标最佳的交通信号周期时间；最短周期时间 C_m 是到达车辆能全部通过交叉口的周期时间的最小值。

信号周期不宜太短，也不宜太长。倘若信号周期取得太短，则难以保证各个方向的车辆顺利通过路口，导致车辆在路口频繁停车，使路口的利用率下降；倘若信号周期取得太长，则会导致驾驶员等待时间过长，大大增加车辆的延误时间。一般而言，对于交通量较小、相位数较少的小型路口，信号周期取值在 70s 左右；对于交通量较大、相位数较多的大型路口，信号周期取值则在 180s 左右。

二、信号相位与控制步伐

在城市道路交叉口处,由于车辆、行人来自各个方向,并且又向不同方向行驶,因此,如果不采用一定控制、引导措施,必然会产生交通冲突。一般来讲,消除交叉口交通冲突有三种方案。

(1)渠化交通。在交叉口合理布置交通岛,将车流分车道组织运行,减少车辆行驶的相互干扰。

(2)立体交叉。将来自各方向的车流按立体空间分别设在不同高度的道路上,使其各行其道,相互间没有干扰。这种方法的优点是可以最大限度地解决交叉口交通冲突;缺点是造价高,占地多,对周围环境影响较大。

(3)交通控制。采用优先控制、交通信号灯或由交警指挥的方式,使通过交叉口的冲突车流分时分方向有序通过交叉口,这就是信号相位问题。

在空间上无法实现分离的地方(主要是在平面交叉口),为了避免不同方向交通流之间的相互冲突,可以通过在时间上给各个方向交通流分配相应的通行权对交通流进行分离。例如,为了放行东西向的直行车流且同时避免南北向的直行、左转车流与其发生冲突,可以通过启亮东西向的绿色直行箭头灯将路口的通行权赋予东西向直行车流,启亮南北向的红灯消除南北向直行、左转车流对东西向直行车流通行的影响。

对于一组互不冲突的交通流同时获得通行权所对应的信号显示状态,我们将其称之为信号相位,简称为相位。可以看出,信号相位是根据交叉口通行权在一个周期内的更迭来划分的。一个交通信号控制方案在一个周期内有几个信号相位,则称该信号控制方案为几相位的信号控制。

图 2-31 就是一个采用四相位信号控制的控制方案,其中右转不受红绿灯控制。一个路口采用几相位的信号控制应由该路口的实际交通流状况决定,十字路口通常采用 2~4 个信号相位。如果相位数设计得太少,则不能有效地分配好路口通行权,路口容易出现交通混乱,交通安全性下降;如果相位数设计得太多,虽然路口的交通秩序与安全性得到了改善,但由于相位之间进行转换时都会损失一部分通行时间,过多的相位数会导致路口的通行能力下降,延长驾驶员在路口的等待时间。

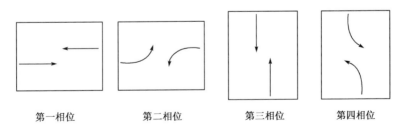

图 2-31 四相位信号控制方案实例

为了保证能够安全地从一个信号相位切换到另一个信号相位,通常需要在两个相邻的信号相位之间设置一段过渡过程。例如,对于图 2-31 所示的信号控制方案而言,从第一信号相位切换到第二信号相位,中间可能需要设置东西向绿色直行箭头灯闪烁、东西向黄灯亮、路口所有方向红灯亮等过渡过程。对于某一时刻,路口各个方向各交通信号灯状态所组成的一组确定的灯色状态组合,称为控制步伐,不同的灯色状态组合对应不同的控制步伐。因此一个信号相位通常包含有一个主要控制步伐和若干个过渡性控制步伐。控制步伐持续的时间称为步长,一般而言,主要控制步伐的步长由放行方向的交通量决定,过渡性控制步伐的步长取值为2~3s。

上述四相位信号控制方案对应的步伐如表2-3所示。

四相位信号控制方案步伐表　　表2-3

序　号	相　位	步　伐	时间(s)
1	东西直行	所有方向红灯(全红时间)	3
2		东西直行绿灯	30
3		南北行人绿闪	3
4		东西直行机动车绿闪	3
5		东西直行黄灯	3
6	东西左转	所有方向红灯(全红时间)	3
7		东西左转机动车绿灯	20
8		东西左转机动车绿闪	3
9		东西左转黄灯	3
10	南北直行	所有方向红灯(全红时间)	3
11		南北直行绿灯	25
12		东西行人绿闪	3
13		南北直行机动车绿闪	3
14		南北直行黄灯	3
15	南北左转	所有方向红灯(全红时间)	3
16		南北左转机动车绿灯	20
17		南北左转机动车绿闪	3
18		南北左转黄灯	3

三、全红时间

全红时间是指路口所有方向均显示红色信号灯,它是为了保证相位切换时不同方向行驶车辆不发生冲突、清除交叉口内剩余车辆所用时间,用 t_{AR} 表示。一般来讲,在某一个方向的信号灯由绿灯转为黄灯后,在黄灯时间结束时,仍然会有个别车辆在交叉口上行驶,如果此时立即将另一相位转为绿灯信号,就有可能使两个方向的车流发生冲突。为了解决这一问题,设立了全红时间,这一时间一般在3~5s内比较合适。

四、绿灯间隔时间

绿灯间隔时间是指一个相位绿灯结束到下一相位绿灯开始的这段时间间隔,用 I 表示。设置绿灯间隔时间主要是为了确保已通过停车线驶入路口的车辆,均能在下一相位的首车到达冲突点之前安全通过冲突点,驶出交叉口。交叉口的潜在冲突点示意图,如图2-32所示。

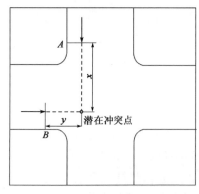

图2-32　交叉口的潜在冲突点示意图

假设需要确定在相位 A 失去通行权到相位 B 得到通行权的绿灯间隔时间,则需测量从相位 A 停车线到潜在冲突点之间的距离 x,以及相位 B 停车线到潜在冲突点之间的距离 y。 x－y 是为了避免相位 A 的最后一辆车与相位 B 的第一辆车在潜在冲突点发生冲突而确定的行驶距离。绿灯间隔时间必须大于相位 A 最后一辆车驶过这段距离所需的时间,这样才能保证不发生冲突。绿灯间隔时间,即相位过渡时间,通常表现为黄灯时间或黄灯时间加上全红时间,即

$$I = t_Y + t_{AR} \tag{2-9}$$

表 2-4 是英国根据不同冲突距离($x-y$)而建议采用的绿灯间隔时间。

绿灯间隔时间 I 建议值表 表 2-4

方　　向	冲突距离 $x-y$(m)	绿灯间隔时间 I(s)
直行车	9	5
	10～18	6
	19～27	7
	28～36	8
	37～46	9
	47～54	10
	55～64	11
	65～74	12
转弯车	9	5
	10～13	6
	14～20	7
	21～27	8
	28～34	9
	35～40	10
	41～45	11
	46～50	12

为了避免前一相位最后驶入路口的车辆与后一相位最先驶入路口的车辆在路口发生冲突,要求它们驶入路口的时刻之间必须存在一个末首车辆实际时间间隔,这个时间间隔由基本间隔时间和附加路口腾空时间两部分构成。其中,基本间隔时间是由车辆的差异性和运动特性决定的时间量,其大小一般取值为 2～3s;附加路口腾空时间则是由路口特性决定的时间量,其大小大体上可以根据两股冲突车流分别从各自停车线到达同一冲突点所需行驶时间差来确定。在定时控制中,绿灯间隔时间可取为末首车辆实际时间间隔;而在感应控制中,如果在停车线前埋设了检测线圈,则该线圈可以测量到前一相位最后车辆离开停车线与前一相位绿灯结束之间的时间差,从而可以得到绿灯间隔的可压缩时间,因此此时的绿灯间隔时间可取为末首车辆实际时间间隔与绿灯间隔可压缩时间之差,从而提高路口的通行能力。

五、最短绿灯显示时间

最短绿灯显示时间是指对各信号相位规定的最低绿灯时间限值,用 G_m 表示。规定最短绿灯显示时间主要是为了保证车辆行车安全。如果绿灯信号持续时间过短,停车线后面已经

启动并正在加速的车辆会来不及制动或者使得驾驶员不得不在缺乏思想准备的情况下进行紧急制动,这都是相当危险的,很容易酿成交通事故。

在定时信号控制交叉口,需要根据历史交通量数据确定一个周期内可能到达的排队车辆数,从而决定最短绿灯显示时间的长短;在感应式信号控制交叉口,则需要根据停车线与车辆检测器之间可以容纳的车辆数确定最短绿灯显示时间的长短。

六、绿信比

绿信比是指一个信号周期内某信号相位的有效绿灯时间与信号周期的比值,用 λ 表示。

$$\lambda = \frac{t_{EG}}{C} \tag{2-10}$$

式中:t_{EG}——有效绿灯时间;

C——信号周期。

某信号相位的有效绿灯时间是指将一个信号周期内该信号相位能够利用的通行时间折算为被理想利用时所对应的绿灯时长。有效绿灯时间与最大放行车流率(饱和流量)的乘积应等于通行时间内最多可以通过的车辆数。有效绿灯时间等于绿灯时间与黄灯时间之和减去部分损失时间。

$$t_{EG} = t_G + t_Y - t_L \tag{2-11}$$

式中:t_G——绿灯时间;

t_Y——黄灯时间;

t_L——部分损失时间。

部分损失时间是指由于交通安全及车流运行特性等原因,在相位可以通行的时间段内没有交通流运行或未被充分利用的时间。部分损失时间由前损失时间和后损失时间两部分组成。前损失时间是指绿灯初期,由于排队车辆需要起动加速、驶出率较低所造成的损失时间。在绿灯初期,车流量由小变大,由零逐渐上升到最大放行车流率。后损失时间是指绿灯时间结束时,黄灯期间停车线后的部分车辆已不许越过停车线所造成的损失时间。

绿信比是进行信号配时设计最关键的时间参数,它在疏散交通流、减少车辆在交叉口的等待时间与停车次数方面,都起着举足轻重的作用。某一信号相位的绿信比越大则越有利于该信号相位车辆的通行,但却不利于其他信号相位车辆的通行,这是因为所有信号相位的绿信比之和必须小于1。

七、损失时间

损失时间是指由于交通安全及车流运行特性等原因,在整个相位时间段内没有交通流运行或未被充分利用的时间,用 l 表示。损失时间等于绿灯显示时间与绿灯间隔时间之和减去有效绿灯时间,也等于部分损失时间与全红时间之和。

$$l = t_G + I - t_{EG} = t_G + I - (t_G + t_Y - t_L) = t_L + t_{AR} \tag{2-12}$$

式中:t_{AR}——全红时间。

对于一个信号周期而言,总的损失时间是指所有关键车流在其信号相位中的损失时间之和,用 L 表示。而关键车流是指那些能够对整个交叉口的通行能力和信号配时设计起决定作用的车流,即在一个信号相位中交通需求最大的那股车流。交叉口总的绿信比是指所有关键车流的绿信比之和,即所有关键车流的有效绿灯时间总和与信号周期之比值,可以用公式(2-13)表示。

$$\sum_{k=1}^{n}\lambda_k = \frac{C-L}{C} \qquad (2\text{-}13)$$

式中:L——总的损失时间;
　C——信号周期。

利用图 2-33 可以直观地反映以上各时间参数及其相互关系。

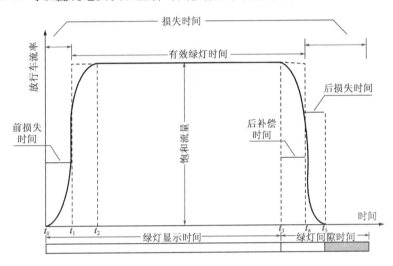

图 2-33　获得通行权的车流在其相位期间通过交叉口的流量变化示意图

图 2-33 中,t_0 对应绿灯启亮时刻,t_2 对应放行车流率达到饱和流量的时刻,t_3 对应黄灯启亮时刻,t_5 对应红灯启亮时刻。在 t_0 至 t_2 时间段,即放行车流率未达到饱和流量期间,放行车流率曲线与时间轴围成的面积等于该时间段内通过交叉口的车辆数,可以等效于以饱和流量放行时在 t_1 至 t_2 时间段内通过交叉口的车辆数,即等于以 t_1 至 t_2 为底、以饱和流量为高所构成的虚线框的面积,因此图中 t_0 至 t_1 的线段长为前损失时间。类似可以推知 t_3 至 t_4 的线段长为后补偿时间,t_4 至 t_5 的线段长为后损失时间。

能力训练 2-6

一、不定项选择题

1. 下列选项对信号周期的描述,正确的有(　　)。
   A. 信号周期等于绿灯时间、黄灯时间、红灯时间之和
   B. 信号周期越大越好
   C. 信号周期越小越好
   D. 信号周期是决定交通信号控制效果优劣的关键控制参数

2. 下列选项对信号相位的描述,正确的有(　　)。
   A. 相位是指对于一组互不冲突的交通流同时获得通行权所对应的信号显示状态
   B. 一个信号周期由若干个相位组成
   C. 信号周期等于各相位时间之和
   D. 相位应根据交通流及交叉口布局而定,相位数不宜太多,也不宜太少

3. 下列选项对控制步伐的描述,正确的有(　　)。

　　A. 步伐是指路口各个方向各交通信号灯状态所组成的一组确定的灯色状态组合

　　B. 一个相位由若干个步伐组成

　　C. 信号周期等于一次循环内各步伐的步长之和

　　D. 过渡性控制步伐的步长取值一般为2~3s

4. 下列选项对全红时间的描述,正确的有(　　)。

　　A. 全红时间保证相位切换时不同方向行驶车辆不发生冲突,清除交叉口内剩余车辆

　　B. 全红时间一般为3~5s

　　C. 有时候为了减少车辆等待时间,也可以不设置全红时间

　　D. 以上选项均符合

5. 下列选项对绿灯间隔时间的描述,正确的有(　　)。

　　A. 绿灯间隔时间是指一个相位绿灯结束到下一相位绿灯开始的这段时间间隔

　　B. 绿灯间隔时间等于黄灯时间或全红时间

　　C. 绿灯间隔时间由基本间隔时间和附加路口腾空时间两部分构成

　　D. 以上选项均符合

6. 下列选项对最短绿灯显示时间的描述,正确的有(　　)。

　　A. 最短绿灯显示时间是保证车辆通行的最短时间

　　B. 为了保证行车安全,每一个相位时间都应该大于等于最短绿灯显示时间

　　C. 在感应控制中,通过确定一个周期内可能到达的排队车辆数,来决定最短绿灯显示时间的长短

　　D. 以上选项均符合

7. 下列选项对绿信比的描述,正确的有(　　)。

　　A. 绿信比是指一个信号周期内某信号相位的有效绿灯时间与信号周期的比值

　　B. 绿信比是进行信号配时设计最关键的时间参数

　　C. 一个周期内所有信号相位的绿信比之和必然小于1

　　D. 绿信比越大越好

8. 下列选项对有效绿灯时间的描述,正确的有(　　)。

　　A. 有效绿灯时间是指将一个信号周期内该信号相位能够真正被车辆利用的通行时间

　　B. 有效绿灯时间与最大放行车流率的乘积应等于通行时间内最多可以通过的车辆数

　　C. 有效绿灯时间等于绿灯时间与黄灯时间之和加上部分损失时间

　　D. 以上选项均符合

9. 下列选项对损失时间的描述,正确的有(　　)。

　　A. 损失时间是指在整个相位时间段内没有交通流运行或未被充分利用的时间

　　B. 总的损失时间是指所有关键车流在其信号相位中的损失时间之和

　　C. 损失时间分为前损失时间和后损失时间

　　D. 以上选项均符合

二、应用题

绘制车流在其相位期间通过交叉口的流量变化示意图,并描述不同时刻车流的变化情况。

项目七　认识交通流参数

【能力目标】
(1)能正确描述交通流量、饱和流量等各种交通流参数的概念;
(2)能正确描述交通流量、饱和流量等各种交通流参数的关系。
【知识目标】
(1)掌握各种交通流参数的概念;
(2)掌握通行能力计算公式、流量比计算公式、饱和度计算公式。
【支撑知识】
交通流参数:交通流量、饱和流量、通行能力、流量比、饱和度等。

一、交通流量

交通流量是指单位时间内到达道路某一截面的车辆或行人数量,用 q 表示,单位为辆/h。到达交叉口的交通流量是指单位时间内到达停车线的车辆数,其主要取决于交叉口上游的驶入交通流量,以及车流在路段上行驶的离散特性。交通流量通常随时间随机变化,且变化规律比较复杂,既包括规律性的变化,也包括非规律性的变化。换而言之,交通流量在不同的时间段内将围绕某一平均值上下波动。

二、饱和流量

对信号交叉口而言,当交通信号转变为绿灯时间时,由于驾驶员和车辆起动反应需要一定的时间,这样,在停车线后排队的车辆,经过一段时间后加速到正常行驶速度,通过停车线的车流量由零很快增至一个稳定的数值,这个稳定的数值即是饱和流量。因而,饱和流量是指单位时间内车辆通过交叉口停车线的最大流量,即排队车辆加速到正常行驶速度时,单位时间内通过停车线的稳定车流量,用 q_s 表示。在绿灯信号开始的最初几秒内,车辆处于起步和加速阶段,车辆速度逐渐由零加速到正常速度。因此驶过停车线的车流率变化很大。同样,在黄灯时间里,由于车辆处于制动和减速阶段,车流速度逐渐从正常速度降低为零。需要注意的是,只有在绿灯时间开始后,停车线后始终有连续车队时,车流通过交叉口停车线的车流量才能稳定在饱和流量水平。

从上面的定义看,饱和流量似乎是一个与绿灯时间有关的量。事实上,饱和流量取决于道路条件、车流状况以及配时方案,与配时信号的长短基本无关。具体而言,影响道路饱和流量大小的道路条件,主要有车道的宽度、车道的坡度;影响道路饱和流量大小的车流状况主要有大车混入率、转弯车流的比率、车道的功能;影响道路饱和流量大小的配时方案主要指信号相位的设置情况。

饱和流量值应尽量通过现场实地观测求得,但在某些情况下,尤其是在设计一个新的交叉口时,由于无法使用实测的方法求得饱和流量值,此时可以使用一些公式或图表来近似求解饱和流量值。常用的计算方法有韦伯斯特法、阿克塞立科法、折算系数法、停车线法、冲突点法等。下面介绍两种计算饱和流量的方法:韦伯斯特法和折算系数法。

1.韦伯斯特法

在 20 世纪 50 年代,英国的韦伯斯特(Webster)做了大量的试验研究工作,分析了影响饱和流量的相关因素,主要有:不同类型车辆的影响,不同行驶方向车辆的影响和道路情况等。根据他的研究结果,对于饱和流量影响最大的因素是车道宽度。他指出,当进口车道宽度 b 为 3.3m 时,饱和交通量标准值为 1 875pcu/h。当进口车道具有双车道,且周围交通干扰较小时,可取标准值的 120%;当干扰交通因素,如车速低、左转车辆影响等存在时,则可取标准值的 85%。如果进口车道宽度为 5.2~18m 时,通过交叉口的车辆视为标准小客车,而且不存在转弯车辆时,饱和流量与车道宽度存在如式(2-14)的线性关系。

$$q_s = 525b \tag{2-14}$$

式中:q_s——饱和流量;

b——进口车道宽度,m。

当车道宽度在 3~5.1m 时,饱和流量与车道宽度不再成线性关系。不同宽度车道所对应的饱和交通量建议值如表 2-5 所示。

车道宽度和饱和流量对应关系　　　　　表 2-5

车道宽度(m)	3.0	3.3	3.6	3.9	4.2	4.5	4.8	5.1
饱和流量(pcu/h)	1 850	1 875	1 900	1 950	2 075	2 250	2 475	2 700

一般来讲,城市街道上车辆是混合行驶的,在计算饱和流量时,要考虑不同车辆的影响,需以标准小客车为基准,其他各种车辆均应折算为标准小客车。其折算系数如表 2-6 所示。

各种车型折算为标准小客车折算系数表　　　　　表 2-6

车　种	换算系数	车　种	换算系数
自行车	0.2	中客车或中货车	1.2
两轮摩托	0.4	大客车或大货车(<9t)	2.0
三轮摩托或微型汽车	0.6	特大货车(9~15t)	3.0
小客车或小货车(<3t)	1.0	铰接客车或大平板拖挂货车	4.0

对饱和流量影响较大的还有左转车流和右转车流。

(1)左转车流对饱和流量的影响。

一般情况下,左转车流对饱和流量的影响主要取决于是否为左转车流设置了专用信号相位,是否有与左转车流对向冲突的直行车流。在考虑左转车对饱和流量的影响时可从以下几个方面来考虑。

①没有单独设置专用左转车道,同时也没有对向直行车流存在,在这种情况下,整个车道的饱和流量可以不考虑左转车流的影响。

②设置了专用左转车道,但是不存在对向直行车流,这时候,左转车流对饱和流量的影响主要取决于转弯半径,计算方法如下:

对于单股左转车流:

$$q_s = \frac{1\ 800}{1 + \dfrac{1.52}{r}} \quad (\text{pcu/h}) \tag{2-15}$$

对于双股左转车流:

$$q_s = \frac{3\ 000}{1 + \dfrac{1.52}{r}} \quad (\text{pcu/h}) \tag{2-16}$$

式中:r——左转车流半径,m。

另外,对于上述两种情况,韦伯斯特(Webster)建议可将混合车道上的每一辆左转车辆折合为1.75辆直行车辆。

③没有设置专用左转车道,有对向直行车流存在。这种情况比较复杂,此时左转车流对车道饱和流量的影响主要有:a.由于存在对向直行车,左转车辆通过交叉口时必然受到对向直行车流的影响,不仅其本身因受阻而延误,跟随其后的车辆也会受阻延误。b.如果车道数目较多,则在交叉口附近的直行车大多不愿意驶入有左转和直行的混合车道,从而降低了该车道的利用率。显然,在这种情况下,左转车流对车道饱和流量的影响是难以计算的。

(2)右转车流对饱和流量的影响。

对于右转和直行混合的车道,如果右转车辆数目较少,可以不用考虑右转车流的影响。在以上介绍的饱和流量计算方法中已经考虑了少量右转车的影响。如果混合车道上的右转车数量超过总交通量的10%,也可以按每辆右转车折合为1.25辆直行车来计算饱和流量。

2. 折算系数法

折算系数法用平均基本饱和流量乘以各影响因素校正系数的方法估算饱和流量。进口车道的估算饱和流量为:

$$S_f = S_{bi} + f(F_i) \tag{2-17}$$

式中:S_{bi}——第i条进口车道的基本饱和流量,pcu/h;

$f(F_i)$——各类进口车道的校正系数。

1)基本饱和流量

各类进口车道各有其专用相位时的饱和流量S_{bi},可采用表2-7的数值。

基本饱和流量数值表　　　　表2-7

车　　道	各类进口道的基本饱和流量S_{bi}(pcu/h)
直 行 车 道	1 400～2 000,平均1 650
左 转 车 道	1 300～1 800,平均1 550
右 转 车 道	1 550

2)各类车道通用校正系数

(1)车道宽度校正。

$$f_w = \begin{cases} 1, & w = 3.0 \sim 3.5 \\ 0.4(w-0.5), & 2.7 \leqslant w \leqslant 3.0 \\ 0.05(w+16.5), & w > 3.5 \end{cases} \tag{2-18}$$

式中:f_w——车道宽度校正系数;

w——车道宽度,m。

(2)坡度及大车校正。

$$f_g = 1 - (G + HV) \tag{2-19}$$

式中:f_g——坡度及大车校正系数;

G——道路纵坡,下坡时取0;

HV——大车率,HV不大于0.50。

3)直行车道饱和流量

直行车流受同相位绿灯初期左转自行车的影响时,直行车道设计饱和流量除须作通用校正外,尚须作自行车影响校正,自行车影响校正系数按下式计算:

$$f_b = 1 - \frac{1+\sqrt{b_L}}{g_e} \tag{2-20}$$

式中：f_b——自行车影响校正系数；

b_L——绿灯初期左转自行车数，辆/周期，b_L 应用实测数据，无实测数据时，可用下式估算：

$$b_L = \frac{\beta_b B(C-g_e)}{C} \tag{2-21}$$

B——自行车流量，辆/周期；

β_b——自行车左转率；

C——周期时长，s，先用初始周期时长计算；

g_e——有效绿灯时间，s，无信号配时数据时，按下式粗略确定：

$$g_e = \frac{G_e}{m} \tag{2-22}$$

G_e——总有效绿灯时间；

m——周期内的相位数。

直行车道饱和流量：

$$S_T = S_{bT} \times f_w \times f_g \times f_b \tag{2-23}$$

式中：S_T——直行车道饱和流量，pcu/h；

S_{bT}——直行车道基本饱和流量，pcu/h，见表 2-7。

4）左转专用车道饱和流量

（1）有专用相位时。

$$S_L = S_{bL} \times f_w \times f_g \tag{2-24}$$

式中：S_L——左转专用车道饱和流量，pcu/h；

S_{bL}——左转车道基本饱和流量，pcu/h，见表 2-7。

（2）无专用相位时。

$$S'_L = S_{bL} \times f_w \times f_g \times f_L \tag{2-25}$$

左转校正系数：

$$f_L = \exp\left[-0.001\xi\frac{q_{T0}}{\lambda}\right] - 0.1 \tag{2-26}$$

式中：S'_L——无专用相位时左转专用车道饱和流量，pcu/h；

ξ——对向直行车道数的影响系数，见表 2-8；

q_{T0}——对向直行车流量，pcu/h；

λ——绿信比，缺信号配时数据时，按下式粗略估算 λ，

$$\lambda = \frac{G_e}{mC} \tag{2-27}$$

对向直行车道数的影响系数表　　表 2-8

对向直行车道数	1	2	3	4
影响系数 ξ	1	0.625	0.51	0.44

5）右转专用车道饱和流量

$$S_R = S_{bR} \times f_w \times f_g \times f_r \tag{2-28}$$

式中：S_R——右转专用车道饱和流量,pcu/h;
S_{bR}——右转专用车道基本饱和流量,见表2-7;
f_w——车道宽度校正系数;
f_g——坡度和大车校正系数;
f_r——转弯半径校正系数,由下式得：

$$f_r = \begin{cases} 1, & r > 15\mathrm{m} \\ 0.5 + \dfrac{r}{30}, & r \leqslant 15\mathrm{m} \end{cases} \tag{2-29}$$

式中：r——转弯半径,m。

6) 直左合用车道饱和流量

$$S_{TL} = S_T \times f_{TL} \tag{2-30}$$

直左合用车道校正系数：

$$f_{TL} = (q_T + q_L)/q'_T \tag{2-31}$$

$$q'_T = K_L q_L + q_T \tag{2-32}$$

$$K_L = S_T/S'_L \tag{2-33}$$

式中：S_{TL}——直左合用车道饱和流量,pcu/h;
f_{TL}——直左合流校正系数;
q_T——合用车道中直行车交通量,pcu/h;
q_L——合用车道中左转车交通量,pcu/h;
q'_T——合用车道直行车当量,pcu/h;
K_L——合用车道中的左转系数。

7) 直右合用车道饱和流量

$$S_{TR} = S_T \times f_{TR} \tag{2-34}$$

直右合用车道校正系数：

$$f_{TR} = (q_T + q_R)/q'_T \tag{2-35}$$

$$q'_T = K_R q_R + q_T \tag{2-36}$$

$$K_R = S_T/S'_R \tag{2-37}$$

式中：S_{TR}——直右合用车道饱和流量,pcu/h;
f_{TR}——直右合流校正系数;
q_T——合用车道中直行车交通量,pcu/h;
q_R——合用车道中右转车交通量,pcu/h;
q'_T——合用车道直行车当量,pcu/h;
K_R——合用车道中的右转系数。

8) 短车道饱和流量校正

当进口车道实际可排队长度(L_q)小于要求排队长度(L_r)时,进口车道属于短车道,须作短车道饱和流量校正。

$$L_r = S_f g_e L_{pcu}/3600 \tag{2-38}$$

式中：S_f——经各类校正后的饱和流量,pcu/h;
g_e——有效绿灯时长;
L_{pcu}——排队中的一辆小汽车的平均占位长度,一般取6m。

(1)左转专用与右转专用车道短车道校正系数。

专用车道本身的校正系数：

$$f_x = u_L + \eta(1 - u_L) \tag{2-39}$$

专用车道相邻车道的校正系数：

$$f_x = u_L + (1-\eta)(1 - u_L) \tag{2-40}$$

式中：η——使用专用车道的车辆比率。

(2)合用车道短车道校正系数。

$$\text{直左合用车道短车道校正系数} = f_x \times f_{TL} \tag{2-41}$$

$$\text{直右合用车道短车道校正系数} = f_x \times f_{TR} \tag{2-42}$$

三、通行能力

通行能力是指在现有道路条件和交通管制下，车辆以能够接受的行车速度行驶时，单位时间内一条道路或道路某一截面所能通过的最大车辆数，用 q_c 表示。其中，"现有道路条件"主要是指道路的饱和流量，"交通管制"主要是指交叉口的绿信比配置，而"能够接受的行车速度"对应于饱和流率。通行能力与饱和流量、绿信比之间的关系可以用公式(2-43)表示。

$$q_c = q_s \cdot \lambda = q_s \cdot \frac{t_{EG}}{C} \tag{2-43}$$

式中符号意义同前。

可以看出，交叉口各方向入口道的通行能力是随其绿信比的变化而变化的，是一个可以调节的参量，具有十分重要的实际意义。加大交叉口某信号相位的绿信比也就是加大该信号相位所对应的放行车道的通行能力，使其在单位时间内能够通过更多数量的车辆。然而，值得注意的是，某一信号相位绿信比的增加势必造成其他信号相位绿信比的下降，从而导致其他信号相位所对应的放行车道的通行能力相应下降。

四、流量比

1. 车道交通流量比

车道交通流量比是指道路的实际流量与饱和流量之比，用 y 表示。

$$y = \frac{q}{q_s} \tag{2-44}$$

可以看出，车道交通流量比是一个几乎不随信号配时变化的交通参量，它在一定程度上反映了道路的拥挤状况，是进行信号配时设计的一个重要依据。

2. 临界车道组交通流量比

临界车道组交通流量比又称相位交通流量比，是指某信号相位中车道交通流量比的最大值，即关键车流的交通流量比。将信号周期内所有相位所对应的关键车流的交通流量比累加，即为交叉口的总交通流量比，用 Y 表示。交叉口的总交通流量比与临界车道组交通流量比是影响信号配时设计的两个重要因素，前者将决定信号周期大小的选取，后者则决定各相位绿灯时间的合理分配。

五、饱和度

道路的饱和度是指道路的实际流量与通行能力之比,用 x 表示。

$$x = \frac{q}{q_c} = \frac{q}{q_s} \cdot \frac{C}{t_{EG}} = \frac{y}{\lambda} \tag{2-45}$$

从式(2-45)可以看出:①当道路具有足够的通行能力,即 $q_c > q$ 时,其饱和度 $x < 1$;当道路不具有足够的通行能力,即 $q_c \leq q$ 时,其饱和度 $x \geq 1$。兼顾到路口通行效率与绿灯时间利用率,通常在交叉口的实际设计工作中为各条道路设置相应的可以接受的最大饱和度限值,又称为饱和度实用限值,用 x_p 表示。饱和度实用限值一般设置在 0.9 左右。实践表明,当饱和度保持在 0.8~0.9 之间时,交叉口可以获得较好的运行条件;当交叉口的饱和度接近 1 时,交叉口的实际通行条件将迅速恶化。②加大交叉口某信号相位的绿信比也就是降低该信号相位所对应的放行车道的饱和度。当然,某一信号相位绿信比的增加势必造成其他信号相位绿信比的下降,从而将会导致其他信号相位所对应的放行车道的饱和度相应上升。因此,研究整个交叉口的总饱和度很关键。

交叉口的总饱和度是指饱和程度最高的相位所达到的饱和度值,而并非各相位饱和度之和,用 X 表示。对于某一确定的信号周期,当调节各个信号相位的绿信比使得各股关键车流具有相等的饱和度时,交叉口的总饱和度将达到最小值,此时公式(2-46)成立。

$$X = x_1 = \frac{y_1}{\lambda_1} = x_2 = \frac{y_2}{\lambda_2} = \cdots = x_n = \frac{y_n}{\lambda_n} = \frac{\sum_{k=1}^{n} y_k}{\sum_{k=1}^{n} \lambda_k} = \frac{Y}{\frac{C-L}{C}} \tag{2-46}$$

式中,$x_1, x_2 \cdots, x_n$ 分别表示各关键车流的饱和度。从交叉口总饱和度的定义可以推知,如果交叉口总的绿信比小于交叉口的总交通流量比,则说明该交叉口的总饱和度必将大于 1,不具备足够的通行能力。

能力训练 2-7

不定项选择题

1. 下列选项对交通流量的描述,正确的有(   )。
   A. 交通流量是指单位时间内到达道路某一截面的车辆或行人数量,用 q 表示
   B. 交通流量通常随时间随机变化,且变化规律比较复杂
   C. 交通流量在不同的时间段内将围绕某一平均值上下波动
   D. 以上选项均符合

2. 下列选项对饱和流量的描述,正确的有(   )。
   A. 饱和流量是指单位时间内车辆通过交叉口停车线的最大流量
   B. 饱和流量取决于道路条件、车流状况以及配时方案,但与配时信号的长短基本无关
   C. 饱和流量值应尽量通过现场实地观测求得
   D. 以上选项均不符合

3. 下列选项对通行能力的描述,正确的有(   )。
   A. 通行能力是指单位时间内一条道路或道路某一截面所能通过的最大车辆数
   B. 交叉口各方向入口道的通行能力是随其绿信比的变化而变化的
   C. 交叉口各方向入口道的通行能力永远小于其饱和流量

D. 以上选项均符合
4. 某交叉口东方向入口道饱和流量为3 600pcu/h,绿信比为0.2,其通行能力为( )。
   A. 680pcu/h   B. 720pcu/h
   C. 700pcu/h   D. 600pcu/h
5. 下列选项对流量比的描述,正确的有( )。
   A. 车道交通流量比是指道路的实际流量与饱和流量之比,用 y 表示
   B. 相位交通流量比是指某信号相位中车道交通流量比的最大值
   C. 总交通流量比等于信号周期内所有相位所对应的关键车流的交通流量比的累加
   D. 交叉口的总交通流量比与临界车道组交通流量比是影响信号配时设计的重要因素
6. 某交叉口东进口两条直行车道的流量为912pcu/h,一条直行车道饱和流量为1 875pcu/h,则该交叉口东进口直行方向的流量比为( )。
   A. 0.49   B. 0.24
   C. 0.20   D. 0.30
7. 下列选项对饱和度的描述,正确的有( )。
   A. 道路的饱和度是指道路的实际流量与通行能力之比
   B. 当交叉口的饱和度接近1时,交叉口的实际通行条件将迅速恶化
   C. 绿信比越大,饱和度越小
   D. 绿信比越小,饱和度越大
8. 某交叉口信号周期为128s,东西直行相位有效绿灯时间为34s,东西直行相位流量比为0.24,则该交叉口东西直行相位饱和度为( )。
   A. 0.89   B. 0.27
   C. 0.80   D. 1.26

项目八　认识交通控制性能指标

【能力目标】
(1)能正确描述延误时间、停车次数等交通控制性能指标参数的概念;
(2)能正确描述交叉口受阻滞车辆的行驶时间—距离变化;
(3)能正确描述三种不同的车辆受阻行驶情况下的停车次数;
(4)能正确判断不同交通状况对应的服务水平等级。

【知识目标】
(1)掌握交叉口受阻滞车辆的行驶时间—距离变化情况;
(2)掌握车辆在交叉口受阻行驶的三种停车情况;
(3)掌握服务水平划分等级。

【支撑知识】
交通控制性能指标:延误时间、停车次数、排队长度、服务水平。

一、延误时间

车辆的延误时间是指车辆在受阻情况下通过交叉口所需时间与正常行驶同样距离所需时间之差。

由于单位时间段内到达交叉口的车辆数和车辆到达交叉口的时间间隔是随机变化的,因此,在每个信号周期内总有一部分车辆在到达交叉口停车线之前将受到红灯信号的阻滞,行驶速度降低,甚至被迫停车等待,并在等候一段时间后通过起动加速,逐渐穿过交叉口。图2-34描述了车辆在到达停车线前由于受到红灯信号的影响,逐渐减速停车,并在等待一段时间后,加速起动通过交叉口的全过程。

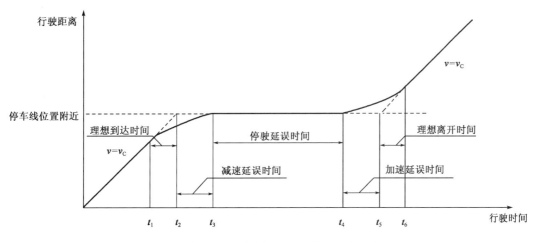

图2-34 交叉口受阻滞车辆的行驶时间-距离图示

图2-34中,t_1对应车辆受红灯信号影响开始减速的时刻,t_2对应车辆若不受红灯信号影响正常行驶到停车位置的时刻,t_3对应车辆经过减速实际行驶到停车位置的时刻,t_4对应车辆起动加速的时刻,t_6对应车辆加速到正常行驶速度的时刻。可以看出,在t_1至t_3时间段,车辆处于减速运动过程,t_1至t_2线段长等于车辆以正常行驶速度从开始减速的位置行驶到停车位置所需的时间,t_2至t_3线段长即为车辆减速延误时间;在t_4至t_6时间段,车辆处于加速运动过程,t_5至t_6线段长等于车辆以正常行驶速度从开始加速的位置行驶到车辆加速到正常行驶速度的位置所需的时间,t_4至t_5线段长即为车辆加速延误时间。在t_3至t_4时间段,车辆处于停车等待状态,t_3至t_4线段长即为车辆停驶延误时间。由车辆延误时间的定义可知,车辆通过交叉口的延误时间将由"减速延误时间"、"停驶延误时间"与"加速延误时间"三部分构成,可以用图中t_2至t_5的总线段长表示。假设车辆的平均加速度为$\pm a$,车辆的平均行驶速度为v_C,那么在交叉路口受信号控制影响而被迫停车的车辆的平均减速延误时间与平均加速延误时间之和$d_h = \dfrac{v_C}{2a} + \dfrac{v_C}{2a} = \dfrac{v_C}{a}$,也称之为平均车辆一次完全停车所对应的"减速—加速延误时间"。

交叉口总的延误时间是指所有通过交叉口的车辆的延误时间之和,用D表示;交叉口的平均延误时间则是指通过交叉口的车辆的延误时间平均值,用d表示。交叉口的平均延误时间是一个评价交叉口运行效果和衡量交叉口服务水平的重要指标,具有十分重要的参考意义。

二、停车次数

车辆的停车次数(停车率)是指车辆在通过交叉路口时受信号控制影响而停车的次数,即车辆在受阻情况下的停车程度,用h表示。值得注意的是,并非所有受阻车辆受到交叉路口信号阻滞时都会完全停顿下来,有部分车辆可能在车速尚未降到0之前又加速至原正常行驶车速而驶离交叉路口。因此,根据车辆在受阻情况下的停车可分为完全停车与不完全停车两种。

图 2-35 表示了三种不同的车辆受阻行驶情况。对于情况 a),车辆的行驶速度降为 0 后,车辆经过一段时间的停止等待,再加速通过路口;对于情况 b),车辆的行驶速度刚降为 0,又立即加速通过路口;对于情况 c),车辆的行驶速度未降为 0,就又加速通过路口。我们把 a)、b) 两种情况称为一次完全停车,把情况 c) 称为一次不完全停车。

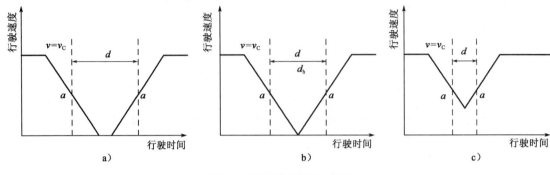

图 2-35 完全停车与不完全停车

从图 2-35 可以看出,判断受阻车辆是否构成一次完全停车可以通过比较车辆的延误时间与平均车辆一次完全停车所对应的"减速—加速延误时间"的大小来确定,即只要满足 $d \geqslant d_h$,受阻车辆就构成一次完全停车。对于 $d < d_h$ 的情况,虽然受阻车辆可能没有完全停顿下来,但由于车辆也受到了一定程度的阻滞,构成了一次不完全停车,故应将其折算为"一定程度"的停车,折算系数为 d/d_h。因此,车辆延误时间与停车次数之间的相关关系可以用公式(2-47)表示。

$$h = \begin{cases} 1, & d \geqslant d_h \\ \dfrac{d}{d_h}, & d < d_h \end{cases} \tag{2-47}$$

交叉口总的停车次数是指所有通过交叉口的车辆的停车次数之和,用 H 表示;交叉口的平均停车次数则是指通过交叉口的车辆的停车次数平均值,用 h 表示。平均停车次数也是一个衡量信号控制效果好坏的重要性能指标。减少停车次数可以减少燃油消耗、减小车辆轮胎和机械磨损、减轻汽车尾气污染、降低驾驶员和乘客的不舒适程度,同时确保交叉口的行车安全。

值得注意的是,对于一辆车而言,其延误时间越短,则停车次数也越少;而对于一个交叉口而言,总的延误时间越短,其总的停车次数未必越少。这完全是由公式(2-47)所决定的。因此交叉口的平均延误时间与交叉口的平均停车次数之间既存在一定的关联性,也存在一定的差异性,可以作为两个相对独立的性能指标来评价交通控制系统运行的优劣。

在交通信号控制所涉及的基本概念中,通行能力、饱和度、延误时间和停车次数是反映车辆通过交叉口时动态特性和进行交叉口信号配时设计的四个基本参数。交通信号控制的目标就是要寻求较大的通行能力、较低的饱和度,从而使得通过交叉口的全部车辆总延误时间最短或停车次数最少。

三、排队长度

车道的最大排队长度是指在一个信号周期内车道的最大排队长度值。平均排队长度是指在一个信号周期内所有车道的最大排队长度的平均值。车道的最大排队长度一般是指该车道的绿灯相位起始时的长度 l。

$$L_{平均} = \sum_{i=1}^{n} \frac{l_i}{n} \tag{2-48}$$

式中，n 表示车道数。

平均排队长度以周期为单位计算。某个周期平均车辆排队长度与此周期平均车辆延误的指标基本是一致的。

四、服务水平

服务水平是指驾驶员和乘客对道路交通运行所要求达到的服务质量标准。考查服务水平的因素主要有：①表征车辆行驶受阻情况的延误时间与停车次数；②车辆的行驶速度与行程时间；③车辆行驶的自由度；④行车的安全性；⑤行车的舒适性与方便性；⑥行车方面的经济性。其中，交叉口平均延误时间的大小与交叉口服务水平的高低关系最为密切。

美国将服务水平划分为 A、B、C、D、E、F 共六个等级。

A 级：代表自由车流，低流量、高车速、低车流密度，行车基本上不受任何干扰和约束。

B 级：有稳定车流，但是运行车速已经开始受道路条件的限制。此时驾驶员还有一定余地可以选择运行车速。

C 级：还在稳定的车流范围之内，但是车速和车辆的操作已经受到较大交通流量的影响，驾驶员在车速选择、变换车道或超车方面已经受到很大限制。

D 级：车流已经趋向于不稳定，车流会偶尔受阻，运行车速有所下降，运行条件受到很大影响，舒适性和方便性降低。

E 级：车流不稳定，前后车辆时停时走，车速不超过 50km/h，车流量已达到道路本身的通行能力。

F 级：车辆移动极为困难，车速很低，车辆形成了排队等候通行的现象。

为了直观衡量城市交叉口的服务水平，美国给出了服务水平和平均延误时间的对照表，如表 2-9 所示。

服务水平与平均延误时间关系对照表 表 2-9

服务水平等级	平均延误时间(s)	服务水平等级	平均延误时间(s)
A	<5.0	D	25.1～40.0
B	5.1～15.0	E	40.1～60.0
C	15.1～25.0	F	>60

能力训练 2-8

一、不定项选择题

1. 下列选项对延误时间的描述，正确的有（　　）。
   A. 它是指车辆在受阻情况下通过交叉口所需时间与正常行驶同样距离所需时间之差
   B. 延误时间由"减速延误时间"、"停驶延误时间"与"加速延误时间"构成
   C. 平均延误时间是一个评价交叉口运行效果和衡量交叉口服务水平的重要指标
   D. 以上选项均符合

2. 下列选项对停车次数的描述，正确的有（　　）。

A. 停车次数(停车率)是指车辆在通过交叉路口时受信号控制影响而停车的次数
B. 平均停车次数也是一个衡量信号控制效果好坏的重要性能指标
C. 减少停车次数可以减少燃油消耗、减小车辆轮胎和机械磨损、减轻汽车尾气污染等
D. 以上选项均符合

3. 下列选项对排队长度的描述，正确的有（　　）。
A. 最大排队长度是指车道的最大排队长度值
B. 平均排队长度是指最大排队长度的平均值
C. 排队长度的单位为 m/周期
D. 以上选项均符合

4. 下列选项对服务水平的描述，正确的有（　　）。
A. 延误时间越短，服务水平等级越高
B. 延误时间越多，服务水平等级越高
C. 停车次数越多，服务水平等级越高
D. 停车次数越少，服务水平等级越低

5. 下列服务水平影响因素中，与服务水平关系最为密切的是（　　）。
A. 车辆行驶受阻情况的延误时间与停车次数
B. 车辆的行驶速度与行程速度
C. 车辆行驶的自由度
D. 行车的安全性、舒适性、方便性、经济性

6. 依据美国服务水平划分标准，对下列交通状况按服务水平等级从高到低排序（　　）。
(1)车辆移动极为困难，车速很低，车辆形成了排队等候通行的现象；
(2)运行车速开始受道路条件的限制，此时驾驶员还有一定余地可以选择运行车速；
(3)车流偶尔受阻，车速有所下降，运行条件受到很大影响，舒适性和方便性降低；
(4)车速和车辆受到较大影响，驾驶员在车速选择、变换车道等方面受到很大限制；
(5)低流量、高车速、低车流密度，行车基本上不受任何干扰和约束；
(6)前后车辆时停时走，车速不超过 50km/h，车流量已达到道路本身的通行能力。

A. 5—2—3—4—6—1　　　　　　B. 1—6—3—4—2—5
C. 5—2—4—3—6—1　　　　　　D. 5—3—2—4—6—1

二、应用题

绘制交叉口受阻滞车辆的行驶时间—距离变化图，并描述其变化过程。

项目九　设计交通信号相位

【能力目标】
能正确描述交通信号相位设计原则。
【知识目标】
掌握交通信号相位设计方法。
【支撑知识】
(1)交通信号相位设计原则；
(2)交通信号相位设计方法。

在城市交叉口中,合理地进行信号相位的设计可以达到部分或全部消除交通冲突的目的。相位数及其组合方法对交通控制的效率和交通安全有决定性的影响。一般来讲,相位越多,分离交通冲突点越少,交通秩序则越好,但车辆通过交叉口的时间会比较长,路口的通行效率也比较低;反之,交叉口相位数少,交叉口处交通冲突点会比较多,但车辆通过时间短,路口通行效率高。因此,合理设计信号相位是交叉口信号控制的关键之一。

从前面的信号相位概念介绍中可知,任何一个交叉口的信号相位数目不是单一的,而是多种多样的,这要依具体交通情况而定。一般来讲,在设计信号相位时,要考虑以下原则:

(1)根据各个进口道的方向绘制交通流线。

(2)绘出相互不交叉或者不汇合的交通流线组合,对其中能够统一的组合进行整理,给予一个相位分配。

(3)路口左、右转车辆的转向行驶,对正常的交通运行影响较大,处理不好,往往会降低道路通行能力,而且容易引发交通事故。这样,就应该根据转弯车数目,决定是否使用左右转弯专用相位和行人专用相位。

(4)一般来讲,相位数越少则效率越高。相位数多,会使分配给各相位的时间减少,同时会使相位转换时的清路口时间(黄灯时间+红灯时间)变长,增加了损失时间。因此,要认真研究交叉口的结构、路面标线和交通规则等。比如对于一个T形交叉口(如图2-36所示)而言,如果直行车流中的左转车辆数目不大,可以利用对向直行车的空隙实现左转,那么就可以用简单的二相位控制,而不必要采用较为复杂的三相位控制。

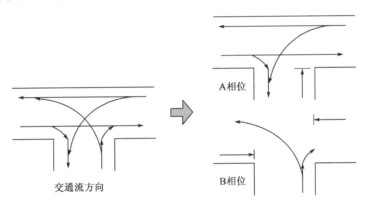

图2-36 T形交叉口二相位设计举例

(5)当一个交叉口左转车辆较少,或者饱和度比较低时,其相位数要尽可能少;当交叉口左转车辆比较多,或过街行人、自行车较多并与右转弯车辆相冲突时,相位数目可适当增加。

(6)在实际中,相位在一个交叉口一经确定,考虑到人们的习惯,一般不要轻易改变。这就要求在相位设计阶段要仔细研究,但目前国内外还没有最佳的相位设计法。

(7)由于相位数多会使各个相位所得时间减少,相位转换时黄灯和红灯时间之和变长,从而增加了损失时间,相位数少会提高路口通过能力和效率。要减少信号相位数,就必须简化交通流运行,这需要借助于其他的方法,比如,可以设置路面标志,实施导流化处理,制定相应的交通规则等。也就是说,交通信号控制只有和交通管理手段相结合,才能更好地控制和引导交通运行。

为使读者了解相位设计的方法及针对不同条件所采用的设计方案,下面给出了最常见的十字交叉口的相位设计的一些示例,如表 2-10 所示。归纳这些信号相位示例,可以看出设计信号相位要着重考虑以下几点。

(1) 考察交叉口的大小,即是否能在进口道设置各行进方向的专用行车道,专用行车道的设置对于相位设计影响比较大。

(2) 看看主流方向是直行还是转弯。

(3) 分析左转交通量或右转交通量的大小,主要是通过相位设计,减少对向直行车和左转车的冲突以及右转车与行人的冲突。相位在一个交叉口一旦确定下来,考虑到车辆驾驶员的习惯,就不应轻易改变,否则容易引起意外事故。

十字交叉口的相位设计示例 表 2-10

序号	相位1	相位2	相位3	相位4	备注
1					适合于车流较少的交叉口
2					适合于东进口左转车较多,没有左转车道的交叉口
3					行人比较多,第三相为行人专用相位
4					东西左转车比较多,没有左转专用车道
5					东西左转车比较多,有左转专用车道
6					车道多,行人比较多

上面介绍的相位设计基本上没有考虑车道划分情况,如果考虑车道划分,则情况更为复杂,但设计的基本原则不变。图 2-37 给出了一个示例,在该示例中,交叉口是一个 T 形的交叉口,并将各个车道划分为车道组,即将每个车道所承担的交通流按功能划分,基本为专用左转、专用右转、直行、左转和直行混合行驶、右转和直行混合行驶以及右转、左转和直行混合行驶等形式。当然,图 2-37 给出的仅是一种相位划分方法,还存在其他的方案,这要根据实际交通情况来确定。

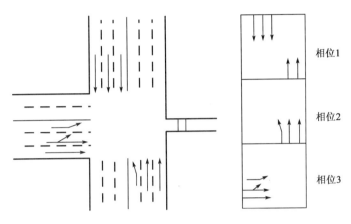

图 2-37 一个按车道组划分分配相位的示例

总的来讲,信号交叉口的相位设计并不是简单直观的,它需要从交叉口的地点、线形、车道划分和交通量等情况出发,认真分析后进行设计。

能力训练 2-9

一、不定项选择题

1. 下列选项对相位设计原则的描述,正确的有( )。
   A. 相位设计应该考虑车流特点和车道布局
   B. 相位设计一经确定不要轻易改变
   C. 相位数越多,则交通运行效率越低
   D. 以上选项均符合

2. 下列选项对相位设计原则的描述,不正确的有( )。
   A. 相位设计应当首先考虑人们的出行习惯
   B. 相位设计时,无左转专用车道的交叉口不可以设置左转专用相位
   C. 十字交叉口最多相位数为 4 相位
   D. 相位数越多,交叉口冲突点越少

二、简答题
简述交叉口相位设计原则。

项目十 认识交通信号控制建立的基本条件

【能力目标】
(1)能正确描述信号控制设置的利弊;

(2)能正确描述我国信号控制设置的依据。

【知识目标】
(1)掌握信号控制设置的利弊；
(2)掌握我国信号控制设置的依据；
(3)了解美国、日本等国家信号控制设置的依据。

【支撑知识】
(1)信号控制设置的利弊、理论依据；
(2)中国、美国、日本等国家信号控制设置的依据。

实际上，并非所有的平面交叉路口都需要安装交通信号灯。实践证明，在某些不宜设置交通信号控制的路口实施交通信号控制，反而会带来不良的控制效果。因此，平面交叉路口采用何种控制方式是一个有必要仔细研究的问题，需要引起设计者足够的重视。

一、信号控制设置的利弊

本模块项目二认识交叉口控制方式中，介绍了停车让路控制、减速让路控制、信号控制、交通警察指挥这四种控制方式。其中，停车让路控制与减速让路控制是保证主要道路车辆行驶通畅的两种主路优先控制方式；交通信号控制则是保证所有道路车辆依次获得交叉口通行权的控制方式，主路车辆与次路车辆分时享有交叉口的通行权。

如果次要道路上的车辆较多，此时合理地将停车/减速让路控制设置为交通信号控制，便可以使得主要道路与次要道路上的车辆连续紧凑地通过交叉口，从而增大整个交叉口的通行能力，改善次要道路上的通车，减少次要道路上车辆的停车与延误。如果次要道路上的车辆很少，此时不合理地将停车/减速让路控制设置为交通信号控制，则会因少量的次要道路车辆而给主要道路车辆增加许多不必要的红灯时间，从而大大增加主要道路上车辆的停车与延误，降低路口的利用率，甚至容易在交通量较低的交叉口上（或是交通量较低的时段内）诱发交通事故，这是因为当主要道路上遇红灯而停车的驾驶员在相当长的时间内并未看到次要道路上有车通行，就往往会引起故意或无意地闯红灯事件，从而诱发交通事故。

值得注意的是，交通信号控制的主要功能是在道路车辆相交叉处分配车辆通行权，使不同类型、不同方向的交通流有序高效地通过交叉路口，而并非是一种交通安全措施。当然，合理设置、正确设计的交通控制信号是可以兼有改善交通安全的效果的，但这只是交通信号控制主要目标的一个副产品。

二、信号控制设置的理论依据

决定是否将停车/减速让路控制方式改变为交通信号控制方式，主要应考察交叉口的通行能力与延误这两个因素：①考察在停车/减速让路控制方式下交叉口次要道路的最大通行能力是否能够满足其实际交通量通行的需要；②交叉口控制方式改变前后交叉口的平均延误时间的变化。

1.停车/减速让路控制交叉口的最大通行能力

根据车辆在停车/减速让路控制交叉口的通行规则，主要道路上的行驶车辆几乎不受次要道路上的行驶车辆的影响，而次要道路上的行驶车辆必须等到主要道路上的行驶车辆之间出现了足够大的可穿越空当时，才能通过。因此，在停车/减速让路控制方式下，交叉口主要道路的最大通行能力近似于其饱和流量；而交叉口次要道路的最大通行能力则主要取决于其主要道路的交通量，即可以根据主要道路车流为次要道路车辆穿行提供的空当数来求出次要道路可以通行的最大车辆数。

假若交叉口主要道路行驶车辆的到达率服从泊松分布，则根据上述原理，可以得到交叉口次要道路的最大通行能力 Q'_{max} 的计算公式如下：

$$Q'_{max} = \frac{qe^{-\frac{q\tau}{3600}}}{1-e^{-\frac{qh}{3600}}} \qquad (2-49)$$

式中：Q'_{max}——次要道路的最大通行能力，pcu/h；

q——主要道路交通量，pch/h；

τ——次要道路可以穿过主路车流的临界空当时距，s，通常在 4.5～10s 之间取值；

h——次要道路车辆连续通行时的车头时距，s，通常取 2～3s。

利用公式(2-49)可以推出，当主要道路交通量 q 增加时，次要道路最大通行能力 Q'_{max} 减小；当次要道路可以穿过主路车流的临界空当时距 τ 增加时，次要道路最大通行能力减小；当次要道路车辆连续通行时的车头时距 h 增加时，次要道路最大通行能力亦减小。这些变化都具有明确的物理意义，也与实际情况完全吻合。

当次要道路交通量接近该最大可通过量时，次要道路交通将严重拥挤，次要道路车辆的延误将迅速增大，此时应考虑将停车/减速让路控制交叉口改造为信号控制交叉口。

2. 交叉口的平均延误时间

停车让路控制与减速让路控制可以大大减少主要道路车辆的延误时间，但却可能导致次要道路车辆的延误时间很大；信号控制可以有效降低次要道路的车辆延误，但却必然造成一定的主要道路车辆延误。因此需要通过对比交叉口控制方式改变前后平均延误时间的大小，来决定交叉口是否应该采用信号控制方式。

目前在计算停车/减速让路控制交叉口延误时间方面的研究虽然不少，但真正实用的还不多，加之交叉口交通状况的复杂多变性，因此停车/减速让路控制方式与信号控制方式交叉口平均延误时间的对比主要还停留在定性分析的层面上。

假设主、次道路交通流量之比固定为某一比值，则交叉口分别在停车/减速让路控制方式与信号控制方式下的交通流量－延误时间变化曲线可以用图2-38近似描述。图中，曲线 A 表示在停车/减速让路控制方式下的交通流量与延误时间的变化关系，曲线 B 表示在信号控制方式下的交通流量与延误时间的变化关系。比较曲线 A、B 可以看出，当进入交叉口的总交通

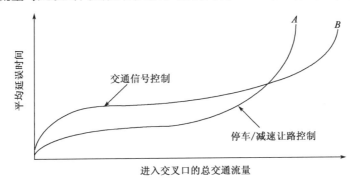

图 2-38　停车/减速让路控制方式与信号控制方式下的交通流量－延误时间变化曲线

流量较小时,采用停车/减速让路控制方式对于减小交叉口的平均延误时间较为有利;当进入交叉口的总交通流量较大时,则适宜采用信号控制方式来减小交叉口的平均延误时间。曲线 A 与曲线 B 的交织段则为控制方式的切换条件。

注意:当采用不同类型的交通信号控制(例如定时控制、感应控制、智能控制)时,其交通流量—延误时间变化曲线将会有所变化,但它们与停车/减速让路控制方式下的交通流量—延误时间变化曲线之间的位置关系基本保持不变。

三、我国信号控制设置的依据

设置交通信号控制虽有上述理论依据,但目前尚未总结出一套公认有效的计算方法。由于世界各国的交通条件与驾驶员心理存在一定的差异,各国需要根据上述理论依据,在充分考虑各自的交通实际状况后,制定出各自的交通信号控制设置标准。我国于2006年颁布实施的国家标准《道路交通信号灯设置与安装规范》(GB 14886—2006)对于信号灯的安装作出了如下规定。

(1)当进入同一交叉口高峰小时及12h交通流量超过表2-11所列数值及有特别要求的交叉口可设置机动车道信号灯。

(2)设置机动车道信号灯的交叉口,当道路具有机动车、非机动车分道线且道路宽度大于15m时,应设置非机动车道信号灯。

(3)设置机动车道信号灯的交叉口,当通过人行横道的行人高峰小时流量超过500人次时,应设置人行横道信号灯。

(4)实现分道控制的交叉口应设置车道信号灯。

(5)每年发生人身伤害事故5次以上的交叉口。

交叉口设置信号灯的交通流量标准 表2-11

主要道路宽度(m)	主要道路交通流量(pcu/h)		次要道路交通流量(pcu/h)	
	高峰小时	12h	高峰小时	12h
小于10	750	8 000	350	3 800
	800	9 000	270	2 100
	1 200	13 000	190	2 000
大于10	900	10 000	390	4 100
	1 000	12 000	300	2 800
	1 400	15 000	210	2 200
	1 800	20 000	150	1 500

注:1.表中交通流量按小客车计算,其他类型的车辆应折算为小客车当量。
2.12h交通流量为7:00~19:00的交通流量。

四、美国信号控制设置的依据

美国各州交通部门在对交通进行大量调查和周密计算后,提出了交叉口设置交通信号灯的依据。主要包括下述5项。

1. 最小车流量依据

如表2-12所示,当一天中任意8h平均交通量达到表中数据时,则应当安装交通信号灯。

在此表中,考虑到郊区车流量比市区小,而车速较快,故表中所列郊区数值是按市区数值的70%计算的。

最小车流量依据　　　　　　　　　　　　　　　　　　　　　　表2-12

区域	主路双向流入量		支路单向最大流入量	
	单向进口车道数	车流量(pcu/h)	单向进口车道数	车流量(pcu/h)
市区	1	500	1	150
	≥2	600	≥2	200
郊区	1	350	1	105
	≥2	420	≥2	140

2. 连续交通中断数据

当交叉口的主、次路的交通流量比较大时,会造成次要道路车流穿越或左转进入主要道路的困难,因此要设立信号灯,其流量要求见表2-13。

连续交通中断的交通流量要求　　　　　　　　　　　　　　　表2-13

区域	主路双向流入量		支路单向最大流入量	
	单向进口车道数	车流量(pcu/h)	单向进口车道数	车流量(pcu/h)
市区	1	750	1	75
	≥2	900	≥2	100
郊区	1	525	1	53
	≥2	630	≥2	70

3. 行人交通量依据

在城市中心区和商业繁华地区,当交叉口处行人穿越道路比较频繁时,也要采用信号控制,这是一项将行人量和车流量综合考虑制定的依据,如表2-14所示。

行人交通流量依据　　　　　　　　　　　　　　　　　　　　　表2-14

区域	主路双向流入量		主路上最繁忙的人行横道
	中央分隔带(或安全岛)	车流量(pcu/h)	行人交通量(人/h)
市区	无	750	150
	有	900	150
郊区	无	525	105
	有	630	105

4. 事故记录依据

当考虑交通事故发生的情况时,上述3项依据所规定的交通流量标准要降低20%,即当下述3条均满足时,就要安装信号灯。

(1)在12个月内发生了5次以上的交通事故,而这些事故可以在信号灯控制下加以避免。

(2)为减少交通事故而采用的除信号灯以外的措施均告失败。

(3)如果上述3项依据中,有任意两项能满足所要求车流量的80%时,也要采用信号灯控制。

5.综合考虑依据

对于上述1、2和3的要求,任意两项能满足要求车流量的80%时,则可以使用信号灯进行控制。

五、日本信号控制设置的依据

在日本,评定一个交叉口是否应使用信号灯来控制交通主要依据如下:

(1)如果以控制机动车为目的,则要求白天12h的交叉口交通流量在9 000辆以上,并且高峰期交叉口交通总量在1 000pcu/h以上。

(2)为了保护行人穿越道路,在非交叉口设置信号灯要求白天12h路上车辆总数在6 000辆以上,并且高峰时为650pcu/h以上,人行横道处行人交通量高峰时在200人次/h以上。

(3)如果需要考虑车辆和行人,则要根据交通流量和事故记录等因素综合考虑确定。

能力训练 2-10

不定项选择题

1. 下列选项对信号控制设置的描述,正确的有(　　)。
    A. 信号控制方式能够有效地解决交叉口交通拥堵现状
    B. 信号控制方式比其他控制方式优越
    C. 信号控制是交通安全措施的一种
    D. 以上选项均不符合

2. 信号控制设置应当考虑的因素有(　　)。
    A. 停车/减速让路控制交叉口的最大通行能力
    B. 交叉口的平均延误时间
    C. 交叉口每年发生人身伤害事故的次数
    D. 以上选项均不符合

3. 下列选项符合我国信号控制设置依据的有(　　)。
    A. 首先考虑进入同一个交叉口高峰小时及12h交通量是否超过规定的值
    B. 当道路宽度大于15m时,应该设置非机动车信号灯
    C. 每年发生人身伤害事故6次以上的交叉口
    D. 以上选项均不符合

4. 美国设置交通信号灯的依据有(　　)。
    A. 最小车流量依据
    B. 连续交通中断数据
    C. 行人交通量依据
    D. 交通事故依据

5. 下列选项符合日本设置交通信号灯依据的有(　　)。
    A. 交叉口高峰小时交通量达1 000pcu/h以上
    B. 非交叉口设置信号灯要求12h路上车辆数在6 000辆以上
    C. 综合考虑交通流量和事故记录
    D. 以上选项均符合

项目十一　设置人行信号灯及人行道

【能力目标】
(1)能正确描述行人过街最短绿灯时间计算方法;
(2)能正确描述不宜设置人行横道的情况。

【知识目标】
(1)了解行人过街最短绿灯时间计算方法;
(2)掌握不宜设置人行横道的情况。

【支撑知识】
(1)行人过街最短绿灯时间;
(2)设置人行横道。

一、行人过街最短绿灯时间

一般来讲,城市交叉口往往是车辆和行人的汇集点。在许多交叉口设置信号灯时,既要考虑到机动车辆,也要考虑行人过街,这就需要设置人行信号灯。人行信号灯一般为红、绿两种色灯,红色灯面上有行人站住不走的图像,而绿色灯面上有行人过街的图像。目前,人行信号灯的显示一般与同向车灯同步,绿灯结束前3~5s有闪烁绿灯,表示提醒路人要尽快穿过街道。人行信号灯只能分离行人与侧向直行车的冲突,但是不能避免行人与左右转弯车辆的冲突。要避免这种情况的发生,就要设置人行专用信号相位。

信号控制交叉口上人行信号灯的配时,按交叉口信号灯组的配时统一安排。行人过街所需要的最短绿灯时间 $t_{\min,G}$ 根据人行横道长度 L 和行人过街的步行速度 v 确定,美国采用如下公式计算:

$$t_{\min,G} = 7 + \frac{L}{v} - t_Y \tag{2-50}$$

式中:$t_{\min,G}$——行人过街所需最短绿灯时间,s;
　　　v——采用第15百分位(即 $v_{15\%}$)步行速度,m/s;
　　　L——人行道的长度,m。

澳大利亚采用如下公式计算:

$$t_{\min,G} = 6 + \frac{L}{v} \tag{2-51}$$

式中,v 采用1.2m/s。

在主次干道相交的交叉口,当主干道很宽时,行人步行所需要的最短绿灯时间超过次要道路车辆通过交叉口所需要的绿灯时间,以致主要干道上的车辆绿灯时间可能不够用,此时可以考虑在主要干道上设置安全岛,让行人分两段过街,提高交通的安全度。

二、设置人行横道

在城市交叉口中,人行横道的作用是非常重要的。为了防止行人乱穿马路,在车行道上由标线指定行人过街的地方。人行横道的标线可分为条纹式人行横道线和平行式人行横道线。

人行横道的设置应在整条道路上作通盘布置。一般要先布置交叉口上的人行横道,然后在交叉口中间加设路段上的人行横道。

1. 交叉口人行横道的设置

交叉口的人行横道最好设置在向交叉口外侧移一段距离的地方，使之不占用街道转角，留出这段空间给右转车辆等候行人过街之用。这样一来，不仅可以使行人注意到右转车辆，提高交通的安全度，而且可以为交叉口转角处设置雨水口、信号灯杆、标志和路牌等设备。这段距离视转角半径大小而定，一般从右侧延长线外移不小于5m。交叉口人行横道的宽度应根据高峰期人流量设计。通过交叉口的人行横道宽度应略大于其两端的人行横道宽度。关于人行横道的最小宽度，各个国家的规定有所不同，我国《城市道路工程设计规范》(CJJ 37—2012)中规定人行横道宽度为4m，规定人行横道的最大长度不超过30m，如有条件，最好不超过15m，超过时，应在中间设置安全岛，安全岛的宽度最好为2m。

2. 两交叉口中间加设路段上的人行横道

两交叉口中间加设路段上的人行横道的最小间距是有规定的，一般要根据行人和道路条件而定，原则上既要照顾行人过街的方便，又要使车辆不受到行人的严重干扰。如果干道上两交叉口间距不大，中间最好不要设置人行横道。在车流量不大的次要道路上，可以考虑在两个交叉口中间的位置加设人行横道，如果两交叉口间距过大，可以考虑设几条人行横道，加设的位置应在过街行人比较集中的地点。在公共汽车站附近设置人行横道，要考虑到站点的位置，以便行人过街。

为了确保过街行人的安全，在下述地方不宜设置人行横道：

(1) 弯道和纵坡变化路段等视距不足的地方。英国规定驾驶员对人行横道的最小视距列于表2-15中。如果设置人行横道的地点的视距不能满足表中数据的要求，则不能设置条纹式人行横道，必要时只能设置加信号控制的人行横道。

人行横道的最小视距　　　　表2-15

平均车速(km/h)	48	65	80
视距(m)	70	90	150

(2) 在信号交叉口附近不宜设置条纹式人行横道，只能设置由信号控制的人行横道。信号灯必须由交叉口的信号机控制，与交叉口信号协调。

(3) 在转弯车辆多且不能禁止的地方，最好不要设置人行横道。

(4) 在瓶颈路段不要设置人行横道。

(5) 在公共汽车停靠站上游不要设人行横道。

(6) 在车辆进出口的附近不要设人行横道。

能力训练 2-11

简答题
不宜设置人行横道的情况有哪些？

模块三　交通量采集与统计

【主要内容】

本模块首先介绍交通量调查,然后介绍交通量计数方法和调查方法,最后介绍用检测器采集交通量数据。

项目一　交通量调查概述

【能力目标】

能对各种类型交通量进行计算。

【知识目标】

(1)了解交通量调查的目的和意义;

(2)掌握交通量的分类;

(3)了解交通量调查实施方法;

(4)了解交通量资料整理方法。

【支撑知识】

(1)交通量的定义和分类;

(2)交通量调查实施方法;

(3)交通量资料整理。

交通量是三大基本交通参数之一,是描述交通流特性的最重要的参数之一。由于交通量很重要而其调查方法又比较简单,因此交通量及其调查就成为交通工程学中的重要内容,并且越来越受到人们的重视。近20多年来,我国首先在交通系统的全国公路国道网上进行了以交通量连续式观测为主的调查,取得了较系统、全面的宝贵资料。在许多大、中城市也对城市道路网进行了广泛的交通量调查。通过对调查资料的整理分析,已初步掌握了交通量的空间分布和时间分布特性、交通量的各种变化规律和影响因素,从而为道路网规划、道路设计和建设、交通管理和控制、工程的经济分析和效果对比、交通安全和道路环境等各个方面提供了可靠的依据。

国外也很重视交通量调查工作。如美国从1921年起就开始注意交通调查和研究工作。英国在1922年开始进行交通量调查,1933年以后每隔3年进行一次较大规模的交通量调查,1955年时已有5 000个观测点,目前主要公路上平均每7km即有一个观测点。意大利从1927年起开始交通量观测,以后规定每年进行一定天数的连续观测。日本从1928年起开始交通量观测,每5年一次,1962年起每3年一次,每次在春、秋季非节假日各调查2天,目前共有27 000个观测点,平均不到6km即有一个观测站。观测时间一般从7:00到19:00,连续观测12h,分12类车辆调查。

我国交通量调查只是在新中国成立以后才开始。1955年及1958年，我国公路交通系统曾对公路干线进行过规模较大的调查，取得了一批资料。但以后的20多年，交通量调查基本上处于停滞状态，原有资料也几乎全部散失。只是在1979年交通工程学开始在我国受到重视以后，交通调查（包括交通量调查）才又重新较大规模地进行。交通部公路管理部门在全国各省、市、自治区首先建立了较完善的交通量观测系统，从1979年10月起开展了对国道和其他干线公路的调查。目前已建立一百多个连续式观测站，几千个间隙式观测站，基本上掌握了全国10万km国道和20万km各省级干道的交通动态。培训和建立了一支达几万人专职和兼职的观测队伍，每年经费有几百万元，在全国各地公路交通量调查的基础上，每年出版《国家干线公路交通量手册》。通过20多年来的努力，摸清了我国公路交通量的各种参数与变化的规律，掌握了一批数据。交通量调查为我国各级规划、科研、设计、养护、管理和决策部门提供了大量的基础数据，为制定全国交通运输技术政策，公路交通"七五"、"八五"规划，各地高等级公路规划和建设发展战略等提供了重要依据，在许多重大交通建设项目的可行性研究、方案论证和领导决策中起了决定性作用。同样，城市建设、公安交通管理部门，近20多年来也开展了大量的交通量调查，为城市的总体规划、交通规划、道路和交通枢纽建设、交通区域控制、交通信号设计、交通管理和交通安全等各个方面提供了可靠的资料。

一、交通量调查的目的和意义

交通量调查的目的在于通过长期连续性观测或短期间隙和临时观测，搜集交通量资料，了解交通量在时间、空间上的变化和分布规律，为交通规划、道路建设、交通控制与管理、工程经济分析等提供必要的数据。交通量数据是交通工程学中的一种最基本的资料，因此交通量调查是十分重要的。由于以往重视不够，无系统性观测数据，并且资料保管不善，经常散失，对当前工作造成了很大的困难，因此目前更应该强调重视交通量调查，注意积累系统的、完整的交通量资料，以便更好地为我国交通建设服务。

交通量调查资料根据不同的目的，有着广泛的应用。如果通过调查观测掌握了一定的交通量数据则可作为必不可少的资料应用于下列各项研究：

(1)在同一地点长期连续性观测，掌握交通量的时间分布规律，探求各种与交通量有关的系数，并为交通量预测提供历年长期的可靠资料。

(2)通过众多的间隙性观测调查，可以了解交通量在地域等空间上的分布规律，为了解全面的交通情况提供数据。

(3)为制定交通规划掌握必要的交通量数据。通过全面了解现状资料，分析交通流量的分配，预测未来的交通量，为确定交通规划、道路网规划、道路技术等级和修建次序及确定规划所需的投资和效益提供依据。

(4)交通设施的修建和改建也离不开交通量的历史发展趋势和现状数据。有了确切的交通量数据（目前的和根据目前推算的），就能正确地确定道路等级、几何线形、交叉口类型，平面交叉是否需要改建成立体交叉，就能确定道路设施修建和改建的先后次序。

(5)交通控制的实施离不开交通量的现状和需求。如果脱离了交通量流向和流量的实际，则交通控制的效果就会大大降低。为了设计信号机的配时、线控系统的相位差、区域交通控制系统的各种控制方案，都需要做大量的交通量、车速等的调查。判断设置交通信号灯、交通控制方案的适用性也仍然是根据交通量的时间和空间分布。

(6)交通管理工作要真正做到决策有科学依据，必须重视交通量调查。实施单向交通，禁止某种车辆进入或转弯,设置交通标志和标线,实施交通渠化,指定车辆的通行车道或专用车道,中心线移位以扩大入口引道的车道数,道路施工、维修时禁止车辆通行并指定绕行路线,以及交通警察警力配备等,都需要交通量资料作为决策的指导或依据。

(7)为行人交通提供保护,设置步行街,建立人行天桥和地道,安置行人信号灯等,提供行人交通量及其各种特性,使所采取的措施有一定的参考数据。

(8)进行工程的后评估,对各种工程措施、管理措施进行前后对比调查,判断改善交通措施的效果。所需要的前后交通量的资料,应是在其他条件不变的前提下进行的交通量调查。

(9)研究交通基本参数,如交通量、车速和密度等之间的关系,开展交通流理论的分析,交通量经常是最重要的参数。

(10)用于推算通行能力,预估交通事故率,进行交通环境影响评价,预估收费道路的收入和效益,工程可行性研究等各个方面。涉及社会经济环境效益时,交通量的大小、预测的正确与否对方案论证往往有举足轻重的作用。

当然,任何事物都不是绝对的、孤立的,除了交通量,其他一些参数如车速、延误、密度、车头时距等经常是共同起着作用,在实际工作中应该同时考虑到它们的影响,给它们以足够的重视。

二、交通量的定义和分类

交通量是指单位时间内通过道路某一断面(一般为往返两个方向,如特指时可为某一方向或某一车道)的车辆数(或行人数),又称为交通流量或流量。按其研究目的不同,可以分成以下几类。

1. 按交通性质分

(1)机动车交通量:国外一般指的是小汽车交通量。我国由于绝大多数道路上行驶的是混合交通,机动车交通量往往包括了汽车、拖拉机、摩托车及其他特种车辆等。其中,机动车交通量,在公路上以货车为主,在城市道路和一部分高等级公路上则以小汽车为主。

(2)非机动车交通量:这是我国混合交通流中一个重要的组成部分。城市道路上自行车交通量特别大,是我国特有的一种交通现象。我国农村公路上尚存在很少部分的人力车、兽力车,近郊公路上则有一定数量的自行车和人力三轮车。

(3)混合交通量:将各种机动车和非机动车交通量按一定折算系数换算成某种标准车型的当量交通量。通常提到的交通量往往指的是已换算的混合交通量,如系特指某种车辆交通量则应有所说明。

(4)行人交通量:指在人行道上或通过人行横道过街的行人数。

2. 按计时单位分

通常用得最多的是小时交通量(pcu/h)、日交通量或称为昼夜交通量(pcu/日)。其他按不同计时单位分还有:

(1)秒交通量(又称秒率)(pcu/s);

(2)1min、5min、15min 交通量(pcu/min,pcu/5min,pcu/15min);

(3)信号周期交通量(pcu/周期);

(4)白天 12h 交通量(7:00 至 19:00)(pcu/白天 12h);

(5)白天 16h 交通量(6:00 至 22:00)(pcu/白天 16h);

(6)周、月、年交通量(pcu/周,pcu/月,pcu/年)等。

3.按交通量特性分

由于交通量时刻在变化,为了说明代表性交通量,一般常用平均交通量、最大交通量、高峰小时交通量和从最大值算起的第 n 位小时交通量之类的表示方法。

(1)平均交通量。

取某一时段内交通量的平均值(一般单位:pcu/日),作为某一期间交通量的代表。按其不同目的可分为:

①平均日交通量(Average Daily Traffic,ADT):任意期间的交通量累计之和除以该期间的总天数所得的交通量。

$$\text{ADT} = \frac{1}{n}\sum_{i=1}^{n}Q_i \tag{3-1}$$

式中,n 表示某段期间的总天数。

②年平均日交通量(Annual Average Daily Traffic,AADT):一年内连续累计交通量之和除以该年的天数(365 或 366)所得的交通量。

$$\text{AADT} = \frac{1}{365}\sum_{i=1}^{365}Q_i \tag{3-2}$$

③周平均日交通量(Week Average Daily Traffic,WADT):一周内交通量之和除以该周的天数(7)所得的交通量。

$$\text{WADT} = \frac{1}{7}\sum_{i=1}^{7}Q_i \tag{3-3}$$

④月平均日交通量(Month Average Daily Traffic,MADT):一个月内交通量之和除以该月天数(28、29、30 或 31)所得的交通量。

$$\text{MADT} = \frac{1}{n}\sum_{i=1}^{n}Q_i \tag{3-4}$$

式中,$n=28、29、30、31$。

⑤年平均月交通量(Annual Average Month Traffic,AAMT):一年内连续累计交通量之和除以一年的月份数(12)所得的交通量。

$$\text{AAMT} = \frac{1}{12}\sum_{i=1}^{12}Q_i \tag{3-5}$$

⑥各周日的平均日交通量(EADT):按全年所有各周日(星期一、星期二……星期日)的交通量分别相加,然后各除以这一年的各个周日的总天数(一般为 52 天)计算出全年各周日的平均日交通量。

$$\text{EADT} = \frac{1}{K_D}\sum_{i=1}^{K_D}Q_i \tag{3-6}$$

式中,K_D 表示一年中某个周日的总天数。

(2)最高小时交通量。

这是在以 1h 为单位进行连续若干小时观测所得结果中最高的小时交通量,其单位为 pcu/h。有的用观测地点的整个断面的交通量来表示,也有的用每一车道交通量表示。按其用途不同可分为:

①高峰小时交通量(PHT 或 PHF):一天 24h 内交通量最高的某一小时的交通量。一般还分为上午高峰(早高峰)和下午高峰(晚高峰)小时交通量。其时间的区划一般从 n 点到 $n+1$ 点整数区。为研究分析目的亦可寻找连续 60min 最高交通量(非整点到非整点)。

②年最高小时交通量(MAHV)：一年内8 760h(闰年为8 784h)中交通量最高的某一小时交通量。

③第30位年最高小时交通量(30HV)：一般简称为第30小时交通量，是将一年中所有8 760h的小时交通量按顺序由大至小排列时其第30位的小时交通量。

4.有关名词术语和定义

(1)道路方向分布系数(k_d)：用百分率表示的主要行车方向交通量占双向行车总交通量的比值。

(2)第30位交通量系数(k_{30})：第30位小时交通量与年平均日交通量之比，简称第30小时系数。

(3)月交通量变化系数(M或K_M)：年平均日交通量与某月的平均日交通量之比。又称月不均匀系数、月换算系数、季节不均匀系数等。

$$M = \frac{\text{AADT}}{\text{MADT}} = \frac{\frac{1}{365}\sum_{i=1}^{365}Q_i}{\frac{1}{k}\sum_{i=1}^{k}Q_i} \tag{3-7}$$

(4)周日交通量变化系数(D或K_W)：年平均日交通量与全年中某周日的平均日交通量之比。又称日不均匀系数、日换算系数等。

$$D = \frac{\text{AADT}}{\text{EADT}} = \frac{\frac{1}{365}\sum_{i=1}^{365}Q_i}{\frac{1}{K_D}\sum_{i=1}^{K_D}Q_i} \tag{3-8}$$

(5)白天16小时交通量系数(K_{16})：白天16h交通量与全天24h交通量的比值。一般应采用连续若干天的交通量的平均值。白天16h一般应为6:00至22:00。

(6)白天12小时交通量系数(K_{12})：白天12h(7:00至19:00)交通量与全天24h交通量的比值。一般应采用连续若干天的交通量的平均值。

(7)高峰小时流量比：高峰小时交通量与该天日交通量之比值，一般以百分率表示。

(8)高峰区间：某高峰小时内连续5min(或15min)累计交通量最大的区间称为该高峰小时内的高峰区间。

(9)扩大高峰小时交通量：把高峰区间的累计交通量扩大推算为1h时间内的交通量即为扩大高峰小时交通量。

(10)高峰小时系数(Peak Hour Volume，PHF)：高峰小时实测交通量与由5min或15min高峰区间推算所得的扩大高峰小时交通量之比，即为高峰小时系数。

$$\text{PHF}_{15} = \frac{\text{高峰小时交通量}}{(15\text{min 统计所得最高交通量}) \cdot \frac{60}{15}} \tag{3-9}$$

三、交通量调查实施

1.调查地点的选择

调查地点的选择，根据调查资料的目的而有所不同，主要是考虑交通量集中而又有代表性、便于调查统计、具有控制性的地点。一般设置在下列场所：

(1)交叉口之间的平直路段上。
(2)交叉口(交叉口各入口引道的停车线)。
(3)交通设施、枢纽的出入口(流通中心、大型停车场等)。

2.调查的种类

由于调查的着眼点不同,故选择的调查地点也不尽相同。一般可作如下分类:

(1)特定地点的交通量调查。该调查是以研究交通管理、信号控制为主要目的,调查特定地点(交叉口、路段或出入口)的交通量。

(2)区域交通量调查。该调查是在某特定区域内同时在许多交叉口和路段设置交通量调查点,以掌握该区域交通流量的分布变化特点为目的的交通量调查。

(3)小区出入交通量调查。该调查是为校核商务中心区等特定地区,城市或城市郊区等区域的出入交通量,以及起讫点调查数据中的内外出行距离而获取所需的数据。往往与起讫点调查及其他有关调查一起进行。

(4)分隔查核线交通量调查。该调查主要是为了校核起讫点调查的数据而进行的调查。

3.调查时间

(1)调查日期、时间、范围,应随着目的不同而异。作为了解交通量全年变化趋势的一般性调查,必须选在一年中有代表性交通量的时期进行。从一周来说,最好是星期二到星期五,避开星期六及星期日前后。从日期来说,以商业活动比较活跃的日子、非节假日、休息日、无大型文体活动的晴天为宜。

(2)调查时间区间。除连续观测外,常采用:

①24h 观测。用于了解一天中交通量的变化。

②16h 观测。用于了解包括早、晚高峰小时在内的一天大部分时间的交通量变化情况,一般在 6:00 到 22:00 这一区间内进行。

③日间 12h 观测。用于了解白天大部分时间的交通量变化情况,一般在 7:00 到 19:00 这一区间进行。

④高峰小时观测。用于了解早晚高峰小时交通量变化情况。一般在上下午高峰时间范围内进行 1~3h 的连续观测。需要注意的是,高峰小时在不同的地点出现的时间有差别。

(3)将上述时间范围内的调查结果,换算为每小时的交通量。记录时至少每隔 15min 作一次记录,最好每 5min 记录一次。

4.观测用记录表格的设计

应根据最终数据的使用目的,结合交通量调查的规划工作,以及利用电子计算机整理资料的可能等一并考虑。在作交通量调查规划时,必须一起考虑的事项有:

(1)调查场所的选择和配置。
(2)调查日期、范围与测定时间的划分。
(3)交通量测定的分项内容(车种、流向、转弯、车道等)。
(4)调查测定方法、人员、设备选用等。

5.测定方法

交通量观测的方法很多,主要有人工观测法(计数)、检测器采集法、摄影(像)法、浮动车法、试验车法等,应根据具体条件和要求选定。这些方法本模块随后将作较详细的介绍。

四、交通量资料整理

由上述观测得到的资料，根据不同调查目的，以汇总表、图表等形式进行整理、描述和计算。一般应用的形式有下列几种：

(1)交通流量图(交通流带图)。它反映某类车辆在某一时间范围内在哪条道路、交叉口哪个方向上行驶的状况。

(2)交通量的年变化图及变动图。为了解交通量随时间的变动特性，需绘制交通量的年变化图及变动图。一般采用以年平均日交通量等方式表示的月变化、周日变化等。

(3)24h特定时间范围内的交通量以及交通组成的表示。一般包括：

①昼夜率(白天12h或16h交通量占24h交通量的比率)；

②某8h时间范围内交通量占24h交通量的比率；

③一天中上午某小时的交通量占24h交通量的比率；

④高峰小时交通量占24h交通量的比率；

⑤车型的组成比率(或称车型混入率，指不同车型交通量占总交通量的比率)；

⑥繁重方向交通量占往返合计交通量的比率；

⑦右转、直行和左转弯车流比率；

⑧车道利用率等。

能力训练 3-1

不定项选择题

1. 三大基本交通参数是指(　　)。
   A. 交通量、密度、速度 B. 密度、饱和流量、速度
   C. 占有率、速度、饱和流量 D. 以上选项均不符合

2. 交通调查的目的在于(　　)。
   A. 了解交通量在时间、空间上的变化和分布规律
   B. 为交通研究提供必要的数据
   C. 为交通规划掌握必要的交通量数据
   D. 以上选项均符合

3. 下列选项对交通量描述正确的有(　　)。
   A. 交通量是指通过道路某一个断面的车辆数
   B. 按交通特性，分为机动车交通量、非机动车交通量、混合交通量、行人交通量
   C. 按交通性质，分为平均交通量、最大交通量、高峰小时交通量
   D. 以上选项均不符合

4. 2012年某路段全年累计的交通量为881 516pcu，其年平均日交通量为(　　)。
   A. 2 415pcu/天 B. 2 409pcu/天
   C. 2 408pcu/天 D. 2 408.5pcu/天

5. 某路段年平均日交通量为2 415pcu/天，一月的交通量为65 785pcu，其月变系数为(　　)。
   A. 0.92 B. 1.10
   C. 0.91 D. 1.14

6. 2013年某路段年平均日交通量为2 415pcu/天，全年周日的累计交通量为111 496pcu，

其周日的日变系数为（   ）。
   A. 0.87　　　　　　　　　　B. 1.13
   C. 0.89　　　　　　　　　　D. 1.15
7. 某路段高峰小时交通量为 1 314pcu/h，最高的 15min 流量为 349pcu/h，其 PHF_{15} 为（   ）。
   A. 0.92　　　　　　　　　　B. 1.00
   C. 0.96　　　　　　　　　　D. 1.11

项目二　交通量计数方法

【能力目标】
能正确使用人工计数法。
【知识目标】
(1)掌握人工计数法；
(2)掌握人工计数法的调查实施内容。
【支撑知识】
(1)人工计数法；
(2)交通量调查实施。

一、人工计数法

人工计数法是我国目前应用最广泛的一种交通量调查方法，只要有一个或几个调查人员，即能在指定的路段或交叉口引道一侧进行调查，组织工作简单，调配人员和变动地点灵活，使用的工具除必备的计时器(手表或秒表)外，一般只需手动(机械或电子)计数器和其他记录用的记录板(夹)、纸和笔。

1. 调查资料的内容

(1)分类车辆交通量。可以根据公路部门、城建部门或其他需要来对车辆分类、选择和记录，分类可以更细，调查内容甚至可区分空载或重载，车辆轴数多少，各种不同的分类车辆数，公交车辆的各种分类(如公共汽车或无轨电车，通道车或单车，载客情况，公交路线区别)等。

(2)车辆在某一行驶方向、某一车道(内侧或外侧，快车道或慢车道)上的交通量，以及双向总交通量。

(3)交叉口各入口引道上的交通量及每一入口引道各流向(左转、直行和右转)交通量，各出口引道交通量和交叉口总交通量。对于环形交叉口，还可调查各交织段的交通量。

(4)非机动车(自行车、人力三轮车、畜力车、架子车等)交通量和行人交通量。

(5)车辆排队长度及车辆的时间和空间占有率等。

(6)车辆所属车主(单位和个人)，车辆所属地区(外省、外地区、外县或本地)，车辆所属部门或系统(民用车、军车、特种车、运输企业车、社会车辆、私人出租车等)。

(7)驾驶员和骑车人对交通管理和控制的遵守情况。

以上所述各种资料中，有不少资料目前是无法用机械计数或其他手段获得的。

2. 人工计数法的优缺点和适用范围

人工计数法适用于任何地点、任何情况的交通量调查，机动灵活，易于掌握，精度较高(调查人员经过培训,比较熟练,又具有良好的责任心时),资料整理也很方便。但是这种方法需要大量的人力,劳动强度大,冬夏季室外工作辛苦。对工作人员要事先进行业务培训,加强职业道德和组织纪律性的教育,在现场要进行预演调查和巡回指导、检查。另外,如需作长期连续的交通量调查,由于人工费用的累计数很大,因此需要较多费用。一般该法最适于作短期的交通量调查。

二、交通量调查实施

人工交通量调查,一般用于周期性调查、定期性调查或突击性调查。如每隔一定时间对某些路段和交叉口进行调查,以便积累长期的资料,了解现状或进行前后对比和预测。也可为解决某个特殊问题、某个交叉口或某些路段的问题而作临时性、一次性调查,为设计、控制或管理提供资料。

调查的时间取决于调查目的。对"24h 观测",时间一般应从该日 6:00 到第二天的 6:00;对"16h 观测",则从 6:00 至 22:00,要注意把早、晚高峰交通量都调查到;对"12h 观测",一般从 6:00 至 18:00,可以因地而异,但必须观测到白天主要的交通量及其变化;"峰值时间观测",应注意观测到早晚高峰时间内的交通量,对机动车可从 7:00 至 9:00、16:00 至 18:00,即在上下班时间前后的时间段内观测。对自行车为主的非机动车,其早高峰时间应比机动车早高峰时间略早,晚高峰时间则比机动车晚高峰略晚,因为我国城镇的自行车主要是供上班和上学用的。确定调查时间范围,要注意季节和气候的影响,要避免在节假日或节假日前后进行调查。除非是为了专门的目的,调查宜选在星期一至星期五期间进行。

调查时段的划分,可每隔 15min 计数一次,但如用于确定通行能力的调查,则以 5min 的间隔为好。必要时也可按信号交叉口的信号周期来计数。如果交通不是十分繁忙,人员又较多,则调查时段的划分还是以短一些较好,以便于计算其他有关系数,如高峰小时系数和荷载系数等。

高峰小时系数是高峰交通特征的量度。它是以发生在高峰小时的实际小时交通量与在高峰小时内指定时间间隔最大交通量乘以该小时的间隔数(扩大的高峰小时交通量)的比值,最大可能值是 1.0。此值受到 1h 内规定短时间的限制,对高速公路运营通常为 5~6min,对交叉口运营为 5~15min。

荷载系数是高峰小时期间被车辆充分利用的绿灯信号间隔的总数与同一期间内可以被利用的绿灯信号间隔的总数之比,其最大可能值亦为 1.0。此时调查时段的划分应以绿灯信号时间为准。

对于高峰小时交通调查,要考虑在某些特殊地区如学校、工厂、医院等所在地,其交通高峰小时与正常街道高峰交通出现的时间可能并不相同;在某些道路上,某一方向与另一方向的交通量差异可能很大;另外,在商业区、旅游区及文体活动场所附近的街道,其高峰小时交通量在节假日可能更加突出。

在进行交通量调查时,要注意一些特殊情况。如避免在影响交通流的不利天气作调查;要考虑交通管制对交通量的影响(如不同车辆的禁行,不同时间的禁行,不同区域和方向的禁行等);考虑季节因素及其他一些因素,如春秋旅游旺季、学校寒暑假、工厂(或工业区)的厂休日和停工检修等。这些情况都会使交通量无规律地增加或减少,形成不正常的交通情况。其他不正常情况往往出现在道路或桥梁本身进行施工修理、埋管等作业时,相邻道路或桥梁施工禁行或增建了新的道路和桥梁,同样会造成交通量的非正常增多或减少。在诸如此类的情况下进行交通量调查时,必须在记录表或说明书中注明具体的情况。

常用的交通量观测记录表,可参见表 3-1、表 3-2。其中,表 3-1 用于观测路段交通量,车种的分类可以视具体情况而定。表 3-2 用于观测平面交叉口交通量。观测的时间段,可以为周期,也可以为其他间隔,视实际需要而定。

路段交通量调查表　　　　　　　　　　　　　　　　　　　　　　　　表 3-1

名称:_____　　调查方向:_____　　调查员:_____

观测日期:____年____月____日　　观测时段:__:__～__:__　　天气:_____

时段 (min)	小客或小货车	中客或中货车	大客或大货车	特大货车	挂车	三轮摩托车	二轮摩托车	自行车
00～15								
15～30								
30～45								
45～60								
合计								

交叉口交通量调查表　　　　　　　　　　　　　　　　　　　　　　　　表 3-2

调查地点:_____　路口编号:_____　进口:_____　路口形式:_____

调查员姓名:_____　调查日期:__年__月__日　天气:_____　控制方式:_____

项　目	直行				左转				右转				合计
	小型车	中型车	大型车	…	小型车	中型车	大型车	…	小型车	中型车	大型车	…	
6:00～6:15													
6:15～6:30													
6:30～6:45													
…													
合计													

能力训练 3-2

简答题

人工计数法有哪些优缺点?

项目三　交通量调查方法

【能力目标】

(1)能正确对车辆进行换算;

(2)能正确对典型交叉口进行交通量调查。

【知识目标】
(1)掌握调查方案设计内容；
(2)掌握车辆换算方法；
(3)掌握平面交叉口交通量调查方法。

【支撑知识】
(1)调查方案设计内容；
(2)车辆换算和数量统计；
(3)平面交叉口交通量调查方法。

目前，我国交通量的调查方法还未有统一的规定，采用的方法一部分是借鉴国外的经验，一部分是我国各地根据自己实践总结制定的。下面介绍的一些交通量调查方法应通过不断总结实践经验予以完善。

交通量调查实施的程序，一般包括：
(1)接受交通量调查任务，明确调查目的，确定应提交的成果内容。
(2)拟订交通量调查方案设计。
(3)确定具体的调查内容、日期、时间、方法及所需仪器工具等与实施交通量调查有关的细节。
(4)组织人力，开展交通量调查。
(5)汇总、整理资料。
(6)对所获得数据进行归纳、分析。

一、调查方案设计说明书的主要内容

拟订调查方案时，应对以下各项内容，提出书面说明。
(1)调查目的和用途。应有明确的目的和要求，以使调查工作符合原定意图。通常交通量调查的目的有：交通规划、设计、经济分析和管理等。
(2)拟订调查地区或路线的情况。包括地区平面图、路网图、道路平纵线形等。应说明对交通量将有影响的各种道路、交通管理和控制因素，如道路宽度及各车道宽度，分隔带或隔离墩等分隔设施，路面标线，各类交通岛，交通标志，交通管理与控制设施位置，道路以及交叉口周围环境及障碍物，路面状况，人行横道，公交停车站位置等。
(3)观测站在平面图上的位置，并对选点依据提出书面说明。
(4)所观测车辆的车种和分类。
(5)所拟订调查时间和周期的说明。
(6)观测仪器。如采用自动机械计数装置，应提出设备的规格、型号及数量，并对设备的性能加以简要说明，还应给出详细的设备安装施工图。采购设备要注意费用、供货可能及到货的日期，保证按时开始观测。
(7)人员配备及分工。对于新参加观测工作的人员，必须进行技术培训和工作纪律、责任心的教育。
(8)其他调查用具配备规格和数量。要注意保证调查时仪器工具用电和晚间工作照明用电，人员联络往来用的电话、通信和交通工具，遮阳挡雨的伞具等问题，否则将严重影响工作。
(9)记录表格的形式和要求。表头一般应包括道路或交叉口名称(相交道路)，观测站位置,所观测车流运行方向和车种,观测日期(年、月、日,星期,上午、下午或晚上),观测时间,天气,观测人员等,必要时可附平面示意图。

(10)调查资料整理方法及格式,图表要求及内容,交通量计数单位和精度等。

调查方案设计应根据调查目的和任务确定,注意资料的精确性和完整性,但也应注意人力、物力和财力的节约。为了符合实际情况,在拟订调查方案时,应向当地交通管理部门进行调查了解,由于他们长年工作在那里,能提供许多宝贵的意见和建议。在调查工作中,应努力争取他们的协助和配合。如有必要可先作探索性调查,作调查试点,再进行大规模调查,以便更好地练兵和积累经验。进行大型交通量调查时,往往会涉及许多部门和单位,要努力依靠各级政府和有关领导同志的支持帮助,要与公安交通管理部门、公路交通部门、城建部门、公交公司等密切配合,这样才能取得事半功倍的效果。

总的来说,随着交通量调查目的和对象的变化,无论是车辆的划分还是调查时间、地点、方法以及人员、设备的配备都会有很大的差异。因此,调查方案设计并无一成不变的固定模式,具体拟订时应注意各自的实际条件。

二、车辆换算和数量统计

我国道路中,除了高速公路、一级公路和二级汽车专用路是汽车专用的道路外,其余大部分道路都是汽车与其他各种车辆混合行驶。因此就存在一个以什么车辆为标准和各种车辆如何换算成标准车的问题。根据各种不同车辆在行驶时占用道路净空的程度不同,可以分别确定它们对标准车的换算系数。为此,在进行交通量观测时,必须根据调查的目的和用途,区分不同车种,分别记录,以便利用换算系数换算成统一的标准车。由于缺乏对车辆在行驶中状态和彼此干扰的研究,目前换算系数还不太完善,需要进一步的改进。

根据交通运输部 2010 年发布的最新规定,目前我国在进行公路交通量调查时,通常将车辆划分为 11 种类型,具体分类和标准及折算系数(即换算系数)如表 3-3、表 3-4 所列(各省、市、自治区之间可能略有不同)。在进行城市道路交通量调查时,车辆换算系数参见表 3-5。

公路交通情况调查机动车车型分类表　　　　　　　　　　　表 3-3

车型	一级分类	二级分类	额定荷载参数	轮廓及轴数特征参数	备 注
汽车	小型车	中小客车	额定座位≤19 座	车长<6m,2 轴	
		小型货车	载质量≤2t		包括三轮载货汽车
	中型车	大客车	额定座位>19 座	6m≤车长≤12m,2 轴	
		中型货车	2t<载质量≤7t		包括专用汽车
	大型车	大型货车	7t<载质量≤20t	6m≤车长≤12m,3 轴或 4 轴	
	特大型车	特大型货车	载质量>20t	车长>12m 或 4 轴以上;且车高<3.8m 或车高>4.2m	
		集装箱车		车长>12m 或 4 轴以上;且 3.8m≤车高≤4.2m	
摩托车	摩托车	摩托车	发动机驱动		包括轻便、普通摩托车
拖拉机	拖拉机	拖拉机			包括大、小拖拉机

注:各车型的额定荷载、轮廓及轴数的特征参数均可作为判别车型的依据。

公路交通情况调查机动车型折算系数参考值 表 3-4

车型	汽车							摩托车	拖拉机
一级分类	小型车		中型车		大型车	特大型车			
二级分类	中小客车	小型货车	大客车	中型货车	大型货车	特大型货车	集装箱车	摩托车	拖拉机
参考折算系数	1	1	1.5	1.5	3	4	4	1	4

注:交通量折算采用小型车为标准车型。

城市道路交通量调查以小客车为标准的换算系数表 表 3-5

车种	换算系数	车种	换算系数
自行车	0.2	中客车或中货车	1.2
两轮摩托车	0.4	大客车或大货车(<9t)	2.0
三轮摩托车或微型汽车	0.6	特大货车(9～15t)	3.0
小客车或小货车(<3t)	1.0	铰接客车或大平板拖挂货车	4.0

交通量调查完成后,其数量的统计也比较繁琐。为了求得所需的总交通量,通常需将各类车辆的交通量通过一定折算(也有不用折算的)后再相加。常见的有下列表示方法:

(1)所有车辆(包括拖拉机和自行车)折算成载货汽车或小汽车后的总和。
(2)所有车辆(包括拖拉机和自行车)全部未加折算的总和。
(3)全部机动车(包括拖拉机和汽车)折算后的总和。
(4)全部机动车(包括拖拉机和汽车)未加折算的总和。
(5)全部汽车(包括客车和货车)未折算或折算后的总和。
(6)全部自行车的总和。有时往往与全部机动车未折算的总和并列在一起。
(7)某类车辆的总和。
(8)汽车、拖拉机、人力车与兽力车、自行车四类车辆的折算和未折算分类总和。

三、平面交叉口交通量调查

平面交叉口是道路交通的枢纽,城市的交通问题往往突出表现在交叉口上,因此了解平面交叉口的交通量是十分重要的。对属于平面交叉口的信号控制交叉口、无信号交叉口和环形交叉口,均可采用相类似的调查方法。

调查平面交叉口交通量的主要目的,是为了获得有关交通量的实况、通行能力、流向分布、交通量变化及高峰小时交通量和交通组成等方面的资料,以便对交叉口的运行效能作出准确的评价,提出交通管理、控制措施或改建、扩建方案。因此,交叉口交通量调查一般应选在高峰期间进行,持续时间至少为 1h,以完整地测到整个高峰小时的交通量资料。同时,可以根据需要分别对机动车和非机动车的高峰进行观测。调查时段划分大多数采用 15min,亦可采用 10min 或 5min 的时间间隔,如对上下班高峰时的自行车交通量即可采用 5min 的时间间隔计数。另外,对于信号交叉口也可按其信号周期来统计计数,但此时应同时进行信号灯配时的调查,以便资料的换算。

由于交叉口的交通流比较复杂,需分车种和分流向调查,故一般均采用人工计数,并以入口引道的停车线作为观测断面。当交通量较小时,如入口处渠化较好,能严格控制车辆分道行驶,则可由 1 人负责整个入口;当交通较繁忙时,每一入口需要 3 人,分别统计左转、直行和右转的机动车流量。若同时调查自行车交通量，则每一入口需要增加一倍的人员，以分别统计各向自行车流量。因此，每一入口往往需要 6 人，对于一个普通的十字交叉口就需要 24 人。如果为了检验入口流量的可靠程度，还需在交叉口出口引道上再布置人员对驶出交叉口的机动车和自行车进行计数，则总的调查人员将增加到 32 人。假如要求同时调查行人过街流量，则还需另外增加人员。如果人员不足，也可同时调查一个或两个主要入口引道，另外抽时间（尽可能使各种条件相似）调查其他入口引道的交通量，但这种方法存在资料来源于不同时间的缺陷。

对于大型的环形交叉口、多于四路相交的多路交叉口及畸形交叉口，必须进行具体分析，仔细拟订观测方案。对于环形交叉口，其调查方法与十字交叉口略有不同，除在各道路入口引道上设置断面并统计入环车辆总数及右转车辆数外，还需在环道上各交织段处设置四个观测断面，统计交织段的流量，根据上述观测数据即可计算各进口道直行、左转等的车辆数。对于多路相交的交叉口或畸形交叉口，按照常规的观测方法一般难以测得车辆在各向的流量，因此最好采用牌照法测定各入口引道进入交叉口的车型及牌照号码，然后用人工或编制程序由计算机算出车辆分型通往各方向的流量。总之，对交叉口观测方案的确定，是一项十分细致的工作，必须根据交叉口的条件和特点、交通情况确定观测断面的人员和配备，稍有疏忽，就会影响调查质量和精度。

调查的日期，除专门的目的外，一般应避开星期六、星期日和节假日。在天气方面，应避开雨、雪等影响正常交通情况的恶劣天气。对于以交叉口改建前后对比研究为目的的交通量调查，要使前后两次调查的时间、地点、方法、气候等条件尽可能相同。同样，对设置信号灯前后、采取某项交通管制措施前后（如区域控制、线控、禁止左转、单向通行等），对此进行研究调查时，也同样应遵循上述要求。

对交叉口进行饱和流量调查，可用于通行能力等的研究。当交叉口交通量很大、每次绿灯结束时尚有大量车辆未能通过时，不难获得饱和交通量。在其他情况下，要得到饱和流量，往往可采用"阻车法"人为地促成饱和状态，即利用原有道路上的车辆，使其在短时间内暂停通行，待各入口引道上积累了一定数量的车辆后再一起放行，这时进行观测即可获得源源不断的饱和交通量。但是这种方法影响面很广，容易发生交通事故，造成交通阻塞，给过往车辆、乘客造成人为的延误，因此除非确有必要，否则应尽量不用或少用。如万不得已非采用不可时，则事先要向当地政府及有关部门书写详细报告，申述其必要性和重要性，同时在批准实施时要与交通管理部门密切配合，得到他们的协助；并且尽可能缩短阻车的时间。一般应避开上下班的高峰时间，以便尽可能地减少影响和损失。参加调查人员则要明确分工，尽心尽责，熟悉调查要求和方法，务必使搜集的资料完全适用。

在做交叉口交通量调查时，一般应绘制交叉口平面图，按比例表示交叉口各路口入口引道的设施和尺寸，必要时还应标绘各种交通控制管理设施，如各种标线、标志，停车线位置，信号灯位置，岗亭或指挥台位置等。另外，如有视线障碍，则应绘出附近建筑物或其他障碍物的位置。

以上介绍的方法，同样适用于立体交叉和交通枢纽、交通广场等的交通量调查。

项目四　检测器采集交通量数据

【能力目标】

(1) 能正确描述各种检测器的优缺点；

(2)能正确对各种检测器进行比选。
【知识目标】
(1)了解各种检测器的原理;
(2)掌握各种检测器的优缺点;
(3)熟悉各种检测器的使用范围。
【支撑知识】
(1)环形线圈检测器;
(2)超声波检测器;
(3)红外线检测器;
(4)视频图像处理技术检测器;
(5)雷达检测器;
(6)各种检测器的比选。

一、环形线圈检测器

1. 环形线圈检测器的构成及其检测原理

环形线圈检测器是一种基于电磁感应原理的车辆检测器,它的传感器是一个埋在路面下、通过一定工作电流的环形线圈。当车辆通过线圈或停在线圈上时,车辆引起线圈回路电感量的变化,检测器检测出变化量就可以检测出车辆的存在,从而达到检测目的。

环形线圈检测器主要包括:环形线圈、线圈调谐回路和检测电路。

2. 信号检测与输出

检测电路包括相位锁定器、相位比较器、输出电路等,现在很多型号的环形线圈检测器还包含微处理器,它与检测电路一起构成信号检测处理单元。

相位比较器的一个输入信号是相位锁定器的输出信号,其频率为调谐回路的固有振荡频率,另一个输入信号跟踪车辆通过线圈时谐振回路的频率变化,从而使输出的信号为反映频率随时间变化的电压信号,也就是反映车辆通过环形线圈的过程的信号。

输出电路先将相位比较器输出的信号进行放大,然后以两种方式输出,即模拟量输出、数字量输出。模拟量输出用来分别车型,数字信号输出用来计数或控制。亦可用微机综合处理输出信号获得各种交通参数。带有微处理器的环形线圈检测器则可以直接做到这一点。大多数情况下都使用检测器的数字电平输出。为了检测不同的交通参数和适应不同检测或控制要求,可设置检测器工作于方波和短脉冲两种输出方式。当检测器运行于"方波"的工作方式时,只要车辆进入环形线圈,检测器就产生并保持信号输出(当车辆离开环形线圈后,仍可设置信号持续一段时间)。电路中的计时器自动计测信号持续时间,这对有些交通控制参数如占有率等的检测计算很有用处。当检测器运行于"短脉冲"的输出方式时,每当车辆通过环形线圈检测器就产生一个短脉冲($100\sim150\mu s$),这种方式在双线圈测速系统中得以应用。

二、超声波检测器

超声波检测器是一种在高速公路上应用较多的检测器,它利用车辆形状对超声波波前的影响来实现检测。超声波车辆检测的探头具有发射和接收双重功能,被设置于道路的正上方或斜上方,向路面发射超声波,并接收来自车辆的反射波。超声波检测器的工作原理可分为两种:传播时间差法和多普勒法。

1. 传播时间差法

传播时间差法是将超声波分割成脉冲射向路面并接收其反射波的方法。当有车辆时,超声波会经车辆提前返回,检测出超前于路面的反射波,就表明车辆存在或通过。

若超声波探头距地面高度为 H,车辆高度为 h,波速为 v,发自探头的超声波脉冲的反射波从路面和车辆返回的时间分别为 t 和 t',则:

$$t = \frac{2H}{v} \qquad t' = \frac{2(H-h)}{v} \tag{3-10}$$

可见,时间 t' 与车辆高度 h 相对应。这个特点既可用来判别车辆的存在,也可用于估计车高。调整启动脉冲的启动时间和宽度,能够限制输出信号发生的时间 t' 的范围,由式(3-10)就可以得出能被检测出来的车辆对应的车高范围。一般超声波检测器能检测出车高处于0.75~1.6m 的车辆。

2. 多普勒法

超声波探头向空间发射超声波,同时接收信号,如果有移动物体,那么接收到的反射波信号就会呈现多普勒效应。利用此方法可检测正在驶近或正在远离的车辆,但不能检测出处于检测范围内的静止车辆。

由于超声波检测器采用悬挂式安装,这与路面埋设式检测器(如环形线圈)相比有许多优点。首先是无需破坏路面,也不受路面变形的影响;其次是使用寿命长,可移动,架设方便,在日本交通工程中被大量采用。其不足之处是容易受环境的影响,当风速在6级以上时,反射波产生飘移而无法正常检测;探头下方通过的人或物也会产生反射波,造成误检。所以超声波检测器要按照一定的规范安装。

从架设方便、使用寿命长等方面来说,路面埋设式检测器不如超声波检测器,所以超声波检测器成为目前使用量仅次于环形线圈的一种检测器。

三、红外检测器

基于光学原理的车辆检测器用得比较多的是红外检测器与激光检测器。

红外检测一般采用反射式或阻断式检测技术。例如反射式检测探头,它包括一个红外发光管和一个接收管。无车时,接收管不受光;有车时,接收车体反射的红外线。其工作原理是由调制脉冲发生器产生调制脉冲,经红外探头向道路上辐射,当有车辆通过时,红外线脉冲从车体反射回来,被探头的接收管接收。经红外调解器调解,再通过选通、放大、整流和滤波后触发驱动器输出一个检测信号。这类检测器存在的缺点是:工作现场的灰尘、冰雾会影响系统的正常工作。

四、视频图像处理技术

基于视频图像处理的车辆检测技术是近年来逐步发展起来的一种新型车辆检测方法,它具有无线、可一次检测多参数和检测范围较大的特点,使用灵活,有着良好的应用前景。

视频图像处理车辆检测系统通常由电子摄像机、图像处理机(包含微处理器)、显示器等部分组成。摄像机对道路的一定区域范围摄像,图像经传输线送入图像处理机,图像处理机对信号进行模/数转换、格式转换等,再由微处理器处理图像背景,实时识别车辆的存在,判别车型,由此进一步推导其他交通参数。图像处理机还可根据需要给监控系统的主控机、报警器等设备提供信号,控制中心则根据这些信号制订控制策略,发出整个控制系统的控制信号。

视频图像处理方法处理的是摄像机摄取的图像。目前该系统一般还不能立即处理连续图像,而是以某一速度处理一系列的图像帧。摄像机将视场场景即光学图像转换成一帧一帧的电子信号。具体来说,设一帧图像由 N 个一定大小的像元组成,光电元件将每个像元的平均光亮度转换成电信号,经扫描装置逐个扫描,这些像元相应的电信号依次通过信道被发送出来,成为一帧电信号。由于图像处理方法是在摄像机摄取的图像的基础上实现识别和检测的,因此在摄像机的视场范围内能做多点检测而不需额外增加设备,也就是说可处理一定区域范围而不是一个点的交通流。检测系统拆装时,不损坏路面,不影响交通,只需妥善安装好摄像装置。

五、雷达检测器

雷达检测器是基于多普勒效应原理进行工作的。其原理是:当发射换能器向地面发射微波时,如果有车辆在微波发射线的覆盖区域内通过,会视部分微波发生反射,且被接收换能器收到。根据多普勒效应,接收到的微波频率将比原发射频率略高或略低,即产生频差(频率偏差)。利用检测电路,将频差转化为脉冲信号,即可检测车辆的存在或通过,同时也可以测定车速。

雷达检测器分组合式和分离式两种。传感器和电子检测装置合为一体的叫做组合式雷达检测器。这种检测器结构紧凑,制造和安装也比较简便,其主要缺点是维修不方便。分离式检测器是将传感器和电子检测装置分开安装,这种检测器只将传感器悬挂在道路上方(可利用电灯杆安装),而电子检测装置安装在路边的检测箱内,以便于维修。相对而言,雷达检测器只是在一些特殊场合使用,因为它的维护比较复杂。

雷达检测器要求车辆速度至少在 5km/h 以上,只有这样才能可靠地检测到车辆的存在。

六、各种检测器的比选

在不同的道路、交通和天气条件下,不同的检测技术所表现出来的技术性能也具有一定的差异,检测器的选用也不同,表 3-6 给出了不同应用场所常用的检测技术分析比较(不包括常用的环形线圈)。最常用的为环形线圈检测器,它能够测量一切需要测量的控制参数,并且与它的能力相比,它的价格是比较低的。目前,环形线圈仍具有足够的准确性和可靠性。

不同应用场所可选用的检测技术　　表 3-6

应用场所	检测需求与条件	常用技术
交叉路口信号控制	检测停止车辆 一般天气条件	真实现场微波雷达;被动红外检测器;多普勒微波雷达;超声波;视频检测
交叉路口信号控制	检测停止车辆 恶劣气象条件	真实现场微波雷达;超声波;长波、红外视频检测
交叉路口信号控制	不需要检测停止车辆 恶劣气象条件	真实现场微波雷达;多普勒微波雷达;超声波;长波、红外视频检测

续上表

应用场所	检测需求与条件	常用技术
交通信号实时自动控制	模拟检测 6ft×6ft 感应线圈探测区域 可侧面安装	视频检测器;真实现场微波雷达;被动红外检测器
城市道路或高速公路车辆计数	车速在比较低的情况下,检测并计数	真实现场微波雷达;多普勒微波雷达;被动红外检测器;超声波;视频检测
车速检测	车速在比较低的情况下,检测并计数	真实现场微波雷达;多普勒微波雷达;超声波;视频检测
车辆识别	按车辆长度	视频检测;激光雷达;真实现场微波雷达

能力训练 3-4

简答题

1. 简述环形线圈检测器的基本原理。
2. 环形线圈检测器的优缺点包括哪些?
3. 超声波检测器的优缺点包括哪些?
4. 红外检测器的优缺点包括哪些?
5. 视频检测器的优缺点包括哪些?
6. 雷达检测器的优缺点包括哪些?

模块四　VISSIM 交通仿真软件入门

【主要内容】

本模块首先介绍交通仿真的定义、研究现状、分类、常用软件;然后介绍 VISSIM 交通仿真软件的理论框架、仿真模型、基本模块、软件版本、快速启动清单、基本操作;接着结合基本路段、停车让路控制、公交线路三个实例详细介绍了 VISSIM 交通仿真建模方法。

项目一　认识交通仿真基础知识

【能力目标】

(1)能正确描述交通仿真的定义及特点;
(2)能正确描述交通仿真分类;
(3)能正确描述微观交通仿真模型的功能、特点。

【知识目标】

(1)了解交通仿真研究现状;
(2)掌握交通仿真的定义及特点;
(3)掌握微观交通仿真模型的功能、特点;
(4)了解常用交通仿真软件。

【支撑知识】

(1)交通仿真的定义;
(2)交通仿真研究现状;
(3)交通仿真分类;
(4)常用交通仿真软件。

一、交通仿真的定义

交通仿真是 20 世纪 60 年代以来,随着计算机技术的进步而发展起来的采用计算机数字模型来反映复杂道路交通现象的交通分析技术和方法。从试验的角度看,道路交通仿真是再现交通流时间和空间变化的模拟技术。交通仿真是智能交通运输系统的一个重要组成部分,是计算机技术在交通工程领域的一个重要应用,它可以动态、逼真地仿真交通流和交通事故等各种交通现象,复现交通流的时空变化,深入地分析车辆、驾驶员和行人、道路以及交通的特征,有效地进行交通规划、交通组织与管理、交通能源节约与物资运输流量合理化等方面的研究。同时,交通仿真系统通过虚拟现实技术手段,能够非常直观地表现出路网上车辆的运行情况,对某个位置交通是否拥堵、道路是否畅通、有无出现交通事故,以及出现上述情况时采用什么样的解决方案来疏导交通等,都可以在计算机上经济有效且没有风险地仿真出来。交通仿真作为仿真科学在交通领域的应用分支,是随着系统仿真的发展而发展起来的,它以相似原理、信息技术、系统工程和交通工程领域的基本理论和专业技术为基础,以计算机为主要工具,利用系统仿真模型模拟道路交通系统的运行状态,采用数字方式或图形方式来描述动态交通系统,以便更好地把握和控制该系统的一门实用技术。

交通仿真具有如下特点:

(1)经济性。有些数据无法通过调研和试验得到,或者这一过程花费的人力、物力过大。这种情况下,这些数据可以通过交通仿真的方法得到。

(2)安全性。利用计算机进行仿真试验,可以避免实地调研和试验(如交通调查)中可能出现的意外伤害。

(3)可重复性。一旦建立了一个仿真模型,可以任意重复仿真过程。

(4)易用性。仿真方法比以往的方法更容易应用,不需要太多的数学知识去建立一些解析模型。

(5)可控制性。交通仿真是通过程序控制的,它很容易使某些参数的作用限制在一定范围或特定值。例如,人为地固定一些变量为常数,只改变一些变量以考查它们对道路安全性的影响,还可以事先对一些诸如信号配时、几何形状等因素进行人为优化,采取特定的组合方案进行模拟,进而对不同方案进行比选、评价等。

(6)快速真实性。与实际交通调查相比,交通仿真可以快速获得结果,缩短了数据获取周期,还可以避免由于人为因素发生交通中断等干扰而造成的数据丢失或失真。

(7)可拓展性。由于利用计算机模拟是对一种设想进行验证,它可以使某些参数(如车速、交通量等)超出实际调查所能得到的范围。利用交通仿真进行模拟预测还可以再现复杂交通环境条件下的车流运行特性,弥补观测数据的不足。

二、交通仿真研究现状

1. 国外交通仿真技术的研究现状

交通系统仿真技术是随着电子计算机和系统仿真技术的发展而发展起来的。在国外,该技术大体上经历了三个发展阶段。

第一阶段,20世纪40年代末至60年代初,为诞生期。该时期的工作大多讨论的是如何进行交通流仿真,直到大约1960年,用仿真技术研究交通流状态的可能性和可行性才得到普遍承认,并且开始开发一些交通系统仿真软件。

第二阶段,20世纪60年代初至80年代初,为发展期。该时期,发表了大量的论文和专著,主要都是关于交通流仿真方法及其模型建立的内容。与此同时,大量的交通系统仿真应用软件被开发出来,这些软件可以分为两种类型,一类以宏观交通仿真模型为基础,另一类则以微观交通仿真模型为基础。

第三阶段,20世纪80年代初至今,为成熟期。这一时期,交通系统仿真技术在美国已经得到了迅速的发展和广泛的应用。本阶段,交通系统仿真技术的发展呈现如下特征:

(1)建模开始突破微观模型与宏观模型,出现了混合模型。一个典型的例子是由Schwerdtfeger于1984年提出的DYNEMO仿真模型,该模型采用交通流的一般关系式来描述车流运动,将每辆车看作是一个基本单元。另外,由Van Aerde于20世纪80年代中期开发的INTEGRATION,混合使用了微观和宏观交通流模型,被认为是准微观模型。

(2)仿真软件开始向大型化、综合性方向发展。例如,由Hubschneider从1983年开始研制的MISSION软件,既可用于高速公路,又可用于城市道路;既可用于一般的交通流仿真,又可用于公共交通系统的仿真试验。再如,由英国 MVA 公司开发的 TRIPS 和美国 Caliper 公司推出的 TransCAD 软件包,都是以四阶段模型为基础,用于区域交通规划。值得一提的还有,由英国 Quadstone 公司于 1992 年开发的 PARAMICS,能够持 100 万个节点、400 万个路段、32 000 个区域的路网。除此之外,这一时期还研制出用于信号交叉口的 CALSIG(1988 年)、CAPSSI(1986 年)、POSIT(1985 年)、SIDRA2.2(1986 年)、SIGNAL85(1986 年)、SOAP-84(1984 年),用于高速公路的 CORQ 以及用于乡村道路的 TWOPAS 等。

(3)研究重点从软件开发逐渐转向了系统模型的改进,包括模型的精练,如加入优化子模型和加入有效性测定、仿真模型集成、向个人计算机移植等。于是,已开发出的软件不断推出新的版本,比如,到 1983 年,SIGOP 已上升为 SIGOP-Ⅲ;到 1987 年,TRANSYT 已经上升为 TRANSYT7F;到 1985 年,FREQ 已上升为 FREQSPE,TRARR 已提出了第三版等。

(4)新的计算机技术开始用于交通系统仿真,主要表现为仿真界面更加友好、人机交流更加方便。另外,计算机图形技术的应用使得仿真过程更加透明和直观。其中一个典型的例子是德国卡尔斯鲁厄交通运输与规划公司(Planungsburo Transport and Verkehr, PTV, Karlsruhe)于 20 世纪 80 年代末开始研制并于 90 年代逐渐改进的系列软件,它由用于道路网交通分配的 VISUM-IV、用于交通需求预测的 VISEM、用于城市道路交通分析的 VISSIM 和用于公交线路优化的 VISUM-OV 四个独立的软件组成。这套软件采用了人机交互的图形化界面,特别是 1994 年 7 月推出的 VISSIM 2.00 版,在 Windows 3.1 环境下运行,可以同时观察多个交叉口的交通状态。

2. 国内交通仿真技术的研究现状

与国外相比,国内在道路交通系统仿真方面研究起步较晚。用系统仿真技术进行道路交通的仿真试验开始于 20 世纪 80 年代,并且主要集中在高等院校等研究机构。1984 年,北京工业大学就开始了交通仿真的研究工作,在以后几年里他们用各种应用软件对各种交通行为进行仿真研究;同济大学在 20 世纪 90 年代,先后建立了优先控制 T 形交叉口车辆运行的仿真模型和名为 Microsim 的高速公路入口匝道交通仿真软件的对象模型,并研制了相应的仿真软件;东南大学于 20 世纪 90 年代中后期进行了城市交通网络研究、城市交通实时模糊控制研究,提出了单路口交通实时模糊控制方法,还采用动态微观仿真方法研究了路段通行能力,考虑驾驶员、车辆、道路、环境和交通规则的相互关系对通行能力的影响,从微观角度出发建立了仿真模型;清华大学交通研究所于 20 世纪 90 年代末期,在 Windows 平台以面向对象的设计思想开发了名为 TraSimul 的仿真软件,用于模拟城市平面交叉口的拥挤特性,为缓解城市平交路口的交通拥挤提供了有力工具;西南交通大学进行了初步的交通系统仿真及在交通控制中的应用研究,利用仿真技术进行了高速公路车头间隙分布规律及其应用的研究;华南理工大学利用交通仿真分析了信号交叉口的通行能力和服务水平;上海交通大学建立了宏观交通流分配仿真模型,实现了路网中的流量分配;北京理工大学开发了城市交通诱导仿真系统;天津大学利用仿真进行了交通流自组织管理控制研究,以交通流元细胞自动机模拟和仿真结果说明交通流中自组织现象并进行了理论分析和数学描述;中国科学技术大学进行了基于微粒跃动模型的趋势交通仿真研究;吉林大学在交通系统仿真方面也开展了一系列的研究,主要是用 GPSS 仿真语言对交叉口的交通状态进行仿真研究。此外,长安大学、西安交通大学、吉林工业大学、交通运输部公路科学研究院等单位也开展了交通仿真方面的工作。

目前,交通仿真软件在交通工程理论研究中的应用主要集中在交通流理论方面。随着计算机技术的迅猛发展,以计算机为辅助工具,利用其可重复性、可延续性模拟交通运行状况,进行交通运行特性和通行能力研究,已成为交通流理论研究的一个发展方向。在通行能力研究方面,国内外都已有利用仿真模型进行通行能力研究的实例。

三、交通仿真分类

根据交通仿真模型对交通系统描述的细节程度不同,交通仿真模型可分为宏观、中观(又称准微观)、微观三种。

1. 宏观交通仿真模型

宏观交通仿真模型对交通系统的要素、实体、行为及其相互作用的细节描述非常粗糙,例如通过流量—密度等关系来描述交通流的一些集聚性的宏观模型,对车道变换之类的细节行为可能根本不予以描述。宏观模型的重要参数是车辆速度、密度和流量。宏观交通仿真模型对计算机资源要求较低,它的仿真速度很快,主要用于研究交通基础设施的新建与扩建及宏观管理措施等。根据目前计算机硬件的发展水平,可以在大规模的路网范围内进行交通宏观仿真。

2. 中观交通仿真模型

相对于宏观模型来说,中观模型对交通系统要素、实体运动和相互作用的细节描述程度要比宏观模型高得多。例如,中观交通仿真模型对交通流的描述往往以若干车辆构成的队列为单元,能够描述队列在路段和节点的流入和流出行为,就每辆车而言,车道变换被描述成建立在相关车道的实体基础上的瞬时决策事件,而非细致的车辆间相互作用。

3. 微观交通仿真模型

由于微观交通仿真模型既融合了宏观和中观模型的某些方面,又非常细致地描述了交通系统的交通环境及车辆实体等构成要素,因而它对交通系统的要素及行为等的细节描述程度是三种模型中最高的。它是以单个车辆为对象,通过一些相对简单但真实的仿真模型来模拟车辆在不同道路和交通条件下的路网上运行,并以动态图像的形式显示出来,在描述和评价路网交通流状况方面具有传统数学模型所无法比拟的优越性。例如,微观模型对交通流的描述是以单个车辆为基本单元的,车辆在道路上的跟车、超车及车道变换行为等微观行为都能够被非常细致和真实地反映出来。微观模型的重要参数是每辆车的当前速度和位置。

本书中涉及的交通仿真均为微观交通仿真,下面重点介绍微观交通仿真的功能、特点及应用范围。

1)微观交通仿真模型的功能

微观交通仿真模型模拟的是驾驶员在各种不同情况下的驾驶行为,由于它是以单个车辆为研究对象,所以一般没有复杂的形式和推导过程,而是对驾驶员在实际路网上行驶时在各种道路交通条件下所可能采取的驾驶方式的描述,是由多重判断和规则所组成的。一般而言,微观交通仿真模型至少应具有以下功能:

(1)观察功能。仿真模型可根据实际情况下驾驶员的视觉范围观察周围的道路交通情况,在仿真模型视觉范围内的道路交通状况将影响驾驶员的驾驶行为选择,主要包括其他车辆的运行情况、道路几何情况、交通信号灯、交通标志标线的功能,以及不为驾驶员视觉所能观察到的但可通过其他途径所知晓的交通信息情况。

(2)判断和分析功能。实际路网中的道路交通情况复杂多变,如何对所观察到的道路交通情况进行分析并作出判断,则是交通仿真模型所必须具备的核心功能。

(3)行为功能。将判断和分析的结果付诸实施,通过这一功能来实现路网交通状态的更新。

2)微观交通仿真模型的基本组成

微观仿真模型基本上由两大部分组成,一部分是对路网几何形状的精确描述,包括信号灯、检测器、可变信号标志等交通设施;另一部分是对每辆车动态交通行为的精确模拟,这种模拟要考虑驾驶员行为并要根据车型加以区分。

3)微观交通仿真模型的特点

(1)便于模拟分析交叉口中交通流运行情况,特别是各种拓宽和渠化设计方案。

(2)对各种信号控制方案提供预先仿真评价工作平台。

(3)易于仿真公交专用车道和公交车辆的运行,同时可设计公交线路、发车间距、公共汽车停靠站和公共汽车停站时间。

(4)具有与交通环境有关的可变仿真参数和功能。

(5)可以作为交通管理系统和道路几何设计方案的评价分析依据。

(6)分析道路交通安全性和进行交通工程理论研究。

(7)对城市交通污染状况进行评价。

微观交通仿真模型的不足:

(1)对非机动交通流仿真研究有待进一步发展。

(2)系统开发功能强大,所以需要专业人员负责。

4)微观交通仿真模型在ITS中的评价应用

微观交通仿真模型的应用范围非常广泛,比如:

(1)求解任何时刻路网各处的车辆密度分布,以此观察阻塞的形成、疏通过程及最快的通行路线。

(2)任何观测点的车流量分布形态,包括日最大车流量、平均车流量等特征参数。

(3)出行车辆到达目的地所需的时间及其分布。

(4)研究车辆的燃油消耗和排放。

微观仿真模型可以量化ITS带来的效益,特别是在先进的出行者信息系统(ATIS)和先进的交通管理系统(ATMS)中,这些效益可以通过速度和出行时间等指标来计量。大致来说,微观仿真模型可以仿真的ITS领域有动态交通控制、事故管理方案、实时路径诱导、交叉口自适应信号控制、匝道和干线控制、收费站、车道控制(车道使用标志、ETC、高占有率车道等)等。

四、常用交通仿真软件

1. Synchro/Sim Traffic

该交通仿真软件最初是为交通建模和信号优化配时而开发的软件包,随着技术的发展,Sim Traffic增加了对高速公路、匝道和环形交叉口的建模功能,逐渐发展成为一个功能全面的微观交通仿真系统。

2. TSIS/CorSim(Corridor Micro scopic Simulation)

该交通仿真软件是最早的基于窗口的微观仿真系统。CorSim仿真模型综合了应用于城市的NetSim和应用于高速公路的FreSim的特点。其中,CorSim具有先进的跟车和车道变换模型,以1s为间隔模拟车辆的运动,能模拟定时、动态和协同绿波控制信号、车辆排队、高速公路交织区域以及停车让行控制交叉口等。

3. VISSIM

该交通仿真软件采用的交通仿真模型是离散的、随机的、以 0.1s 为时间步长的微观仿真模型。在 VISSIM 中,车辆的纵向运动采用了心理—生理跟车模型,横向运动采用基于规则(Rule-based)的算法,并采用动态交通分配进行路径选择。

4. Paramics

它是英国 Quadstone 公司的微观交通仿真产品。Paramics 能适应各种规模的路网(从单节点到全国规模的路网),能支持 100 万个节点、400 万个路段、32 000 个区域。Paramics 具有实时动画的三维可视化用户界面,可以实现单一车辆微观处理,支持多用户并行计算,具有功能强大的应用程序接口。

5. AIM SUNNG

它是西班牙 TSS 公司的微观交通仿真产品。AIM SUN Simulator 可以处理各种类型的交通网络,包括城市街道、高速公路和一般公路,能处理环形道路、干线道路以及混合道路网络。作为有效的交通分析工具,AIM SUN Simulator 能模拟自适应交通控制系统、先进的交通管理系统、车辆引导系统和公交车辆行程安排和控制系统,能对环境污染和能源消耗进行评估等。

6. MIT SimLab/MIT Sim

它由美国麻省理工学院开发,主要模块包括微观交通仿真模型 MIT Sim 和交通分配仿真模型 TMS。其中 TMS 还包含一个准微观仿真模型 MesoTS。TMS 通过 MesoTS 预测交通网络状况,产生路线引导和信号控制策略,并可将 MIT Sim 输出的仿真结果作为输入,为路线引导和信号控制策略提供数据服务。

7. TransModeler

TransModeler 在继承 MIT SimLab 模型合理结构的基础上,增加了一些新的功能。TransModeler 实现了微观仿真、准微观仿真和宏观仿真的无缝集成,可依据网络范围和仿真解析度选择合适的仿真模型。最为重要的是,TransModeler 将交通仿真模型和 GIS2T 有机结合起来,路网等空间数据存储与管理完全采用 GIS 数据处理方式,并且可通过数据库管理系统来管理路网等空间数据。此外,TransModeler 可在 GIS2T 图形界面上微观显示车辆运行状况及详细交通状况。

其中,VISSIM、Synchro/Sim Traffic、Paramics 为使用率最高的三大微观交通仿真软件,本书中的交通仿真实例均采用 VISSIM 微观交通仿真软件,在本模块项目二中将详细介绍该软件的使用方法。

能力训练 4-1

不定项选择题

1. 交通仿真的特点包括(　　)。
   A. 经济性、安全性、易用性
   B. 可重复性、可控制性、可拓展性
   C. 快速真实性

D. 以上选项均不符合
2. 下列对交通仿真分类,描述正确的有(　　)。
   A. 交通仿真分为宏观、中观、微观三种
   B. 宏观交通仿真研究对象是路网中的车流变化
   C. 中观交通仿真研究对象是路网中的车队变化
   D. 微观交通仿真研究对象是路网中的单个车辆特性
3. 下列对微观交通仿真,描述正确的有(　　)。
   A. 微观交通仿真的重要参数是每辆车的当前速度和位置
   B. 微观交通仿真模拟单个车辆在路网中的运行状态
   C. 微观交通仿真模型包括路网几何形状、车辆动态交通行为模型
   D. 以上选项均符合
4. 下列属于微观交通仿真应用范围的有(　　)。
   A. 求解车流密度分布
   B. 观测点的车流量分布形态
   C. 车辆行程时间及延误时间
   D. 以上选项均符合
5. 下列属于使用率较高的微观交通仿真软件有(　　)。
   A. TSIS、TransModeler、VISSIM
   B. VISSIM、Synchro/Sim Traffic、Paramics
   C. MIT Sim、Paramics、Sim Traffic
   D. 以上选项均不符合

项目二　认识与操作 VISSIM 交通仿真软件

【能力目标】
(1)能正确描述 VISSIM 交通仿真软件的应用范围;
(2)能正确描述 VISSIM 交通仿真软件的基本模块。
【知识目标】
(1)了解 VISSIM 理论框架;
(2)了解 VISSIM 交通仿真模型;
(3)掌握 VISSIM 的启动方法。
【支撑知识】
(1)VISSIM 交通仿真软件简介;
(2)初步操作 VISSIM 交通仿真软件。

一、认识 VISSIM 交通仿真软件

1. VISSIM 理论架构

VISSIM 是德国 PTV 公司的产品,它是一个离散的、随机的、以 0.1s 为时间步长的微观仿真软件。车辆的纵向运动采用了心理—生理跟驰模型,横向运动(车道变换)采用了基于规则(Rule-based)的算法。不同驾驶员行为的模拟分为保守型和冒险型。VISSIM 提供了图形

化界面,用2D和3D动画向用户直观显示车辆运动,运用动态交通分配进行路径选择。

VISSIM能够模拟城市道路和郊区公路的交通状况,特别适合于模拟各种城市交通控制系统,主要应用有:

(1)由车辆感应(Vehicle-actuated)的信号控制的设计、检验、评价。

(2)公交优先方案的通行能力分析和检验。

(3)收费设施分析。

(4)匝道控制运营分析。

(5)路径诱导和可变信息标志的影响分析等。

2. VISSIM交通仿真模型

根据模型描述程度的不同可分为微观模型、中观模型和宏观模型,VISSIM中使用的是微观模型。

微观模型:对交通系统的要素及行为的细节描述程度最高,并试图通过真实反映系统中的所有个体的特性来反映系统的总体特性。例如,微观交通仿真模型对交通流的描述是以单个车辆为基本单元的,细致反映车辆在道路上的跟车、超车及车道变换行为等微观行为,以车辆单元间的相互制约关系为函数关系,确定车辆某一时刻具体的位置、速度、加速度等车辆参数。

根据扫描方式的不同,分为时间推进和事件推进。显然,VISSIM属于时间推进方式。

时间推进方式:以等长的时段为时间扫描步长,每一步长对系统更新一次,不断推进车辆单元的运行以实现动态的交通流。时间扫描法是微观交通仿真的基本方法。时间扫描仿真法将仿真时段分隔为若干个微小时间间隔,车辆行驶行为的微观仿真模型则描述每一辆车在每一微小时间间隔内如何根据其本身的行车状态、周围其他车辆的行车状态以及其他的道路交通约束条件来决定其在下一时刻的行驶行为,也由此确定其在下一时间间隔内的行车状态。车辆的行车状态通过车辆的属性变量来反映,如车速、加速度、位置等。一般情况下,由车辆行驶仿真模型来确定车辆在下一时刻的加速度,再根据当前时刻车辆的车速和位置即可确定车辆在下一时刻的速度和位置。对车辆位置的描述是基于车道的,即由车道的编号及沿车道行车方向的纵向距离来表示。显然,如果车辆进行车道变换后,则车辆位置的变化不仅是纵向距离的变化,还包括车道编号的变化。

3. VISSIM基本模块

城市道路微观交通仿真模型包含以下五个基本模块:交通网络描述模块、交通需求模块、车辆行驶模块、交通控制管理方案生成模块、仿真输出模块,如图4-1所示。各模块的基本内容及功能描述如下。

1)交通网络描述模块

交通网络描述模块即路网模块,是车辆运行的基本载体和平台。路网模块由道路几何网络、交通检测设备和控制管理设施组成。

(1)道路几何网络由节点、路段、节段和车道构成。节点(Node)是指所有段的连接点(含起始点、交叉口以及其他段的连接点)。路段(Link)是指仅仅在逻辑上有含义,即交叉口节点或起始节点间的路段,主要目的是为了标注道路类型。节段(Segment)是指具有同一几何属性的最小骨干单元,在显示路网中具有重要的作用,也是直接与车道相关的元素。车道(Lane)是指微观仿真的最小几何单元,隶属于节段。通过以上基本的单元,用户可以构筑出待评价分析的交通网络图。在新一代的微观交通仿真系统中,为了使用户更加方便地构造仿

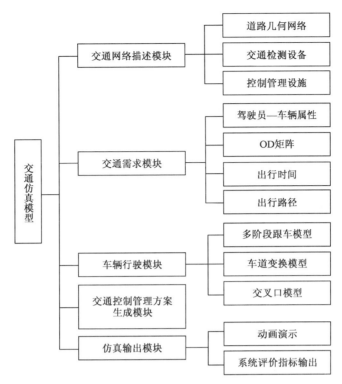

图 4-1 微观交通仿真模型结构图

真路网图,使用"所见即所得"(WYSWYG)的可视化编辑方式,开发了专门的路网编辑器,负责可视化方式编辑仿真路网图。为了从其他 CAD 路网中分析得到具体路网的骨架信息,实现资源的共享,需要 CAD 解释器(CAD Wrapper)把其他路网数据转换为所需要的数据格式。通过路网编辑器和 CAD 解释器,用户可以方便地构筑道路设施,如车道、各种类型的交叉口、停靠站、人行横道等道路交通设施。

(2)交通检测设施包括各类检测装置,如采集网络中固定地点的交通量、占有率、车速等指标的交通流传感器,采集车辆类型和车辆牌照等车辆属性的车辆传感器,由调查车辆或检测器获取诸如网络中点到点的出行时间的点到点传感器,收集区域范围的车辆信息的区域传感器。

(3)交通控制管理设施包括静态交通管理设施和动态交通管理设施。静态交通管理设施如车道功能划分标志、限制转弯标志、让路标志、停车标志、特殊的交通组织标志等。动态的交通管理设施,如交叉口信号控制设备、限速设备、可变信息板控制管理设施。这些设施的状态由交通控制管理方案生成模块动态更新。

2)交通需求模块

交通需求模块主要包含出行方式、出行时间、出行路径和 OD 需求。该模块的基本功能:基于 OD 矩阵的流量分配模型/路径选择模型,把 OD 表转化为路网流量,作为车辆行驶模块的输入。

(1)驾驶员—车辆属性。驾驶员属性:通过随机数发生器,将驾驶员行为参数(如期望车速、目标车速、跟随慢车的忍耐程度、驾驶员反应时间、驾驶员敏感性、变换车道时的可接受空当、对交通信号和交通标志的屈从程度等)按某一分布(由调查数据获取)随机地赋予每一个驾驶员。车辆属性:根据调查所得的分布,将车辆种类、车辆性能等参数随机地赋予每一辆车辆。车辆种类包括:根据车身长度或载重进行车辆等级的分类、智能/诱导车辆和非智能/非诱导车辆等分类。相应的车辆性能包括：最大加速度、最大减速度、正常加速度、正常减速度。

(2)OD矩阵。一般来说，交通控制系统根据其发展的历程可以分为以下三种：定时交通控制系统、被动自适应交通控制系统和主动自适应交通控制系统。通常，在定时交通控制系统仿真中，直接把调查分析所得的OD矩阵输入到仿真系统中。在被动自适应交通控制系统仿真中，根据系统检测到的实时交通信息，以及历史的累积信息，利用OD估计模型估算现状实时的OD矩阵。在主动自适应交通控制系统中，根据系统检测到的实时交通数据和系统提供的动态诱导信息，以及历史的累积交通数据，以OD估计模型估算得出的现状实时OD矩阵为输入，预测下一仿真时间间隔的OD矩阵需求。

不论哪一种OD需求，OD矩阵都包含下列基本信息：调用该OD矩阵表的时刻、仿真路网中所有的OD对、每一OD对所包含的车辆数。在自适应控制系统中，每张按时间序列排列的OD表之间的间隔可以不一样，在高峰时段的间隔比低峰时段要小。在调用OD表的同时，赋予每一OD表中每一OD对相应的驾驶员—车辆属性。

(3)出行时间。当某一时段内调用相应的OD表时，在没有诱导信息的情况下，每一车辆的发车时间由该时段内车辆的车头时距概率分布函数来确定，该分布函数可以由调查数据来标定。在系统提供诱导信息的情况下，出行者对出行时间的选择可能会受诱导信息的影响，在原来的出行时间的基础上进行修正，如改在上一或下一仿真时段内出行。

(4)出行路径。对于一些有特殊出行目的的车辆(如公交车)需要按固定的路径出行，对于非固定路径出行的车辆，在定时交通控制系统仿真中，车辆路径的选择一般基于传统的静态交通分配模型，甚至由用户指定交叉口车流的转向比例来确定车辆的路径。在动态交通控制和诱导系统仿真中，每隔一定的时间间隔，系统会计算每条路径的时间/费用值。这样，对于非智能/非诱导车辆，由于其无法获得该更新的信息，只能根据历史数据，计算时间/费用最少的路径；对于智能/诱导车辆，则根据其获得的更新的信息，动态计算各条路径出行的时间/费用指标，再根据驾驶员对诱导信息的接受特征，由选路模型来确定各个车辆的出行路径。

3)车辆行驶模块

车辆行驶模块可以分为路段上的多阶段跟车模型、车道变换模型和交叉口模型。

(1)多阶段跟车模型。对于车辆在路段上同一车道的驾驶行为的划分，学者提出了不同的看法，如YANG Qi把这种驾驶行为划分为三种状态，即自由行驶、跟车行驶和紧急减速三种状态；KAZI则划分为两种状态，即自由行驶和跟车行驶(跟车模型包含了紧急减速状态)。但这些划分方法本质上是一致的。通常，划分路段上不同行车状态的阈值用前后相邻两车的车头时距来界定。当同一车道相邻两车的车头时距大于某一阈值时，后车的行驶状态已经不受前车的影响，该车处于自由行驶状态，这里的"自由行驶"指不受前车的约束，但仍然受到道路条件、交通管理法规、车辆性能、驾驶员的驾驶习惯的约束和影响；在这种情形下，假设驾驶员会调整加速度，达到其目标车速。当同一车道相邻两车的车头时距小于该阈值时，车辆处于跟驶状态；通常的跟车模型基于刺激—反应模式，跟随车辆改变其驾驶行为(加速度)的直接刺激来自于前后车的速度差，反应的灵敏度随当前车速度的增加而增加，随前后车距离的增加而变小。当车头时距小于设定的最小值时，车辆处于紧急制动状态，避免与前车相撞。

(2)车道变换模型。驾驶员的车道变换行为可以分为两类，即强制性的车道变换MLC(Mandatory Lane Change)和自由车道变换DLC(Discretionary Lane Change)(GIPPSPG,1986;AHMED,1996;YANG Qi,1998)。强制性车道变换指按照交通规则和驾驶员的出行计划,驾驶员不得不变换车道的情形;自由车道变换指驾驶员为了避免撞车、车速减慢、道路交通瓶颈等而变换车道的行为,其根本目的是为了减少延误,获取速度优势,增加驾驶的舒适性。HENGWEI 和 JOELEE(2000)通过对驾驶员变换车道行为的现场观测和分析,提出了一种介于强制性车道变换和自由车道变换之间的驾驶员变换车道的行为——优先车道变换 PLC(Preemptive Lane Change),特指该情形:当车辆将要在下一交叉口的下游(即下下一个或更下游的交叉口)转弯时,车辆有可能提前变换到期望的车道,这种变换车道的行为称为优先变换车道。

驾驶员车道变换主要包含以下三个过程(子模型):决定是否变换车道(车道变换决策模型)、寻找可接受的空当(变换车道条件模型)、车道变换的具体策略(变换车道执行策略模型)。这三个过程在实际中是连续反复执行的。首先,驾驶员判断当前车道的属性,根据驾驶员的动机决定是否变换车道;作为决策的结果,驾驶员将确定是否变换车道以及变换车道的形式,即强制变换车道、优先变换车道或自由变换车道;在强制变换车道中有一种特殊的情形——挤压车道变换(Forcing Lane-changing),是指在通常的变换车道条件不具备的情况下,当前车驾驶员通过挤压相邻车道的车流,迫使某一空当的后车减速,从而挤压出可接受的空当来变换车道的行为。一旦作出以上决策之后,驾驶员将检查是否具备变换车道的条件,即相邻车道是否有可接受的前空当和后空当。如果变换车道的条件具备,驾驶员将执行车道变换。

(3)交叉口模型。在交叉口,除了受前车驾驶员的驾驶行为的约束之外,驾驶员还受交叉口交通控制和管理设施或措施的影响,此时交叉口车辆的行驶状态与路段车辆行驶状态既有着共同点又有着很大的差别。不论在路段还是在交叉口,车辆行驶的主要约束仍来自于前车;但这两种情形下的跟车状态是不一样的。在交叉口区域内,车辆受信号灯和交叉口其他通行规则的约束,其跟车状态更多地表现为停车—起动状态,因此路段的跟车模型已不适应于交叉口。根据交叉口区域范围的划分,可以把交叉口模型划分为三个子模型,即车辆到达模型、车辆驶离模型和车道选择模型。车辆到达模型又可以划分为远交叉口到达模型和近交叉口到达模型;在车辆驶离模型中,如果在交叉口不同流向的机动车流之间存在冲突,则还包含冲突待行模型和冲突模型;当车辆转弯进入相邻道路时,驾驶员根据其出行路径计划,将会选择最合适的车道(最外侧车道/中间车道/边缘车道),因此交叉口模型中还应包含车道选择模型。

4)交通控制管理方案生成模块

该模块的主要功能:根据交通流仿真模块和交通检测系统产生的数据,生成交通控制管理方案,从而更新路网交通控制和管理设备状态。交通控制系统仿真中,交通控制管理方案的生成通常有两种形式:仿真系统本身嵌入了交通控制和管理策略以及模型模块;另一种是仿真系统不包含交通控制和管理方案生成模块,交通控制和管理方案由外接的交通控制和管理系统产生,作为仿真系统的输入,仿真系统为控制系统提供仿真所得的"实时"交通信息。

5)仿真输出模块

仿真输出模块应包含以下两方面的内容:仿真动画输出和评价指标输出两部分。通过动画演示模拟出进入路网的每一辆车的运动情形,用户可以单击车辆获取驾驶员—车辆属性参数和运动状态(当前速度、加速度、位置、OD 等)。主要的评价指标有:交通效益方面的指标(平均延误、停车次数、排队长度、拥挤度、平均速度、饱和度)、交通安全方面的指标(平均车头时距、事故次数)和交通环境方面的指标(油耗量、废气排放、噪声水平)。

4. VISSIM 软件版本

自 1992 年进入市场以来,VISSIM 已经成为模拟软件的标准,其投入的深入研发力量和世界范围内的大批用户保证了 VISSIM 在同类软件中处于领先地位。VISSIM 交通仿真软件从最早期的 1.0 版本到最新的 5.4 版本共经历了 12 次改进。其中,VISSIM 3.6 版本因其无需安装,可直接使用,而备受广大初学者青睐。因此,本书选用 VISSIM 3.6 版本作为操作示范。

5. VISSIM 快速启动清单

(1)创建 BMP 格式的背景图。
(2)打开 VISSIM,创建一个新文件。
(3)检查/编辑车辆类型特性。
(4)定义/编辑速度情况。
(5)定义交通构成。
(6)打开背景图,测量比例尺,并且保存一个已经比例化的背景图。
注意:准确地对背景图进行比例化是非常重要的。
(7)给道路路线和人行横道绘制 link。
(8)给网络输入交通流量,在人行横道处输入行人流量。
(9)输入路线定义。
(10)输入速度变化。
(11)为没有信号控制的交叉口定义优先规则。
(12)为没有信号控制的交叉口定义停止标志。
(13)创建信号控制和信号组(相位),为固定配时输入时间,或者为非固定配时创建 VAP 文件。
(14)定义信号灯。
(15)在交通感应信号控制的交叉口定义检测器。
(16)为红灯时间的右转弯车辆定义停止标志。
(17)为红灯时间允许左转、右转和行人过街的地方定义优先规则。
(18)定义公交车辆停留时间分配和公交站点。
(19)定义公交线路。
(20)设置输出文件,例如:出行时间段、延误段、排队计算器、数据收集点等。

二、初步操作 VISSIM 交通仿真软件

1. 打开 VISSIM 交通仿真软件

VISSIM 3.6 为绿色版本,使用该软件前,需修改系统时间为 2002 年 12 月 31 日,双击 VISSIM.exe 文件,打开软件界面如图 4-2 所示。

2. VISSIM 桌面

VISSIM 桌面如图 4-2 所示。单击鼠标左键选中左边工具条上的按钮,单击 按钮或 按钮在 1s 以上,将出现下一级按钮。各个按钮具体功能介绍见表 4-1。

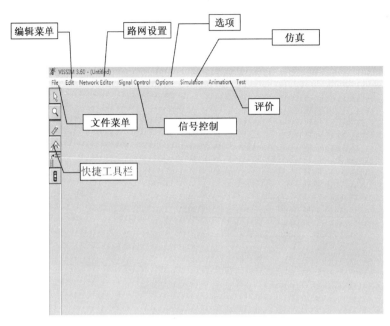

图 4-2　VISSIM3.6 软件中菜单项和功能键

VISSIM 功能键表　　　　　　　　　　　　　表 4-1

序　号	图　标	含　　义	序　号	图　标	含　　义
1		模式键	6-6		定义和修改通行优先权（用于没有信号控制的交叉口）
1-1		标准选择模式	6-7		定义和修改停车标志
1-2		多选择模式，只用来选择多个 link 和在那些 link 上建立 link 值	6-8		信号灯标志
1-3		标签编辑模式	6-9		检测器
2		缩放按钮	6-10		公交车站
2-1		放大：按住鼠标左键不放，拖动鼠标选择需放大的区域	6-11		公交线路
2-2		缩小（前一视图）	6-12		数据收集点
2-3		显示整个网络	6-13		行驶时间和延误时间计算器
3		创建/移动 link	6-14		排队计算器
4		编辑 link	6-15		停车场（在 VISSIM 中是不可见的）
5		创建/编辑 connector	6-16		路口汇合点（在 VISSIM 中也是不可见的）
6-1		定义和修改车辆的输入	6-17		路面标志
6-2		定义和修改路线	7		连续仿真/测试
6-3		定义和修改行驶方向	8		单步仿真/测试
6-4		定义和修改车速	9		停止仿真/测试
6-5		定义和修改减速地带			

注意：调用表 4-1 中 6-1~6-17 按钮时,需长按鼠标左键,单击工具栏最下方按钮,出现如图 4-3 所示界面,然后选择相应的按钮。

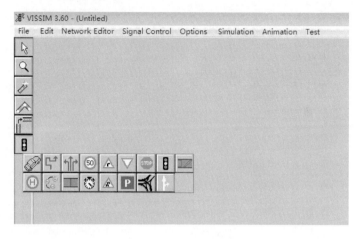

图 4-3　6-1~6-17 功能键

能力训练 4-2

一、不定项选择题

1. VISSIM 微观交通仿真软件的应用范围包括(　　)。
   A. 信号控制方案评价、公交优先方案评价
   B. 收费设施分析、匝道控制运营分析
   C. 路径诱导、可变信息标志影响分析
   D. 以上选项均符合

2. VISSIM 基本模型包括(　　)。
   A. 交通网络模型　　　　　　　　B. 交通需求模型
   C. 车辆行驶模型　　　　　　　　D. 方案生成模型、仿真输出模型

3. VISSIM 中车辆行驶模型包括(　　)。
   A. 跟车模型　　　　　　　　　　B. 车道变换模型
   C. 交叉口仿真　　　　　　　　　D. 以上选项均符合

4. VISSIM 3.6 为绿色版本,使用前需修改系统时间为(　　)。
   A. 2002 年 12 月 30 日　　　　　B. 2002 年 12 月 31 日
   C. 2012 年 12 月 31 日　　　　　D. 以上选项均不符合

二、填空题

请解释以下 VISSIM 软件中的按钮功能:

(1)_____　　(6)_____

(2)_____　　(7)_____

(3)_____　　(8)_____

(4)_____　　(9)_____

(5)_____　　(10)_____

项目三 仿真基本路段

【能力目标】

能正确描述基本路段仿真的基本思路。

【知识目标】

掌握基本路段的仿真建模方法。

【支撑知识】

导入背景图;定义路段(link),编辑路段(Edit link),连接路段(connector),设置机动车特性,定义交通量,期望速度变化,机动车路径选择/转弯运动,全局设定,运行仿真。

【训练素材】

已知某路段的平面布局如图4-4所示,双向12车道,每车道宽3.5m,路段中间有一立交桥,高15m。路段交通流量如表4-2和表4-3所示。依据已知数据建立该路段交通仿真模型。

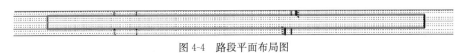

图4-4 路段平面布局图

路段早高峰流量统计表(pcu/h) 表4-2

方 向	桥下直行	桥下掉头	上 桥	合 计
西→东	478	250	1 899	2 627
东→西	416	221	1 976	2 613

路段早高峰流量车型比例表(%) 表4-3

方 向	小汽车	货 车	大客车
西→东	85	5	10
东→西	84	4	12

【操作步骤】

1.导入背景图

(1)新建文件夹,命名为基本路段仿真,并将路段布局图复制到该文件夹中。

(2)打开VISSIM软件,通过菜单Options→Background→Open打开一个BMP格式文件,如图4-5所示。

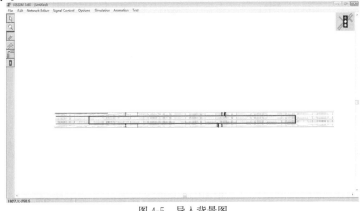

图4-5 导入背景图

(3)定义比例尺。

①使用放大镜 ,将图形进行局部放大。

②通过菜单 Options→Background→Scale 确定比例尺,如图 4-6 所示。

③通过 按钮,显示整个路段。

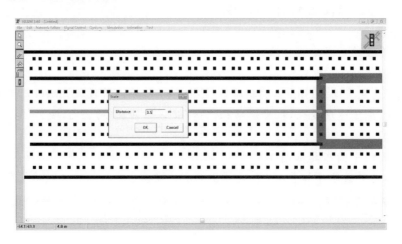

图 4-6 比例尺

(4)保存背景图。

选择菜单 Options→Background→Parameters→Save,在新建文件夹中,出现 *.hgr 文件,用于重新导入背景图时,将仿真模型与背景图进行匹配。

2. 绘制路段

(1)选择 按钮,进入定义路段(Link)模式,在路段的最左边起点处点击鼠标右键,拖动鼠标,鼠标拖动方向为交通流运动方向,在路段上桥前的位置放开鼠标,弹出路段属性对话框(Link Data),输入车道数(No. of Lanes)为 6 车道,如图 4-7 所示。

(2)选择 按钮,在立交桥中间位置,绘制一条由西向东的路段,设置车道数(No. of Lanes)为 3 车道,高度(Height)为 15m,如图 4-8 所示。

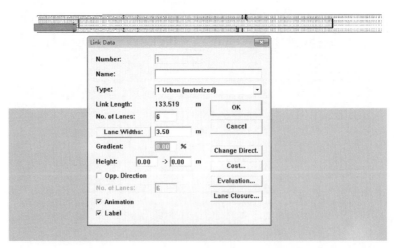

图 4-7 定义路段 1

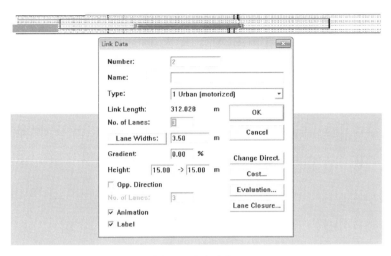

图 4-8　定义路段 2

(3)选择 ✎ 按钮,在桥下起点处,绘制一条由西向东的路段,路段终点到桥下掉头处,设置车道数(No. of Lanes)为 3 车道,如图 4-9 所示。

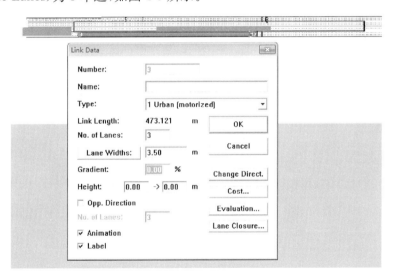

图 4-9　定义路段 3

(4)选择 按钮,将路段 1 与路段 3 相连接,弹出路段连接对话框,在♯points 中输入 5 个连接点,如图 4-10 所示。

(5)选择 按钮,将路段 1 与路段 2 相连接,出现如图 4-11 所示对话框,在♯points 中输入 10 个连接点,

(6)依此类推,建立路段仿真模型,如图 4-12 所示。

3.设置机动车特性

(1)该路段仿真模型中的车辆分布、加速度、种类、类型采用 VISSIM 默认的设置。

(2)选择菜单 Network Editor→Traffic Compositions…,弹出 Traffic Composition 对话框,单击"New"按钮,依据路段车型比例表,添加由西向东的车流交通组成,如图 4-13 所示。

(3)同样方法,添加由东向西的车流交通组成 flow2。

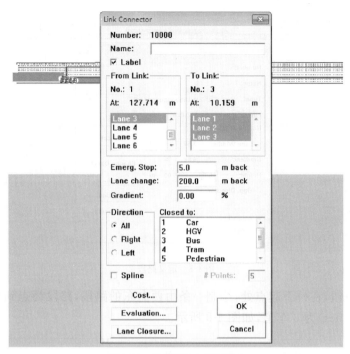

图 4-10　连接路段 1 与路段 3

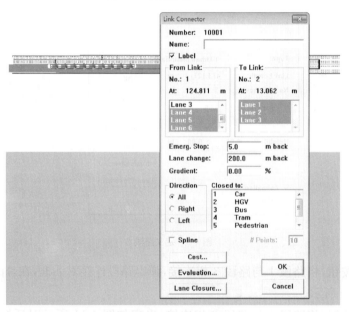

图 4-11　连接路段 1 与路段 2

图 4-12　路段仿真模型

4. 定义交通量

(1)鼠标左键单击工具栏最下方按钮并长按,选中定义/编辑车辆按钮 ,选中由西向东起始路段(No.1),在该路段上双击鼠标左键打开车辆输入对话框。

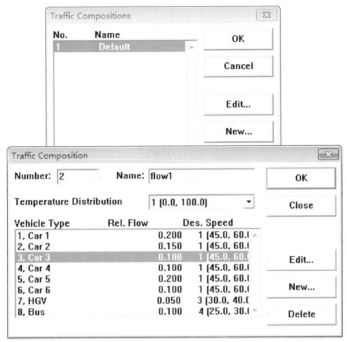

图 4-13　定义由西向东车流交通组成

(2)单击"New"按钮,输入交通流名称(Name)west-east-flow,选择交通组成(Composition)flow1,输入交通量(Volume)2627,输入车流仿真结束时间(Until)99999,如图 4-14 所示。

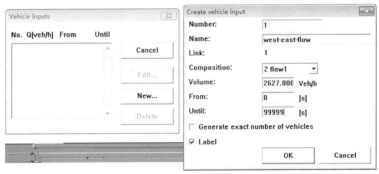

图 4-14　定义由西向东交通量

(3)依此类推,定义由东向西交通量。

5.路径选择

(1)鼠标左键单击工具栏最下方按钮并长按,选择路线定义按钮,左键单击由西向东起始路段(No.1),右键单击路线开始的点,出现一个路线定义对话框,如图 4-15 所示。单击"New"按钮,建立仿真时间间隔(Time Interval),单击"OK"按钮。

(2)在车流掉头处,右键单击由西向东的立交桥,出现黄色路径和绿色横线,弹出路线对话框,单击流量分配"Rel. flow"按钮,在相关流量(Relative flow)对话框中,输入上桥流量 1 899pcu/h,如图 4-16 所示。

(3)在车流掉头处,右键单击由西向东直行路段,按照步骤(2)方法,设定由西向东的桥下直行车流。

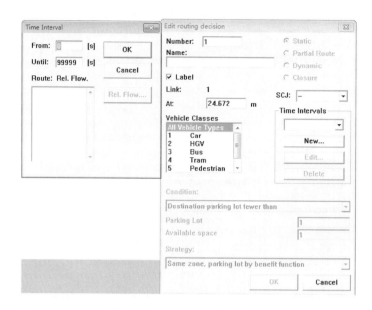

图 4-15 定义由西向东的路线选择

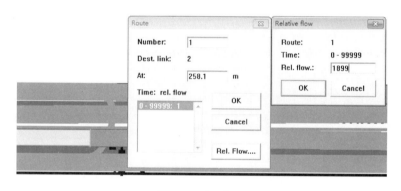

图 4-16 流量分配

(4)在车流掉头处,右键单击由东向西直行路段,按照步骤(2)方法,设定由西向东的桥下掉头车流。

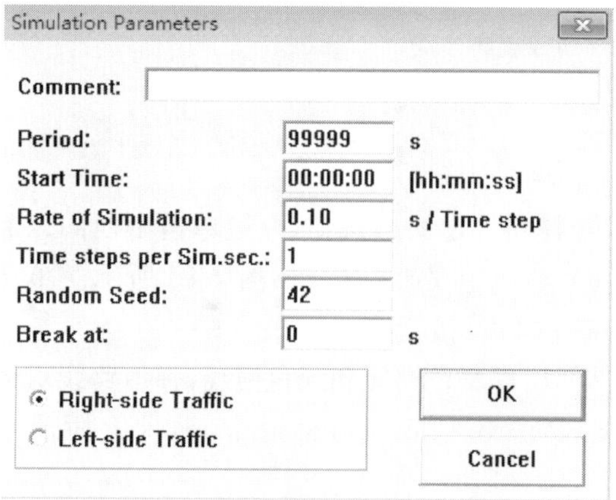

(5)按照上述方法,分别设置由东向西的上桥车流、桥下直行车流、桥下掉头车流。

6.保存仿真模型

选择菜单 File→Save,弹出保存对话框,将路段仿真模型保存到新建文件夹中。

7.全局设定

(1)仿真参数设定。

选择菜单 Simulation→Parameters,弹出 Simulation Parameters 对话框,将模拟时间(Period)设定为 99 999s,模拟步长设定为 0.1,其他参数保持不变,如图 4-17 所示。

图 4-17 仿真参数设定

(2)3D 模式切换。

①通过菜单 Options→Graphics…进行 VISSIM 图形显示选项的设置。

②通过快捷键:Ctrl+D,可切换 2D 模式与 3D 模式。

③在 3D 模式下,鼠标左键单击工具栏的放大按钮,弹出浮动工具,可对 3D 场景进行放大、缩小、动态缩放、显示全景、旋转、移动的操作,如图 4-18 所示。

图 4-18　场景浮动工具

8.运行仿真

由 Simulation→Continuous 或者 Simulation→Single Step 进入仿真运行。

一、导入背景图

(1)创建新文件夹,将背景图复制到新建文件夹中。

(2)通过菜单 Options→Background→Open 打开一个 BMP 格式文件。

(3)Options→Background→Scale 将图形比例化。

(4)Options→Background→Origin 可以移动背景图。

(5)Options→Background→Parameters→Save 保存已经比例化和移动过的背景图,生成一个参数文件 *.HGR。

新建文件夹用于保存仿真模型,将背景图放置到新建文件夹中,便于重新导入背景图时,新建仿真模型能够与背景图匹配,背景图的获得可以通过扫描或者由 AutoCAD 输出成 BMP 格式文件。

注意:VISSIM3.6 不能输入如 DXF 格式的 CAD 文件,但是,CAD 程序可以将其转换为 BMP 格式文件。

二、定义路段

选择 ⁄ 按钮,进入定义路段(Link)模式,在屏幕上某个位置单击鼠标右键,拖动鼠标,鼠标拖动方向为交通流运动方向,在 Link 结束的位置放开鼠标,弹出路段属性窗口(Link Data),如图 4-19 所示。

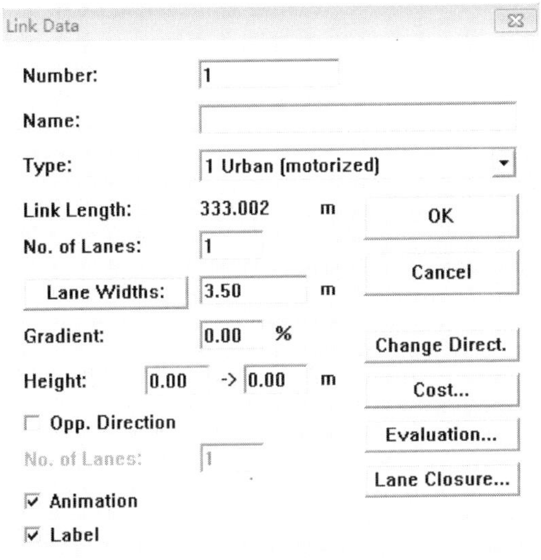

路段属性对话框各参数含义如下:

(1)Number:路段编号。

(2)Name:路段名称。

(3)Type:路段的类型,选项内容包括 1 Urban(城市道路)、2 Right side rule(靠右行驶)、3 Freeway(高速公路)、4 Footpath(人行横道)、5 Cycle path(自行车专用道)。

(4)Link Length:路段长度。

(5)No. of Lanes:路段的车道数目。

(6)Lane Widths:每个车道单独的宽度。

(7)Gradient:坡度。

(8)Height:路段的起始点高度。

图 4-19　路段属性窗口

(9)OPP Direction：打钩表示可在下方的 No. of Lanes 中输入反向的车道数目。
(10)Change Direction：改变路段的起始方向，使路段的交通流方向相反。
其他的不常用，暂不介绍。
注意：
(1)移动路段：在定义路段(Link)模式下，单击路段，并长按鼠标左键，可移动路段。
(2)删除路段：在定义路段(Link)模式或编辑路段(Edit links)模式下，选中路段，按键盘"Delete"键，弹出删除对话框，单击"Delete"按钮，可删除路段。

三、编辑路段

选择编辑路段按钮后，选中所要编辑的路段(Link)，单击鼠标右键可以在 Link 中加入任意多的中间点，拖动中间点来改变路段的线形。

四、连接路段

选择连接路段按钮 Connector，在某路段 Link 范围内用鼠标右键单击开始的点，按住鼠标不动，拖动鼠标到 Connector 结束所在的 Link 的结束点。弹出连接路段(Link connection)对话框，如图 4-20 所示。

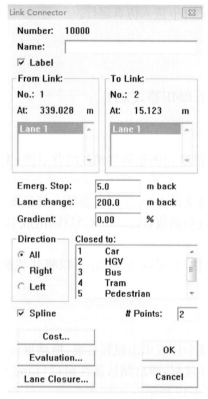

图 4-20　路段连接

对话框各参数含义如下：
(1)Number：连接段编号。
(2)Name：连接段名称。
(3)Lane 1：最右边的车道，依此类推。按住 Ctrl 键可以选择多个车道，但是从两个路段 Link 中选择的车道数必须匹配。
(4)Lane change：定义车辆试图变换车道的距离。
(5)Emerg. Stop：定义车辆变换车道的最后可能的地点。
(6)Direction：车辆转弯方向。
(7)Closed to：列表中哪种类型车辆不允许行驶。
(8)♯Points：表示 Connector 中包含的中间点的个数，这决定了曲线的准确性。根据 Connector 的长度和形状，2~15 个中间点可输入。选中 Spline 框后，在♯Points 中填入中间点的数目。

注意：需删除连接路段时，应在连接路段(Connector)模式下，左键选中连接路段，按键盘"Delete"键，弹出删除对话框，单击"Delete"按钮，可删除路段。

五、设置机动车特性

VISSIM 提供了一个界面来设置不同的车辆类型(Type)和种类(Class)，一种车辆种类可以包括一个或多个车辆类型。

1. 分布

在交通组成里面的每一种车型都要定义期望速度的随机分布,通过菜单 Network Editor→Distributions→Desired Speed 定义。当一辆车的期望速度比它目前的行驶速度高的时候,就会在不危及其他车辆的情况下寻找机会超车。如图 4-21 所示。

其他还有行驶里程分布、重量分布、功率分布、停留时间分布等,设置方式同上。

2. 车辆加速度

每一种车型都有四个加速度图:最大加速度、期望加速度、最大减速度和期望减速度。VISSIM 已经为每一种默认车辆类型预先定义好了这四种加速度。通过 Network Editor→Accelerations 可以修改或者创建新图。最大加速度图如图 4-22 所示。

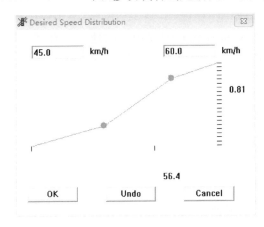

图 4-21　期望速度分布图　　　　图 4-22　最大加速度图

3. 车辆类型(Vehicle types),车辆种类(Vehicle classes)

(1)车辆类型(Vehicle types)。

缺省的车型类型包括:Car1…Car6,HGV,Bus,Tram,Bike 和 Pedestrian,可以创建新的车辆类型或者修改已经存在的车辆类型。车辆类型设置如图 4-23 所示,通过 Network Editor 打开 Vehicle Types。

具体参数含义如下:

①2D Model…:单击打开对话框,如图 4-24 所示,设置对应车型的各种参数。

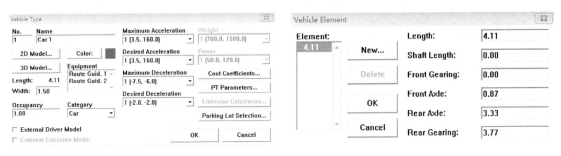

图 4-23　车辆类型对话框　　　　图 4-24　车辆 2D 参数设定

②3D Model…:单击打开 3D 车辆元素对话框,选择在 3D 模式中显示的车辆模型。

③Occupancy:定义该车辆容纳的人数(包括驾驶员在内)。

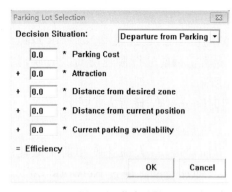

图 4-25 停车选择

④Color:定义在仿真运行中该车辆类型的颜色。

⑤Weight 和 Power:只有车辆类别是 HGV 的时候才被激活。

⑥PT Parameters:只在公交车类型时可用。

以下特性只在动态分配的情况下有关。

①Equipment:定义车辆有路径诱导系统或者相似的装备。

②Cost Coefficients:单击打开对应对话框。

③Parking Lot Selection:当车辆被动态分配诱导的时候使用该对话框中的数据。

对话框中的参数用来决定对话框最上边 Decision Situation 的期望目的地。所有参数都是区域内停车地点的值的权重。例如,当 Parking Cost 变量的权重比较大时,便宜的停车地点比距离近的停车地点更具吸引力。

(2)车辆种类(Vehicle classes)。

车辆种类的建立可以组合已经存在车辆类型,如图 4-26 所示。

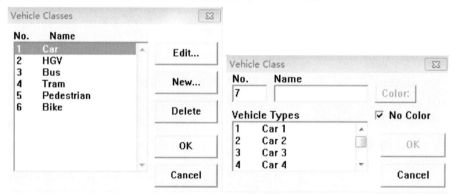

图 4-26 车辆种类

4. 交通组成

交通组成定义了网络中每一个输入车流的车辆组成情况。注意公交线路的车辆不应该包括在其中,应该分开定义,具体见后面相关内容。通过 Network Editor→Traffic Compositions…进入交通组成定义,如图 4-27 所示。

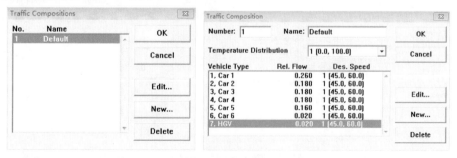

图 4-27 交通组成

一个交通组成包括一种或者多种车辆类型,每一个车种有一个相对的流量比例和速度分布。行人交通流也能够在这个对话框中定义,行人的活动只受交通信号和优先权规定的影响。

六、定义交通量

交通量输入遵循泊松分布。如果是动态分配的就不需要定义交通流,因为交通流信息已经包括在 OD 矩阵里了。

选中定义/编辑车辆按钮,选中相应路段 Link,在该路段 Link 上双击鼠标左键打开车辆输入对话框,如图 4-28 所示。

图 4-28　交通量输入

七、期望速度变化

在 VISSIM 中,有两种定义速度分布变化的途径:
(1)暂时性的速度变化(例如转弯),通过定义减速地带按钮 设置。
(2)长久性的速度变化,通过定义和修改车速按钮 设置。

八、机动车路径选择/转弯运动

在 VISSIM 中,模拟机动车的路径有两种基本方法:
(1)通过路径或者方向定义设置静态路径。
(2)用 OD 矩阵进行动态路径分配。

1. 路线定义

一条路线就是从路径开始点(红色)到终点(绿色)的一系列固定的 Link 和 Connector。每一个路径开始点可以有多个终点,就像一棵树有多个分支一样。

选择路线定义 按钮,左键单击路线开始点所在的 Link,右键单击路线开始的点,出现一个路线定义对话框,如图 4-29 所示。

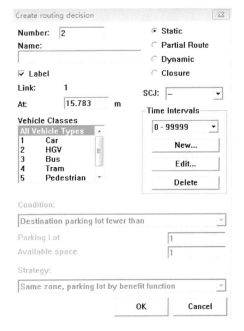

图 4-29　路线定义

(1)选择路线类型,Static 或 Dynamic。
(2)选择 Vehicle Classes 决定受路线定义影响的车辆类型。
(3)可以定义一个或多个受路线影响的时间间隔。
(4)单击"OK",对话框关闭。
(5)左键单击,选中第一个路线终点所在的 Link,右键单击路线终点所在的位置,VISSIM 自动就生成了一条路线。

2. 方向定义

当路线定义不能使用的时候才应该用方向定义。选择 定义行驶方向,大致步骤同前。

3. 路线定义和方向定义比较

路线定义相比较方向定义而言,具有如下优点。

(1)方向定义只能作用在一个车道上,而路线定义可以对所有车道上的交通流量起作用,这样就减少了定义的工作量。

(2)当交通流量分配到不只两个方向时,路线定义不需要计算麻烦的转弯车辆比例。

(3)用路线定义建立的交通流模型可以保证合并车流的准确性。对比转弯定义,路线定义迫使车辆行驶在预先定义好的一系列 Link 上,虽然那样可能意味着需要等待可穿插空间才能汇入。如果是方向定义的车辆在不能找到可穿插空隙汇入的情况下,只能继续行驶,与现实不符。

(4)路线定义可以精确模拟交通流通过多个交叉口和转弯处,而转弯定义的车辆在每一个转弯运动以后会忘记车辆原来的位置。所以,需要路线定义进行模拟。

在模拟环形路的时候也需要路线定义,如果是方向定义的话,就总是几辆车在环形里面转圈。

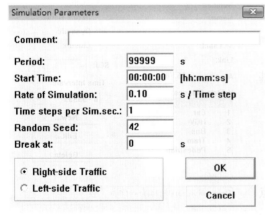

图 4-30 仿真参数设定

九、全局设定

1. 设定仿真参数

选择菜单 Simulation → Parameter,弹出 Simulation Parameters 对话框,主要涉及模拟时间、开始时间、模拟步长、随机数种子以及行驶规则等,如图 4-30 所示。

具体参数含义如下:

(1)Comment:确定模拟运行的文本。
(2)Period:模拟的时间(s)。
(3)Start Time:时钟上显示模拟的开始时间。
(4)Rate of Simulation:模拟步长最小时间,此值越小,则模拟所需的时间就越短。
(5)Time steps per sim. sec:在模拟的一秒钟内计算车辆位置的次数(1~10)。即值为1时,在模拟的一秒钟内车辆移动一次,而值为10时,在模拟的一秒钟内车辆移动10次,从而可使车辆移动显得平滑。

(6) Random Seed：初始化随机数发生器。

(7) Break at：当模拟值为此值时，VISSIM 将自动关闭单步运行模式，也可用于在模拟的特定时间观察交通状况而无需观察整个模拟时间。

(8) Right-side Traffic/Left-side Traffic：用于指定靠左或靠右行驶规则。

2. 图形显示

1) 图形显示

通过菜单 Options→Graphics…打开对话框，如图 4-31 所示，进行 VISSIM 图形显示选项的设置。

(1) Link Display：显示 Link 网络的选项。

①Normal：显示 Link 的整个宽度。

②Center Line：只显示 Link 的中心线，用不同颜色表示。

蓝色：表示一般的 Link。

绿色：固定物，如地道或者下穿道路。

紫色：Connectors。

红色：公交车站。

③Invisible：选中则不会显示 Link，但是单击就会高亮显示。

④Alternative：选中不会显示车辆但会显示代表 Link 每一段的一些数据的有颜色的块。

(2) Colors：为不同的网络元素选择不同的显示颜色。天空的颜色只在 3D 模式下可见。

(3) Other Options。

①Animation（缺省）：选中该项，在仿真的过程中，VISSIM 显示车辆、信号灯和检测器。Animation 需要一定的运行时间，如果关掉 Animation，仿真的速度可以提高 1.4～4 倍。提高仿真速度的另一个办法是增加 Animation 的更新间隔时间。

②Total Redraw：VISSIM 在每一个 Animation 间隔都彻底重新显示网络。这对 2D 仿真的单步模式是很有用的。

③3D：切换到 3D 图形模式。

a. Width of Marking：定义多条车道的 Link 上的车道标记的显示宽度。

b. Min. Lane Width：定义一条车道显示的最小宽度。

c. Status Bar：选择仿真时状态条显示的时间类型。

d. Network Elements：选择在同一时间显示多个网络元素，甚至显示该元素的标签。单击打开对话框，如图 4-32 所示。

2) 3D 显示

选中图形显示 Graphical Display 对话框（图 4-31）中的 3D 复选框，在仿真的时候车辆是用 3D 形式显示的。在 3D 模式下，单击 VISSIM 左边工具条上的 按钮，会出现 5 个不同的按钮，比 2D 模式下多 2 个。其含义分别是：

动态放大；

前一视图；

显示整个网络；

旋转网络；

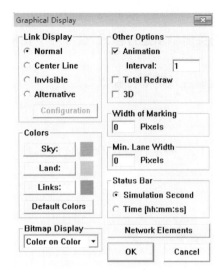

图 4-31　图形显示　　　　　　　　　图 4-32　路网元素

🖐 移动网络。

注意： 2D 模式与 3D 模式切换的快捷键为 Ctrl+D。

十、运行仿真

由 Simulation→Continuous 或者 Simulation→Single Step 进入仿真运行。如果在 Simulation Parameters 对话框中定义了 Break At 的话，那么在某个时刻，VISSIM 会自动从 Continuous Simulation 模式切换到 Single Step 模式。

能力训练 4-3

操作题

已知高速公路出入口布局图如图 4-33 所示，图中已注明各方向的交通量，请利用 VISSIM 交通仿真软件建立该入口的仿真模型。

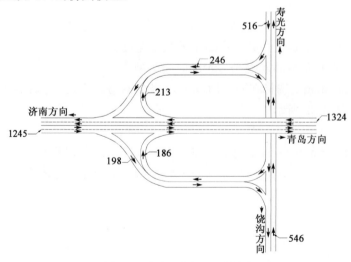

图 4-33　高速公路出入口布局图

114

项目四　仿真停车让路控制交叉口

【能力目标】

能正确描述停车让路控制原理。

【知识目标】

掌握停车让路控制建模方法。

【支撑知识】

(1)优先权规则；

(2)停车标志控制。

【训练素材】

已知主路与支路相交的交叉口，主路为1车道，车道宽度为4m，支路为1车道，车道宽度为3.5m，主路交通量为1 000pcu/h，支路交通量为500pcu/h，如图4-34所示。依据已知数据建立停车让路控制仿真模型。

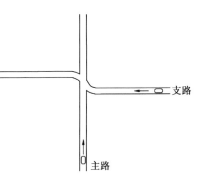

图4-34　主次路相交的交叉口

【操作步骤】

1. 导入背景图

(1)新建文件夹，命名为停车让路控制仿真，并将背景图复制到该文件夹中。

(2)打开 VISSIM 软件，通过菜单 Options→Background→Open 打开一个 BMP 格式文件，如图4-35所示。

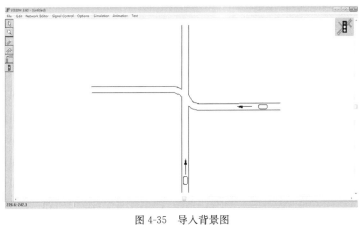

图4-35　导入背景图

(3)定义比例尺。

①使用放大镜，将图形进行局部放大。

②通过菜单 Options→Background→Scale 确定比例尺，如图4-36所示。

③通过 按钮，显示整个路段。

(4)保存背景图。

选择菜单 Options→Background→Parameters→Save，在新建文件夹中，出现 *.hgr 文件，用于重新导入背景图时，将仿真模型与背景图进行匹配。

图 4-36　确定比例尺

2. 绘制路段

(1)选择 按钮,分别创建主路和支路,如图 4-37 所示。

(2)选择 按钮,将主路与支路相连接,弹出路段连接对话框,在♯points 中输入 5 个连接点,如图 4-38 所示。

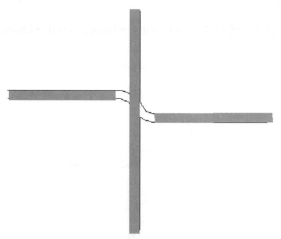

图 4-37　创建基本路段

3. 定义交通量

(1)鼠标左键单击工具栏最下方按钮并长按,选中定义/编辑车辆按钮 ,鼠标左键选中主路,双击鼠标左键打开车辆输入对话框。

(2)单击"New"按钮,输入交通流名称(Name)major flow,选择交通组成(Composition)default,输入交通量(Volume)1 000,输入车流仿真结束时间(Until)99 999,如图 4-39 所示。

(3)依此类推,定义支路交通量。

4. 路径选择

(1)鼠标左键单击工具栏最下方按钮并长按,选择路线定义 按钮,左键单击主路,右键

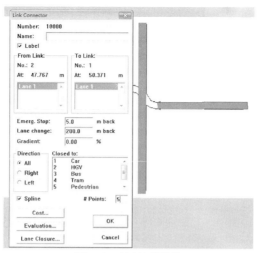

图 4-38 创建连接路段

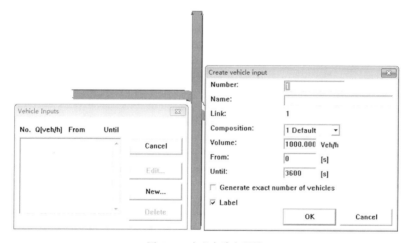

图 4-39 定义主路交通量

单击主路起点,出现路线定义对话框,如图 4-40 所示。单击"New"按钮,建立仿真时间间隔 (Time Intervals),单击"OK"按钮,主路起点出现红色线。

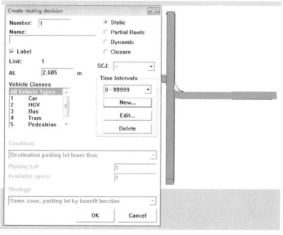

图 4-40 定义主路的路线选择

(2)在主路终点处,右键单击主路终点,出现黄色路径和绿色横线,弹出路线对话框,Rel. Flow(0-99999:1),表示车流量100%行驶主路,如图4-41所示,单击"OK"按钮。

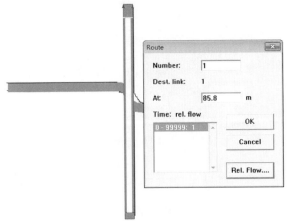

图4-41 定义主路路径选择

(3)依此类推,定义支路路径选择,使得支路车流量100%行驶支路。

5.定义优先权规则

(1)鼠标左键单击工具栏最下方按钮并长按,选择▽按钮。
(2)右键单击冲突区起点,出现红线,如图4-42所示。

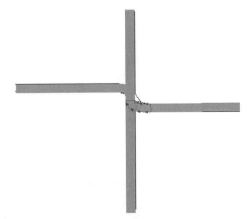

图4-42 定义冲突起点位置

(3)右键单击冲突区终点,出现绿色横线,弹出优先规则对话框,如图4-43所示,单击"OK"按钮。

6.定义停车标志控制

(1)鼠标左键单击工具栏最下方按钮并长按,选择 按钮。
(2)在支路上定义停车位置,右键选择停车标志位置,弹出停车标志对话框,如图4-44所示,单击"OK"按钮。

7.定义弯道减速带

(1)鼠标左键单击工具栏最下方按钮并长按,选择△按钮。
(2)在支路上,鼠标右键长按选择弯道起点,长按鼠标右键拖动至弯道终点,弹出减速带对话框,设定各类车型在弯道的速度,如图4-45所示。

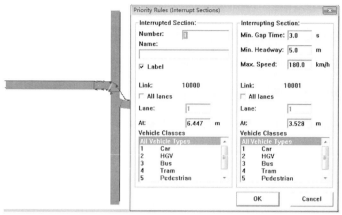

图 4-43 定义冲突终点位置

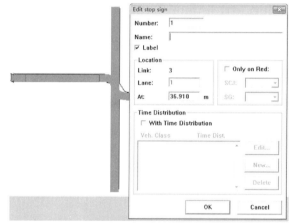

图 4-44 定义停车标志控制

(3)依此类推,设置支路上另一个弯道的减速带。

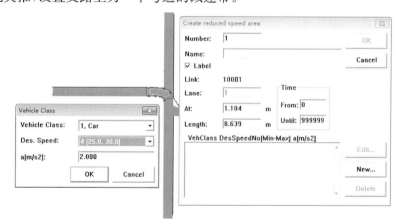

图 4-45 定义弯道减速带

8. 全局设定

(1)仿真参数设定。

选择菜单 Simulation→Parameters,弹出 Simulation Parameters 对话框,将模拟时间(Period)设定为 99 999s,模拟步长设定为 0.1,其他参数保持不变,如图 4-46 所示。

(2)3D 模式切换。

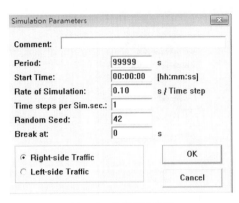

①通过菜单 Options → Graphics…，进行 VISSIM 图形显示选项的设置。

②通过快捷键 Ctrl＋D，可切换 2D 模式与 3D 模式。

9.运行仿真

由 Simulation→Continuous 或者 Simulation→Single Step 进入仿真运行。

图 4-46 仿真参数设定

一、优先权规则

对可能产生冲突的地方，VISSIM 运用优先权规则。优先权规则定义了一辆车应该让另一辆车的地点。如果一辆车接近让路区域，VISSIM 会检查定义的最小车头距离和间隙时间是否满足，只有两个条件都满足了车辆才能通过该区域。冲突区域示意图如图 4-47 所示。

优先权规则通过 ▽ 按钮设置。

二、停车标志控制

停车标志强制车辆停车，而优先权标志指定冲突行为和最小车头时距。停车标志通过 ![stop] 按钮设置，出现对话框，如图 4-48 所示。

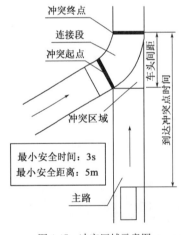

图 4-47 冲突区域示意图

图 4-48 停车控制对话框

当选择右上角的 Only on Red 复选框时，停车标志也可以用来设置红灯时的右转行为。

项目五　仿真公交线路

【能力目标】

能正确描述公交线路仿真步骤。

【知识目标】

掌握公交线路仿真建模方法。

【支撑知识】

(1)定义公交站；

120

(2)定义公交线路。

【训练素材】

已知设置有公交线路的基本路段如图 4-49 所示,双向 6 车道,每车道宽度为 3.5m,由西向东的交通量为 1 800pcu/h,由东向西的交通量为 1 860pcu/h,双向公交线路中均有两个公交站,每个站台客流量均为 500pers./h,设置为从 0s 开始到 1 000s 结束,每 60s 发一趟车,起点发车车次为 1,步长为 1,车容量为 60pers.。

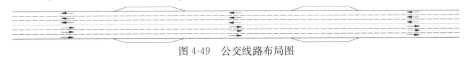

图 4-49 公交线路布局图

【操作步骤】

1. 导入背景图

(1)新建文件夹,命名为公交线路仿真,并将公交线路背景图复制到该文件夹中。

(2)打开 VISSIM 软件,通过菜单 Options→Background→Open 打开一个 BMP 格式文件,如图 4-50 所示。

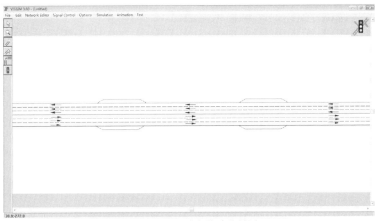

图 4-50 导入公交线路背景图

(3)定义比例尺。

①使用放大镜,将图形进行局部放大。

②通过菜单 Options→Background→Scale 确定比例尺,如图 4-51 所示。

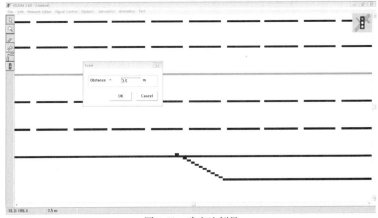

图 4-51 确定比例尺

③通过 按钮,显示整个路段。

(4)保存背景图。

选择菜单 Options→Background→Parameters→Save,在新建文件夹中,出现 *.hgr 文件,用于重新导入背景图时,将仿真模型与背景图进行匹配。

2.绘制路段

选择 按钮,分别创建基本路段,如图 4-52 所示。

图 4-52 创建基本路段

3.定义交通量

(1)鼠标左键单击工具栏最下方按钮并长按,选中定义/编辑车辆按钮 ,鼠标左键选中由西向东路段,双击鼠标左键打开车辆输入对话框。

(2)单击"New"按钮,输入交通流名称(Name)major flow,选择交通组成(Composition) default,输入交通量(Volume)1 800,输入车流仿真结束时间(Until)99 999。

(3)依此类推,设置由东向西路段的交通量为 1 860pcu/h。

4.定义公交站

(1)鼠标左键单击工具栏最下方按钮并长按,选中 按钮;左键单击公交站台靠近的路段,在靠近公交站台的车道上,长按右键,沿着站台方向从起点拖动至终点,在公交站台旁车道上出现红色框,弹出创建公交站对话框(Create bus/tram stop),如图 4-53 所示。

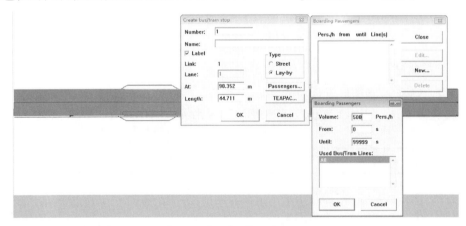

图 4-53 定义公交站客流量

(2)在创建公交站对话框(Create bus/tram stop)中,选择 lay-by(表示港湾式停靠站),单击"Passengers"按钮,弹出客流量(Boarding Passengers)对话框。

(3)在客流量(Boarding Passengers)对话框中,单击"New"按钮,在弹出的对话框中,将客流量值 Volume 设置为 500pers./h。单击"OK"按钮,创建港湾式停靠站,如图 4-54 所示。

图 4-54　定义港湾式停靠站

(4)依此类推,定义其他公交站台。

5. 定义公交线路

(1)鼠标左键单击工具栏最下方按钮并长按,选中 按钮。

(2)鼠标左键单击由西向东路段,单击鼠标右键路段起点,出现红色横线,在路段终点处单击鼠标右键,出现绿色横线,弹出定义公共交通线路对话框(Bus/tram line),如图 4-55 所示。

图 4-55　定义公交线路对话框

(3)单击"Start times…"按钮,弹出公交班次对话框(Start Times…),如图 4-56 所示。

(4)在公交班次对话框中,单击"New"按钮,弹出 Starting Time 对话框,在该对话框输入第一辆公交到达时间(Time)60s,公交班次号(Course)1,公交车上容量(Occupancy)60pres,如图 4-57 所示。

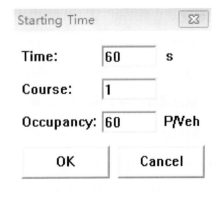

图 4-56　定义公交线路对话框　　　　　图 4-57　Starting Time 对话框

(5)依此类推,重复上一步操作,定义第二辆公交到达时间 120s,定义第三辆公交到达时间 180……直到第 16 辆公交到达时间 960s。

(6)单击"OK"按钮,在第一个公交站台上面,黄色带处,单击鼠标右键,出现灰色小点,鼠标左键单击灰色小点,左键长按并推动到第一个公交站台处,出现红色公交站台,如图 4-58 所示。

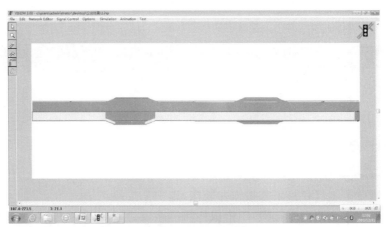

图 4-58 定义公交线路

(7)重复上一步操作,定义第二个公交站台。

(8)重复(1)~(7)步骤,定义由东向西公交线路。

6. 运行仿真

由 Simulation→Continuous 或者 Simulation→Single Step 进入仿真运行。

一、公交站

公交站可以在已经存在的 Link 上或者附近创建。VISSIM 区分如下:

(1)街道上的停靠站(On street stop,Curbside stop,路边停车,公交车辆停在已经定义好的行驶车道上)。

(2)港湾式停靠站(Bus lay-by,Turnout,公交车辆停在靠近慢车道的特殊 Link 上)。

在多条车道的道路上,紧随停靠车站的公交车后面的车辆会试图超过去,但在只有一条车道的情况下则只能等待。作为缺省定义,公交车离开港湾式停靠站的时候享有优先权。

选择定义/编辑公交车/电车停靠站模式按钮⊞进行设定。期间出现对话框如图 4-59b)所示。

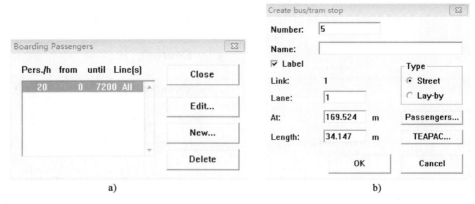

图 4-59 编辑公交车对话框

(3)Passengers…:单击打开另一个对话框定义行人流量,如图 4-59a)所示。

(4)TEAPAC:将打开一个关于信号控制交叉口的对话框。

如果是港湾式停靠站,VISSIM 自动创建一条 Link,Connector 和优先规则随即定义。一个已经存在的路边停靠站也可以被移动。

二、公交线路

一条公交线路包括公共汽车或者轻轨车辆/电车,以及一系列固定的停靠站。另外,一条公交线路还包括时刻表(离开第一个公交站的时间和到达每一个单独公交站的行驶时间),还有在所有公交站的乘客服务时间的分配和计算。

1.公交线路的定义

(1)定义停留时间有两种方法:要么先定义好停留时间分布(option A),要么输入变量让公交线路自己计算停留时间(option B)。

①option A:停留时间分布,由 Network Editor→Distributions→Dwell Time 定义停留时间。可以通过定义平均停留时间和标准差来定义一个普通的分布,或者由用户自己定义一个完全经验的分布。

②option B:停留时间计算,它用来计算停留时间的参数,在如图 4-60 所示的对话框中定义,它由 Network Editor→Vehicle Type 设置,选择 Bus,编辑参数对话框中,选择 PT Parameters。

为了精确地计算,所有的数据都必须要输入。

③Deboarding Time:一个乘客下车所需的时间(考虑门的数量,例如,一个乘客下车需要6s,有 3 个门,那么平均 Deboarding time 应该是 2s)。

④Boarding Time:一个乘客上车的时间(考虑门数,同上)。

⑤Total Dwell Time:可以用加权或者最大值的方法计算。

⑥Clearance Time:车辆停下来和开门/关门的时间。

⑦Capacity:公共汽车或者电车可以容纳的乘客人数。

(2)选择定义/编辑公共汽车/电车模式按钮。

(3)和定义线路类似,定义公共交通线路,出现对话框,如图 4-61 所示。

图 4-60　PT 参数对话框

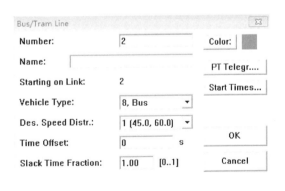

图 4-61　公交线路对话框

(4)定义所有相关的信息。

①Number:线路的唯一标识。

②Desired Speed Distr.:进入路网的速度。

③Time Offset:车辆进入网络和在第一个公交站预定离开之间的时间。

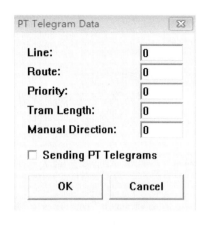

图 4-62　公交优先控制对话框

④Slack Time Fraction：乘客上下车之后的等待之间，直到预定时间离开。

⑤PT Telegr…：单击该按钮，打开 PT Telegram Data 对话框，如图 4-62 所示。定义的数据被传递到公交信号呼叫点的交通信号控制机。不过只有在对话框最下面的选项被打勾的时候数据才能传递。

注意：VISSIM 自动激活包括在高亮显示（红色）的路线中的所有 On-street 停靠站。而 Bus lay-bys 则不会自动成为新公交路线的一部分。为了将其包括在一条公交路线中，当显示黄色 band 时，通过单击右键创建中间点，拖动这些中间点到 Bus lay-by 上，如图 4-63 所示。

图 4-63　定义公交线路

在线路创建以后增加的任何类型的任一个公交车站对经过它的所有线路都处于激活状态。

如果某一公交线路在某一公交站点不停，就可以在这条线路上让这个站点 Deactived。通过 Bus/tram Stop Data 对话框定义，如图 4-64 所示。可以在显示黄色 band 的时候双击公交车站来打开该对话框。任何一个 deactived 的公交站点显示是绿色的。

要编辑已经存在的公交线路的数据，应该选择 按钮，进入该模式，在 VISSIM 网络的外面，右键单击即出现 Bus/Tram Line 对话框。也可以通过菜单 Network Editor→PT Line Selection 进入该对话框。

图 4-64　公交站数据

2. 公共汽车停留时间计算

一旦输入了所有的变量和在 Vehicle Type，Bus/Tram Line，bus /Tram Stop 和 Bus/Tram Stop Data 对话框中作了正确的选择，如图 4-64 所示。VISSIM 就可以计算一辆公交车辆的停留时间。

(1) 确定下车乘客的人数：定义为乘客中下车的百分比。

(2) 确定上车乘客的人数：不同线路的所有等待乘客人数，不超过最大容量。

(3) 确定乘客下车需要的时间：定义为下车乘客数目乘以每个乘客下车的时间。

(4) 确定乘客上车需要的时间：算法同(3)。

(5) 确定乘客服务总时间：定义为清除时间加上乘客上车和下车时间。

模块五　交叉口定时控制设计与仿真

【主要内容】

本模块首先介绍车辆在信号交叉口的运行过程,然后结合三个实际案例详细介绍交叉口定时信号控制方案设计方法,接着利用 VISSIM 交通仿真软件,对其中一个设计方案进行微观交通仿真建模分析,最后结合案例,介绍交叉口交通信号早断与滞后的设计方法。

项目一　分析车辆在信号交叉口的运行过程

【能力目标】

能正确描述车辆在信号交叉口的运行过程。

【知识目标】

了解交叉口车辆均衡延误公式推导过程。

【支撑知识】

交叉口车辆均衡延误公式推导过程。

首先考察一下车辆在信号灯控制下通过停车线穿过交叉口的整个过程。如果在交叉口处观察,可以发现车辆到达交叉口的时间间隔和到达车辆数目是随机变化的,这样,在每个信号周期内,总有一部分车辆在到达交叉口停车线之前受到红灯信号的阻滞,使其车辆速度降低,并出现停车等待,然后再起动车辆加速,逐渐穿过交叉口。图 5-1 绘出了车辆在到达停车线前由于受到红灯信号影响时,车辆逐渐减速停车,并等候一段时间后,又加速起动通过交叉口的过程。在图 5-1 中,车辆在 A 点开始减速,C

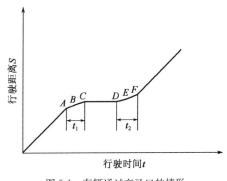

图 5-1　车辆通过交叉口的情形

点表示车辆完全停了下来,D 点表示车辆开始起动,F 点表示车辆加速到正常速度;t_1 表示车辆在减速阶段所用时间,t_2 表示车辆在加速阶段所用时间。

这里要注意,并不是所有车辆在受到阻挡后都完全停下来,而是呈现以下三种形式:

(1)车辆在受到阻挡后,车速由正常速度逐渐下降,但是尚未停止下来,又马上起动加速,恢复到原有车速。

(2)车辆在受到阻挡后,车速由正常速度逐渐降到零,然后停车等待了一段时间后,又起动加速,恢复到原有车速。

(3)车辆在受到阻挡后,车速由正常速度逐渐降低,并维持一段低速后又开始加速,恢复到原有车速。

在上述情况中,第(1)、(2)两种情况称为"构成一次完全停车",第(3)种情况称为"构成一次不完全停车"。可以看出,完全停车和不完全停车的区别在于:在完全停车情况下,车速是降到0后又由0重新加速到正常速度;在不完全停车情况下,车速是还没有降到0就又开始加速。在车辆通过交叉口的延误时间里,都至少包含了一次停车(完全停车或不完全停车)。

一般来讲,车辆通过交叉口的延误时间主要是受车辆到达率和交叉口通过能力的影响。而车辆到达率和通过能力是随时间变化的,这种变化是随机的,难以用数学模型来表达。但是,如果某一交叉口的交通流量尚未达到饱和状态,仔细观察该交叉口处的交通情况可以发现,虽然某一较短时间段内交通量变化较大,但在一个较长的时间段内总的交通情况变化不大。正是基于这种现象,可以应用稳态理论来分析车辆通过交叉口的延误。这种理论,基于如下假设:

(1)车辆到达率在所取时间段内稳定不变。
(2)所考察的交叉口进口道通行能力为常数。
(3)车辆受信号阻挡所造成的行车延误与车辆到达率的相互关系在所研究时间段内保持不变。
(4)虽然有些车辆会受阻挡而形成排队,但是这些排队车辆在经过若干时间段后会消失。

依上述假设条件,车辆延误时间可以简化成如下过程:

(1)首先将车辆到达率视为常数,计算车辆的均衡相位延误。
(2)计算由于各个信号周期车辆到达率不一致产生的附加延误时间,其中包括在个别周期中由于入口车道处于饱和状态所产生的附加延误时间,统称为随机延误时间。
(3)将上述均衡相位延误时间和随机延误时间相加即可得到车辆的平均延误时间。

在均衡相位延误的研究中,一般在车辆到达率和进口车道通过能力均为常数的情况下,车辆的受阻延误与车辆到达率是成线性关系的,如图5-2所示。

在图5-2中,t_{ER}表示有效红灯时间,t_G表示绿灯时间,横轴表示时间,纵轴表示车流率。车辆A在红灯时间到达时,其前方已经有车辆排队,它要经过一定的延误时间才能通过停车线。从这里不难看出,在三角形OCD中,水平线对应为每一辆车的延误时间,而垂直线为不同瞬时停车线后的车辆排队长度。这样,在到达率为一常数的情况下,一个信号周期内,全部车辆的总延误时间等于三角形的面积,即

$$\sum t_i = S_{OCD} = \frac{t_{ER} \times H}{2} \tag{5-1}$$

式中:t_{ER}——有效红灯时间,有效红灯时间等于周期时间减去有效绿灯时间;

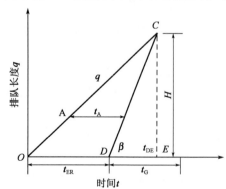

图5-2 车辆在交叉口受阻延误和到达率的关系

H——三角形的高。从图5-2可以看出:

$$H = t_{DE} \times \tan\beta = t_{DE} \times q_s \tag{5-2}$$

t_{DE}这段时间对应为排队车队消散所需时间,q_s是入口车道的饱和流量。在入口车道处于不饱和状态时,最大排队长度简单地等于在有效红灯时间内所到达的车辆数,即

$$N_\mu = qt_{ER} \tag{5-3}$$

由于在不饱和状态下,在绿灯时间内车队的净驶出率为$q_s - q$,这样,在绿灯时间开始后,排队车辆消散所需时间为:

$$t_{DE} = \frac{qt_{ER}}{q_s - q} \tag{5-4}$$

由此可得：

$$\sum t_i = \frac{t_{ER} \times H}{2} = \frac{t_{ER}}{2} \times \frac{qt_{ER}q_s}{q_s - q} = \frac{qq_s t_{ER}^2}{2(q_s - q)} \tag{5-5}$$

式(5-5)求出的是一个信号周期内车辆的总延误时间。由于一个周期内到达车辆数是 qC，因此每辆车的平均延误时间是：

$$\bar{t} = \frac{\sum t_i}{qC} = \frac{q_s t_{ER}^2}{2C(q_s - q)} \tag{5-6}$$

将下列关系式代入上式，

$$t_{ER} = C - t_G, \quad \lambda = \frac{t_{EG}}{C}, \quad \chi = \frac{q}{q_s \lambda} \tag{5-7}$$

可得：

$$\bar{t} = \frac{q_s t_{ER}^2}{2C(q_s - q)} = \frac{C(1-\lambda)^2}{2(1-\chi\lambda)} \tag{5-8}$$

式(5-8)给出了均衡延误时间的表达式。图 5-3 给出了均衡延误和随机延误与饱和度的关系，t_u 表示均衡延误时间，t_s 表示随机延误时间。从图 5-3 中可以看出，随机延误时间随饱和度的增加而上升得很快，均衡延误时间增加得较为平缓。

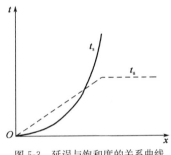

图 5-3　延误与饱和度的关系曲线

项目二　设计交叉口定时信号控制方案

【能力目标】

能对实际交叉口进行定时信号控制方案设计。

【知识目标】

交叉口定时信号控制方案设计步骤。

【支撑知识】

交叉口定时信号控制方案设计步骤。

【训练素材】

某十字交叉口，高峰小时中最高 15min 各车型数量如表 5-1 所示，绿灯间隔时间是 5s，每次绿灯时间内的起动损失时间为 2s，设计该交叉口的定时信号控制方案。

某交叉口交通量参数　　　　表 5-1

进　口	转　向	不同车型数量(辆)				进口道宽度(m)
		小客或小货车	中客或中货车	公共汽车	两轮摩托车	
北进口	直行及右转	125	25	3	5	7.65
	左转	13	3	0	3	
南进口	直行及右转	100	37	0	8	7.65
	左转	10	8	0	1	

续上表

进口	转向	不同车型数量(辆)				进口道宽度(m)
		小客或小货车	中客或中货车	公共汽车	两轮摩托车	
西进口	直行及右转	100	12	1	3	3.65
	左转	75	15	0	5	
东进口	直行及右转	50	45	1	4	3.65
	左转	65	5	0	3	

【计算步骤】

1. 确定设计小时交通量

根据表 3-5 以小客车为标准的换算系数值,北进口直行及右转设计小时交通量为:

$$q_{NSR} = q_{15min} \times 4 = (125 + 25 \times 1.2 + 3 \times 2 + 5 \times 0.4) \times 4 = 652(\text{pcu/h})$$

依此类推,将表 5-1 设计交通量折算为当量交通量后,如表 5-2 所示。

交叉口当量交通量 表 5-2

进口	转向	当量交通量(pcu/h)	进口	转向	当量交通量(pcu/h)
北进口	直行及右转 q_{NSR}	652	西进口	直行及右转 q_{WSR}	470
	左转 q_{NL}	71		左转 q_{WL}	380
南进口	直行及右转 q_{SSR}	590	东进口	直行及右转 q_{ESR}	430
	左转 q_{SL}	80		左转 q_{EL}	289

2. 信号相位方案设计

根据表 5-2 所得当量交通量可以看出,此交叉口有三种主要交通运行方式。

(1)南北方向的直行、左转、右转车流同时放行。

(2)东西方向的直行、右转车流放行。

(3)东西方向的左转车流放行。

为满足以上三种交通需求,应分别设置单独的信号相位,如图 5-4 所示。

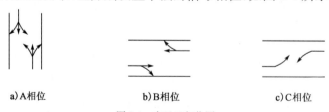

a) A相位　　　　b) B相位　　　　c) C相位

图 5-4　交叉口相位图

3. 确定绿灯间隔时间、总损失时间、饱和流量

由题意可知,绿灯间隔时间 $I=5s$,起动损失时间 $t_L=2s$。

在我国,黄灯时间 t_Y 一般定为 3s,因此绿灯间隔时间内的损失时间,即全红时间 $t_{AR}=I-t_Y=2s$。总损失时间可由下式确定:

$$L = (t_L + t_{AR}) \times n = (2+2) \times 3 = 12(\text{s})$$

下面计算饱和流量,对 A 相位而言,由于南北方向进口道宽度均为 7.65m,则其饱和流量为：
$$q_{sS} = q_{sN} = 525b = 525 \times 7.65 = 4\,016(\text{pcu/h})$$

对 B 相位而言,由于东西直行及右转进口道宽度为 3.65m,查表 2-5 可知,东西直行右转的饱和流量均为 $q_{sESR}=q_{sWSR}=1\,900\text{pcu/h}$。

同理,对 C 相位而言,查表 2-5 可知,东西左转饱和流量均为 $q_{sEL}=q_{sWL}=1\,900\text{pcu/h}$。

4. 确定各相的最大流量比及总流量比

对 A 相位而言,由于无南北左转专用车道,需将南北左转车流折算为直行车流,因此,北方向流量为：
$$q_N = q_{NSR} + q_{NL} \times 1.75 = 652 + 71 \times 1.75 = 776(\text{pcu/h})$$

同理可求出南方向流量为：
$$q_S = q_{SSR} + q_{SL} \times 1.75 = 590 + 80 \times 1.75 = 730(\text{pcu/h})$$

注意：如果南北有专用左转车道给左转车流,则不必再进行相应 1.75 倍的小客车折算。

因此,A 相位的流量比 y_1 为：
$$y_1 = \max\left(\frac{q_N}{q_{sN}}, \frac{q_S}{q_{sS}}\right) = \max\left(\frac{776}{4\,016}, \frac{730}{4\,016}\right) = 0.19$$

对 B 相位而言,流量比 y_2 为：
$$y_2 = \max\left(\frac{q_{ESR}}{q_{sESR}}, \frac{q_{WSR}}{q_{sWSR}}\right) = \max\left(\frac{430}{1\,900}, \frac{470}{1\,900}\right) = 0.25$$

对 C 相位而言,流量比 y_3 为：
$$y_3 = \max\left(\frac{q_{EL}}{q_{sEL}}, \frac{q_{WL}}{q_{sWL}}\right) = \max\left(\frac{289}{1\,900}, \frac{380}{1\,900}\right) = 0.2$$

故,该交叉口的总流量比为：
$$Y = y_1 + y_2 + y_3 = 0.64$$

5. 计算最佳信号周期

将相关参数代入最佳信号周期公式,得：
$$C_0 = \frac{1.5L + 5}{1 - Y} = \frac{1.5 \times 12 + 5}{1 - 0.64} = 64(\text{s})$$

6. 计算相位绿灯时间

(1)对 A 相位而言：

有效绿灯时间 $\quad t_{EGA} = \dfrac{y_1(C_0 - L)}{Y} \approx 16(\text{s})$

实际绿灯时间 $\quad t_{GA} = t_{EGA} - t_Y + t_L = 15(\text{s})$

(2)对 B 相位而言：

有效绿灯时间 $\quad t_{EGB} = \dfrac{y_2(C_0 - L)}{Y} \approx 20(\text{s})$

实际绿灯时间 $\quad t_{GB} = t_{EGB} - t_Y + t_L = 19(\text{s})$

(3)对 C 相位而言：

有效绿灯时间 $\quad t_{EGC} = \dfrac{y_3(C_0 - L)}{Y} \approx 16(\text{s})$

实际绿灯时间 $\quad t_{GC} = t_{EGC} - t_Y + t_L = 15(s)$

因此,各相位绿信比分别为:

$$\lambda_A = \frac{t_{EGA}}{C_0} = 0.25$$

$$\lambda_B = \frac{t_{EGB}}{C_0} = 0.31$$

$$\lambda_C = \frac{t_{EGC}}{C_0} = 0.25$$

根据上述结果绘制该交叉口信号配时图,如图 5-5 所示。

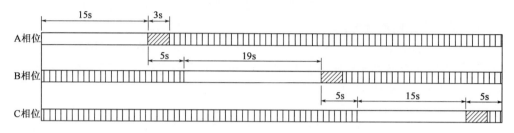

图 5-5 信号相位配时图

一、交叉口定时信号配时设计流程

交叉口定时信号配时设计流程如图 5-6 所示,包括以下几个步骤:
(1)设计交通量的确定。
(2)信号相位方案设计。
(3)确定绿灯间隔时间、总损失时间、饱和流量。
(4)确定各相最大流量比及总流量比 Y。
(5)计算最佳信号周期。
(6)计算相位绿灯时间。

在信号配时设计过程中,需要不断对设计方案进行论证,通过性能指标计算与实地交通调查,对信号控制方案进行修改和完善。例如,当总的相位交通流量比 Y 较大时,说明进口道车道数目太少,通行能力无法满足实际流量的需求,此时需要考虑增加进口道车道数目,并重新划分车道功能($Y = \frac{q}{S}$,Y 较大则说明 S 较小,难以满足实际流量的需求)。实际上,设计流程图 5-6 中对 $Y \leqslant 0.9$ 的限制等效于对各向车流提出了饱和度 $x_i < 0.9$ 的要求,读者可以尝试加以证明。

二、交叉口设计交通量的确定

各时段各进口道各流向的设计交通量需要分别计算确定,对于某一交叉口的第 i 时段第 j 进口道第 k 流向的车流,其设计交通量可以用 q_{dijk} 表示:

$$q_{dijk} = 4 \times q_{ijk15\min} \tag{5-9}$$

式中:$q_{ijk15\min}$——实测到的第 i 时段第 j 进口道第 k 流向车流的高峰小时中最高 15min 的流率。

当无高峰小时中最高 15min 的流率实测数据时,可按下式进行估算:

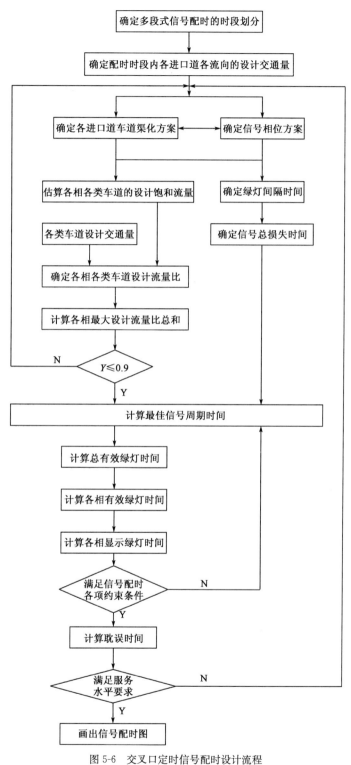

图 5-6 交叉口定时信号配时设计流程

$$q_{dijk} = \frac{q_{ijk}}{(\text{PHF})_{ijk}} \tag{5-10}$$

式中：q_{ijk}——第 i 时段第 j 进口道第 k 流向车流的高峰小时交通量；
(PHF)$_{ijk}$——折算系数，对于主要进口道可取 0.75，对于次要进口道可取 0.8。

三、车道渠化方案与信号相位方案的设计

1. 车道渠化方案设计

在设计交叉口进口道时,应根据进口道各向车流的设计交通量确定各流向的车道数。在进口道车道数较少的情况下,应避免为流量较小的右转(或左转)车流设置右转(或左转)专用车道,可采用直右(或直左)合用车道,以提高进口道的利用率。此外,由于车辆在交叉口行驶的速度较低,因此交叉口进口道的宽度可略小于路段上车道的宽度,一般情况下可取 3.0~3.25m。

在设计交叉口出口道时,应注意与信号相位设计同时考虑,最好保证在同一相位中,进口道数目与出口道数目匹配。在某一相位中,如果通行车流所对应的进口道车道数大于其出口道车道数,则可能引起交叉口内的车辆拥挤,降低交叉口的通行效率;如果通行车流所对应的进口道车道数远小于其出口道车道数,则某些车道的利用率将偏低,车道功能的划分明显缺乏合理性。

2. 信号相位方案设计

交叉口信号相位方案需要设计者以交叉口特征及其交通流运行状况为基础,在综合考虑交通流运行效率、交叉口交通安全以及交通参与者交通心理等因素后,进行精心细致的设计。信号相位方案设计虽然不拘泥于某些定式,但可以参照以下几条准则:①信号相位必须同进口道车道渠化(即车道功能划分)同时设计。例如,当进口道较宽、左转车辆较多、需设左转专用相位时,应当设置左转专用车道;当进口道较窄、无左转专用车道时,则不能设置左转专用相位。②有左转专用车道且平均每个信号周期内有 3 辆以上的左转车辆到达时,宜设置左转专用相位。③在同一信号相位中,各相关进口道左转车每周期平均到达量相近时,宜采用双向左转专用相位(对向左转车流一起放行),否则宜采用单向左转专用相位(对向左转车流分别放行)。④当信号相位中出现不均衡车流时,可以通过合理设置搭接车流(相当于设置交通信号的早断与滞后),最大限度地提高交叉口的运行效率。

对于新建交叉口,在缺乏交通量数据的情况下,对车道功能划分应先采用试用方案,然后根据通车后实际各流向的交通流量调整车道划分及信号相位方案。对于新建十字交叉口,建议先选取表 5-3 所列的试用方案。

新建十字交叉口建议试用车道划分方案 表 5-3

进口车道数	车道划分方案	信号相位方案	进口车道数	车道划分方案	信号相位方案
5		四相位	3		四相位
4		四相位	2		二相位

四、信号周期时长的计算

信号交叉口的实际通行能力,以及车辆通过交叉口时受阻滞程度,都直接受配时方案影响。因此,改善配时设计方法,设法寻求一个最优配时方案是提高交叉口运行效率的关键。

信号配时的主要设计参数有信号周期时长与各相位的绿信比。此外,对于实行干道协调控制和区域协调控制的多交叉口,相邻交叉口之间的相位差也是一个相当重要的控制参数。其中,信号周期时长的选取是配时方案设计的关键所在,它既决定了关键车流的判定,进而影响到各相位绿信比的分配,又是协调控制的指挥棒,对协调控制效果将产生关键作用。在正常情况下,适当增大信号周期时长,可以提高整个交叉口的通行能力、降低车辆平均停车次数,但却会使车辆平均延误时间有所增加,因此信号周期时长的选取应建立在设计者的期望控制效果之上。下面针对几种不同的期望控制效果,介绍其相应的信号周期时长计算公式。

1. 最短信号周期时长

就满足交叉口通行能力要求而言,信号周期时长的选择有一个最起码的底限,即信号周期时长无论如何都不能低于这个限值,否则将不能满足通行能力的要求。我们把上述最低限值称为最短信号周期时长。在理想情况下,当交叉口的信号周期为最短信号周期时长时,一个周期内到达交叉口的车辆将恰好在一个周期内被放行完,既无滞留车辆,也无富余绿灯时间。因此,最短信号周期 C_m 应当恰好等于一个周期内全部关键车流总的绿灯损失时间加上对应到达车辆以各自进口道饱和流量放行通过交叉口所需时间之和,即

$$C_m = L + \frac{q_1 \cdot C_m}{S_1} + \frac{q_2 \cdot C_m}{S_2} + \cdots + \frac{q_n \cdot C_m}{S_n} \tag{5-11}$$

上式经整理可得:

$$C_m = \frac{L}{1 - \sum_{i=1}^{n} \frac{q_i}{S_i}} = \frac{L}{1 - \sum_{i=1}^{n} y_i} = \frac{L}{1-Y} \tag{5-12}$$

式中:L——全部关键车流总的绿灯损失时间;
Y——全部关键车流总的交通流量比。

2. 韦氏最佳信号周期时长

如果采用最短信号周期时长作为交叉口信号控制周期,交叉口的饱和度将保持为1,随机平均延误时间将显著增加,控制效果很不理想;如果交叉口信号周期过长,均衡相位平均延误时间将会随之增长,控制效果也不尽人意。故必存在一个最佳信号周期时长,使得关键车流平均延误时间达到最小。韦伯斯特经过理论推导,得到了以交叉口关键车流平均延误时间最小为目标的最佳信号周期时长计算公式,因而将之命名为韦氏最佳信号周期时长。

显然,韦氏最佳信号周期时长对应于交叉口处于未饱和交通状态,交叉口关键车流平均延误时间 d 可用下式表示:

$$d = \frac{\sum_{i=1}^{n}(d_i \cdot q_i \cdot C)}{\sum_{i=1}^{n}(q_i \cdot C)} = \frac{\sum_{i=1}^{n}\left\{\left[\frac{C(1-\lambda_i)^2}{2(1-y_i)} + \frac{x_i^2}{2q_i(1-x_i)}\right] \cdot q_i\right\}}{\sum_{i=1}^{n} q_i} \tag{5-13}$$

式中:d_i——第 i 股关键车流所对应的车辆平均延误时间;
q_i——第 i 股关键车流所对应的车辆到达率。

将交叉口关键车流平均延误时间 d 的计算公式对信号周期 C 求导,并令一阶导数 $\frac{\mathrm{d}d}{\mathrm{d}C}$ 等

于 0，便可得到韦氏最佳信号周期的理论计算公式。值得注意的是，$\sum_{i=1}^{n}\lambda_i=\dfrac{C-L}{C}$，要求"关键车流平均延误时间最小"等价于要求"各关键车流的饱和度相等"，即 $\dfrac{y_j}{\lambda_j}=x_j=x_k=\dfrac{y_k}{\lambda_k}\Leftrightarrow\dfrac{\lambda_j}{\lambda_k}=\dfrac{y_j}{y_k}$，故 $\lambda_j=\dfrac{y_j}{Y}\cdot\dfrac{C-L}{C}$。可以看出，$\dfrac{\mathrm{d}\lambda_j}{\mathrm{d}C}=\dfrac{y_j}{Y}\cdot\dfrac{L}{C^2}$，$\lambda_j$ 与信号周期 C 也存在一定关系。

经过反复近似计算，得到韦氏最佳信号周期时长的简化公式为：

$$C_0=\dfrac{1.5L+5}{1-Y} \tag{5-14}$$

3. 最大信号周期时长

根据实际调查，发现周期长度并不是可以无限制增长的，否则会使交叉口信号时间的利用率明显降低，延误时间反而会增加。但是最大信号周期 $C_{\max}$ 取多大目前尚无数学表达式加以描述，一般国家都将 180s 视为信号周期的最大限值。

五、相位绿灯时间的计算

相位绿灯时间的分配通常是以平均车辆阻滞延误最小为原则，按照这一原则，要求各股关键车流的饱和度应大致相等，相位绿信比与相位交通流量比应大致成正比，即

$$\dfrac{\lambda_j}{y_j}=\dfrac{\lambda_k}{y_k} \tag{5-15}$$

由式(5-15)进一步推导得：

$$t_{\mathrm{EG}j}=\sum_{i=1}^{n}t_{\mathrm{EG}i}\cdot\dfrac{y_j}{\sum\limits_{i=1}^{n}y_i}=(C-L)\cdot\dfrac{y_j}{\sum\limits_{i=1}^{n}y_i} \tag{5-16}$$

相位绿灯时间的分配也可以参照饱和度实用限值进行，此时相位绿信比将与满足该相位通行能力要求所必要的绿信比成比例，即

$$\dfrac{\lambda_j}{\lambda_{0j}}=\dfrac{\lambda_k}{\lambda_{0k}} \tag{5-17}$$

式中，$\lambda_{0j}=\dfrac{y_j}{x_{pj}}$，$\lambda_{0k}=\dfrac{y_k}{x_{pk}}$。由式(5-17)进一步推导得：

$$t_{\mathrm{EG}j}=\sum_{i=1}^{n}t_{\mathrm{EG}i}\cdot\dfrac{\lambda_{0j}}{\sum\limits_{i=1}^{n}\lambda_{0i}}=(C-L)\cdot\dfrac{\dfrac{y_j}{x_{pj}}}{\sum\limits_{i=1}^{n}\dfrac{y_i}{x_{pi}}} \tag{5-18}$$

由式(2-11)可知，第 i 个相位的绿灯显示时间 t_{Gi}：

$$t_{Gi}=t_{\mathrm{EG}i}-t_{Yi}+t_{Li} \tag{5-19}$$

六、工程案例

【案例一】

已知某主路与支路相交的十字交叉口布局如图 5-7 所示，南北双向 4 车道，东西双向 8 车道，每车道宽度为 3.25m，该交叉口设计小时交通量如表 5-4 所示，绿灯间隔时间是 5s，每次绿灯时间内的起动损失时间为 2s，试为该交叉口设计定时控制方案。

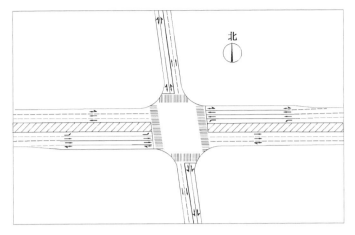

图 5-7 交叉口平面布局图

交叉口进口设计小时交通量(pcu/h)　　　　　　　　　　表 5-4

方　向	左　转	直　行	右　转	合　计
东	262	1 180	114	1 556
西	257	1 130	157	1 544
南	55	395	109	559
北	164	340	123	627

【计算步骤】

1. 信号相位方案设计

由交叉口平面布局图和交叉口设计小时交通量特征可知,东西进口道有左转专用相位,且东西左转车流均较大,应该设置东西左转专用相位;南北进口道无左转专用车道,不宜设置左转专用相位,且南北方向交通量相差较大,不宜采用对称放行方式。综合上述分析,确定该交叉口的相位方案,如图 5-8 所示。

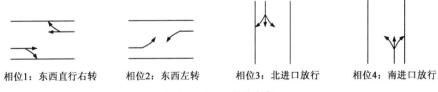

相位1：东西直行右转　　相位2：东西左转　　相位3：北进口放行　　相位4：南进口放行

图 5-8　交叉口相位方案

2. 确定绿灯间隔时间、总损失时间、饱和流量

由题意,绿灯间隔时间 $I=5$s,起动损失时间 $t_L=2$s。

在我国,黄灯时间 t_Y 一般定为 3s,因此绿灯间隔时间内的损失时间,即全红时间 $t_{AR}=I-t_Y=2$s。总损失时间可由下式确定:

$$L = (t_L + t_{AR}) \times n = (2+2) \times 4 = 16(\text{s})$$

下面计算饱和流量,查表 2-5 可知,每车道 3.25m 对应的饱和流量为 1 875pcu/h,因此南北进口各有两条车道,其饱和流量分别为:

$$q_{sS} = q_{sN} = 1875 \times 2 = 3750(\text{pcu/h})$$

同理可得,东西方向直行右转车道的饱和流量分别为:

$$q_{sESR} = q_{sWSR} = 1\,875 \times 3 = 5\,625 (\text{pcu/h})$$

东西方向左转车道的饱和流量分别为：

$$q_{sEL} = q_{sWL} = 1\,875 (\text{pcu/h})$$

3. 确定各相的最大流量比及总流量比

对相位1而言,东西直行右转车流同时放行,其流量分别为：

$$q_{ESR} = q_{ES} + q_{ER} = 1\,180 + 114 = 1\,294 (\text{pcu/h})$$
$$q_{WSR} = q_{WS} + q_{WR} = 1\,130 + 157 = 1\,287 (\text{pcu/h})$$

对相位2而言,东西左转车流放行,其流量分别为：

$$q_{EL} = 262 (\text{pcu/h})$$
$$q_{WL} = 257 (\text{pcu/h})$$

对相位3而言,由于无南北左转专用车道,需将南北左转车流折算为直行车流,因此,北方向流量为：

$$q_N = q_{NS} + q_{NR} + q_{NL} \times 1.75 = 340 + 123 + 164 \times 1.75 = 750 (\text{pcu/h})$$

同理可求出相位4的流量为：

$$q_S = q_{SS} + q_{SR} + q_{SL} \times 1.75 = 395 + 109 + 55 \times 1.75 = 600 (\text{pcu/h})$$

因此,相位1的流量比 Y_1 为：

$$y_1 = \max\left(\frac{q_{ESR}}{q_{sESR}}, \frac{q_{WSR}}{q_{sWSR}}\right) = \max\left(\frac{1\,294}{5\,625}, \frac{1\,287}{5\,625}\right) = 0.23$$

对相位2而言,流量比 Y_2 为：

$$y_2 = \max\left(\frac{q_{EL}}{q_{sEL}}, \frac{q_{WL}}{q_{sWL}}\right) = \max\left(\frac{262}{1\,875}, \frac{257}{1875}\right) = 0.14$$

对相位3而言,流量比 Y_3 为：

$$y_3 = \frac{q_N}{q_{sN}} = \frac{750}{3\,750} = 0.20$$

对相位4而言,流量比 Y_4 为：

$$y_4 = \frac{q_S}{q_{sS}} = \frac{600}{3\,750} = 0.16$$

故,该交叉口的总流量比为：

$$Y = y_1 + y_2 + y_3 + y_4 = 0.73$$

4. 计算最佳信号周期

将相关参数代入最佳信号周期公式,得：

$$C_0 = \frac{1.5L + 5}{1 - Y} = \frac{1.5 \times 16 + 5}{1 - 0.73} = 107(\text{s})$$

5. 计算相位绿灯时间

(1)对相位1而言：

有效绿灯时间 $\qquad t_{EG1} = \dfrac{y_1(C_0 - L)}{Y} \approx 29(\text{s})$

实际绿灯时间 $\qquad t_{G1} = t_{EG1} - t_Y + t_L = 28(\text{s})$

(2)对相位2而言：

有效绿灯时间 $\qquad t_{EG2} = \dfrac{y_2(C_0 - L)}{Y} \approx 17(\text{s})$

实际绿灯时间 $t_{G2} = t_{EG2} - t_Y + t_L = 16(s)$

(3)对相位 3 而言:

有效绿灯时间 $t_{EG3} = \dfrac{y_3(C_0 - L)}{Y} \approx 25(s)$

实际绿灯时间 $t_{G3} = t_{EG3} - t_Y + t_L = 24(s)$

(4)对相位 4 而言:

有效绿灯时间 $t_{EG4} = \dfrac{y_4(C_0 - L)}{Y} \approx 20(s)$

实际绿灯时间 $t_{G4} = t_{EG4} - t_Y + t_L = 19(s)$

因此,各相位绿信比分别为:

$$\lambda_1 = \dfrac{t_{EG1}}{C_0} \approx 0.27$$

$$\lambda_2 = \dfrac{t_{EG2}}{C_0} \approx 0.17$$

$$\lambda_3 = \dfrac{t_{EG3}}{C_0} \approx 0.23$$

$$\lambda_4 = \dfrac{t_{EG4}}{C_0} \approx 0.19$$

根据上述结果绘制该交叉口信号配时图,如图 5-9 所示。

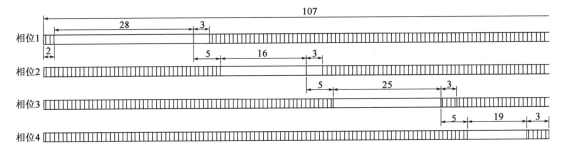

图 5-9 信号相位配时图(单位:s)

【案例二】

某两条主干道相交的交叉口,如图 5-10 所示,各进口道的交通量和饱和流量如表 5-5 所示,该交叉口的信号相位顺序如图 5-11 所示,绿灯间隔时间为 3s,黄灯时间为 3s,损失时间为 3s。计算其定时信号控制方案。

各进口交通量和饱和流量表　　　表 5-5

项 目	东进口		西进口		南进口		北进口	
	左转	直行	左转	直行	左转	直行	左转	直行
交通量(pcu/h)	460	912	528	1 010	358	1 045	482	1 170
饱和流量 q_s (pcu/h)	3 100	4 059	3 100	4 209	2 558	5 502	2 403	5 570

【计算步骤】

(1)确定最佳信号周期 C_0。

由已知条件可知,$t_L = 3s, I = 3s, t_Y = 3s$,则:

$$L = \sum_i (t_L + I - t_Y)_i = \sum_4 (3 + 3 - 3) = 12(s)$$

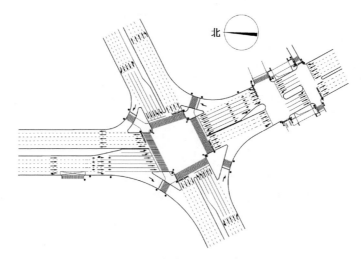

图 5-10 交叉口平面布局图

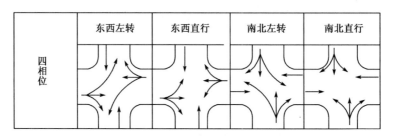

图 5-11 交叉口信号相位图

各相位流量比为：

$$y_1 = \max\left(\frac{q_{EL}}{q_{sEL}}, \frac{q_{WL}}{q_{sWL}}\right) = \max\left(\frac{460}{3\,100}, \frac{528}{3\,100}\right) = 0.17$$

$$y_2 = \max\left(\frac{q_{ES}}{q_{sES}}, \frac{q_{WS}}{q_{sWS}}\right) = \max\left(\frac{912}{4\,059}, \frac{1\,010}{4\,209}\right) = 0.24$$

$$y_3 = \max\left(\frac{q_{SL}}{q_{sSL}}, \frac{q_{NL}}{q_{sNL}}\right) = \left(\frac{358}{2\,558}, \frac{482}{2\,403}\right) = 0.20$$

$$y_4 = \max\left(\frac{q_{SS}}{q_{sSS}}, \frac{q_{NS}}{q_{sNS}}\right) = \left(\frac{1\,045}{5\,502}, \frac{1\,170}{5\,570}\right) = 0.21$$

各相位流量比之和为：

$$Y = \sum_4 y_i = 0.82$$

最佳信号周期为：

$$C_0 = \frac{1.5 \times L + 5}{1 - Y} = \frac{1.5 \times 12 + 5}{1 - 0.82} = 128(s)$$

(2)确定各相位有效绿灯时间。

$$t_{EG1} = \frac{y_1(C_0 - L)}{Y} = \frac{0.17 \times (128 - 12)}{0.82} = 24(s)$$

$$t_{EG2} = \frac{y_2(C_0 - L)}{Y} = \frac{0.24 \times (128 - 12)}{0.82} = 34(s)$$

$$t_{EG3} = \frac{y_3(C_0 - L)}{Y} = \frac{0.2 \times (128 - 12)}{0.82} = 28(s)$$

$$t_{EG4} = \frac{y_4(C_0-L)}{Y} = \frac{0.21 \times (128-12)}{0.82} = 30(\mathrm{s})$$

(3)确定各相位的显示绿灯时间。

$$t_{G1} = t_{EG1} - t_Y + t_L = 24 - 3 + 3 = 24(\mathrm{s})$$
$$t_{G2} = t_{EG2} - t_Y + t_L = 34 - 3 + 3 = 34(\mathrm{s})$$
$$t_{G3} = t_{EG3} - t_Y + t_L = 28 - 3 + 3 = 28(\mathrm{s})$$
$$t_{G4} = t_{EG4} - t_Y + t_L = 30 - 3 + 3 = 30(\mathrm{s})$$

(4)确定各相位的绿信比。

$$\lambda_1 = \frac{t_{EG1}}{C_0} = \frac{24}{128} = 0.19$$
$$\lambda_2 = \frac{t_{EG2}}{C_0} = \frac{34}{128} = 0.27$$
$$\lambda_3 = \frac{t_{EG3}}{C_0} = \frac{28}{128} = 0.22$$
$$\lambda_4 = \frac{t_{EG4}}{C_0} = \frac{30}{128} = 0.23$$

根据上述计算结果绘制交叉口信号配时图如图 5-12 所示。

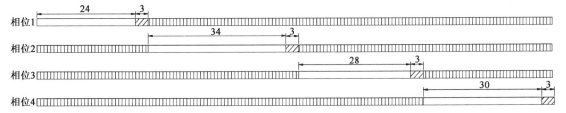

图 5-12 交叉口信号相位配时图(单位:s)

能力训练 5-2

计算题

1.有一两相位信号控制交叉口,各方向车辆到达率为:北方向 600pcu/h,南方向 800pcu/h,东方向 800pcu/h,西方向 1 200pcu/h,绿灯间隔时间为 5s,黄灯时间为 3s,起动损失时间为 2s,各方向入口渠化为双车道,每车道 q_s=1 800pcu/h。计算该路口进行信号控制的有关配时参数,并作出信号配时图。

2.已知某交叉口全部关键车流总的绿灯损失时间为 20s,各相位最大交通流量比分别为 0.198、0.186、0.145、0.163,试计算该交叉口的最短信号周期时长和最佳信号周期时长。

3.若本模块项目二"六、工程案例"的"案例二"中,相序采用单口放行方式,即东进口放行、西进口放行、南进口放行、北进口放行,其他参数不变,请重新进行信号配时设计。

项目三 仿真交叉口定时控制

【能力目标】

能对实际交叉口进行交通仿真建模分析。

【知识目标】

掌握交叉口定时控制交通仿真建模方法。

【支撑知识】

交叉口定时控制交通仿真建模。

【训练素材】

依据本模块项目二中"实际工程案例一"所设计的定时控制方案,利用 VISSIM 交通仿真软件建立微观交通仿真模型,并评价该定时控制方案的各个交通信号控制性能指标。图 5-13 所示为交叉口平面布局图。

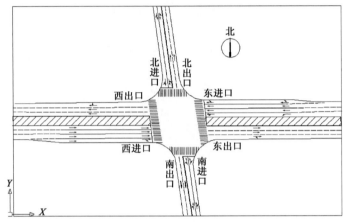

图 5-13　交叉口平面布局图

【操作步骤】

1. 导入背景图

(1)新建文件夹,命名为交叉口仿真,并将交叉口背景图复制到该文件夹中。

(2)打开 VISSIM 软件,通过菜单 Options→Background→Open 打开一个 BMP 格式文件,如图 5-14 所示。

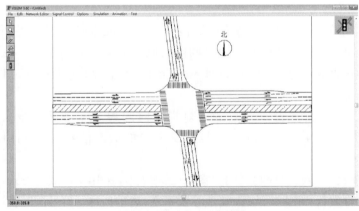

图 5-14　导入交叉口背景图

(3)定义比例尺。

①使用放大镜,将图形进行局部放大。

②通过菜单 Options→Background→Scale 确定比例尺,如图 5-15 所示。

③通过按钮,显示整个交叉口。

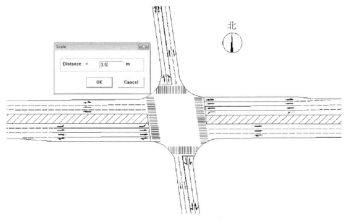

图 5-15 定义比例尺

(4)保存背景图。

选择菜单 Options→Background→Parameters→Save,在新建文件夹中,出现 *.hgr 文件,用于重新导入背景图时,将仿真模型与背景图进行匹配。

2.绘制交叉口车道模型

(1)选择 按钮,分别创建西进口 4 车道和起点处 3 车道,如图 5-16 所示。

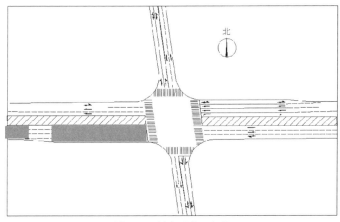

图 5-16 创建西进口车道

(2)选择 按钮,将西进口起点 3 车道与西进口终点靠中央分隔带的 3 车道进行连接,弹出路段连接对话框,在♯points 中输入 3 个连接点,如图 5-17 所示。

(3)选择 按钮,将西进口起点最右边车道(Lane1)与西进口终点最右边车道(Lane1)进行连接,弹出路段连接对话框,在♯points 中输入 3 个连接点,如图 5-18 所示。

(4)选择 按钮,创建东出口车道,如图 5-19 所示。

(5)依此类推,重复上述(1)~(4)步骤,分别创建东、南、北三个方向的进口和出口车道,如图 5-20 所示。

(6)选择 按钮,将西进口车道(Lane1,Lane2,Lane3)与东出口车道(Lane1,Lane2,Lane3)进行连接,弹出路段连接对话框,在♯points 中输入 3 个连接点,如图 5-21 所示。

(7)选择 按钮,将西进口车道(Lane4)与北出口车道(Lane2)进行连接,弹出路段连接对话框,在♯points 中输入 8 个连接点,如图 5-22 所示。

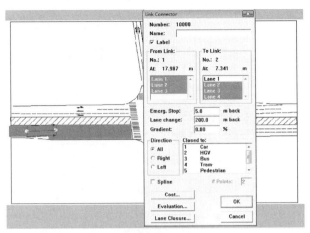

图 5-17　连接西进口基本车道

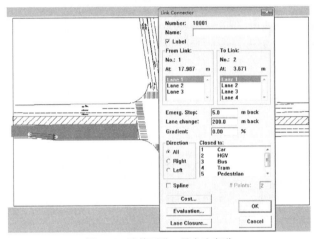

图 5-18　连接西进口最右边车道

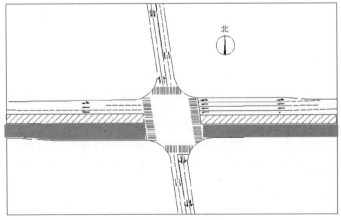

图 5-19　创建东出口车道

(8)选择 按钮,将西进口车道(Lane1)与南出口车道(Lane1)进行连接,弹出路段连接对话框,在♯points 中输入 5 个连接点,如图 5-23 所示。

(9)依此类推,选择 按钮,连接交叉口的剩余连接段,如表 5-6 所示。完成交叉口车道模型,如图 5-24 所示。

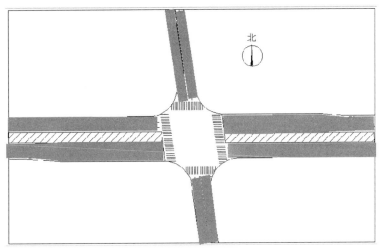

图 5-20 创建各个进口车道

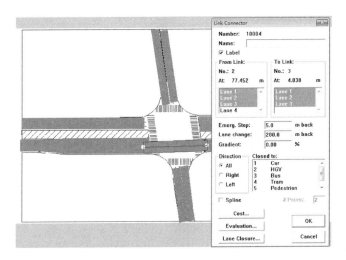

图 5-21 连接西进口车道与东出口车道

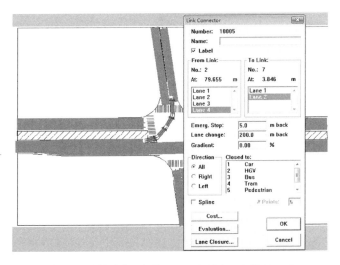

图 5-22 连接西进口车道(Lane4)与北出口车道(Lane2)

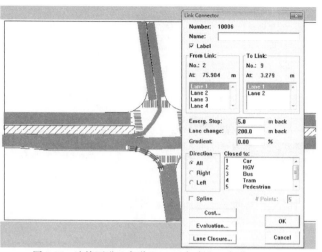

图 5-23　连接西进口车道(Lane1)与南出口车道(Lane1)

交叉口连接段情况表　　　　　　　　　　　　　　　表 5-6

序　号	连接段起点	连接段终点	连接点数量
1	东进口车道(Lane1,Lane2,Lane3)	西出口车道(Lane1,Lane2,Lane3)	3
2	东进口车道(Lane1)	北出口车道(Lane1)	5
3	东进口车道(Lane4)	南出口车道(Lane2)	8
4	南进口车道(Lane1,Lane2)	北出口车道(Lane1,Lane2)	3
5	南进口车道(Lane1)	东出口车道(Lane1)	5
6	南进口车道(Lane2)	西出口车道(Lane3)	8
7	北进口车道(Lane1,Lane2)	南出口车道(Lane1,Lane2)	3
8	北进口车道(Lane1)	西出口车道(Lane1)	5
9	北进口车道(Lane2)	东出口车道(Lane3)	8

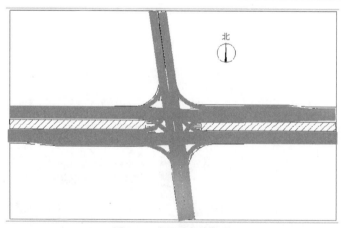

图 5-24　交叉口车道模型

3. 定义交通量

(1)长按鼠标左键,单击工具栏最下方按钮,选中定义/编辑车辆按钮,鼠标左键选中东进口道起始路段,鼠标左键双击该路段,打开车辆输入对话框。

(2)单击"New"按钮,输入交通流名称(Name)Eastflow,选择交通组成(Composition)default,输入交通量(Volume)1 556,输入车流仿真结束时间(Until)99 999,如图 5-25 所示。

(3)依此类推,依据表 5-3 交叉口设计小时交通量,定义其他三个进口的交通量。

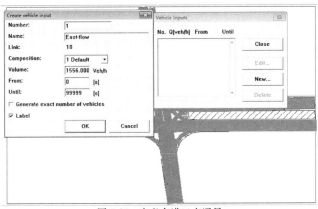

图 5-25　定义东进口交通量

4.路径选择

(1)鼠标左键单击工具栏最下方按钮并长按,选择路线定义 按钮,左键单击东进口起始路段,右键单击东进口起始路段起点,弹出路线定义对话框,如图 5-26 所示。单击"New"按钮,建立仿真时间间隔(Time Intervals),单击"OK"按钮,东进口起始路段起点处出现红色线。

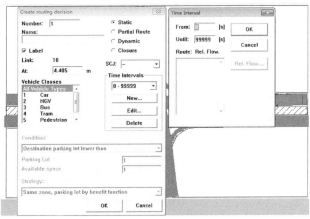

图 5-26　定义东进口路径选择

(2)鼠标左键单击西出口路段,右键单击西出口路段终点,出现黄色路径和绿色横线,弹出路线对话框,单击流量分配 Rel. Flow 按钮,在相关流量(Relative flow)对话框中,输入东进口直行车流量 1 180pcu/h,如图 5-27 所示。

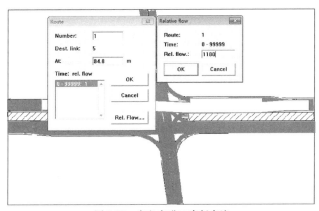

图 5-27　定义东进口直行车流

(3)鼠标左键单击南出口路段,右键单击南出口路段终点,出现黄色路径和绿色横线,弹出路线对话框,单击流量分配 Rel. Flow 按钮,在相关流量(Relative flow)对话框中,输入东进口左转车流量 262pcu/h,如图 5-28 所示。

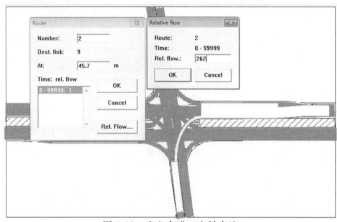

图 5-28　定义东进口左转车流

(4)鼠标左键单击北出口路段,右键单击北出口路段终点,出现黄色路径和绿色横线,弹出路线对话框,单击流量分配 Rel. Flow 按钮,在相关流量(Relative flow)对话框中,输入东进口右转车流量 144pcu/h,如图 5-29 所示。

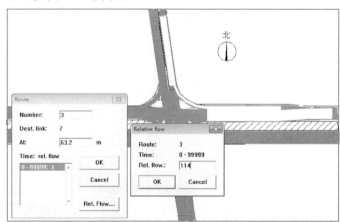

图 5-29　定义东进口右转车流

(5)依此类推,定义西进口、南进口、北进口车流路径选择。

5. 定义弯道减速带

(1)鼠标左键单击工具栏最下方按钮并长按,选择 △ 按钮。

(2)鼠标左键单击东进口左转车流弯道,在东进口左转车流弯道上,鼠标右键长按选择弯道起点,长按鼠标右键拖动至弯道终点,弹出减速带对话框,设定各类车型在弯道的速度,如图 5-30 所示。

(3)依此类推,设置交叉口所有转弯车流弯道减速带,如图 5-31 所示。

6. 设置交通信号灯

(1)单击菜单 Signal Control→Edit Signals,弹出信号控制 Signal Controlled Junctions (SCJ)对话框,单击"New"按钮,弹出信号参数(SCJ Parameters)对话框,如图 5-32 所示。输入信号灯编号(Number)1,信号周期(Cycle Time)100s。

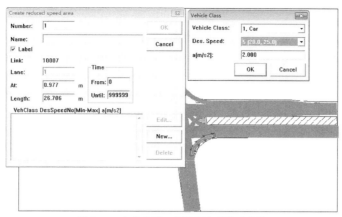

图 5-30 定义东进口左转车流弯道减速带

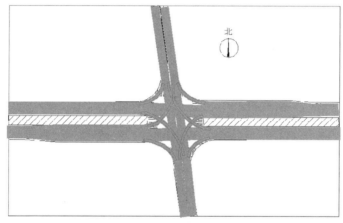

图 5-31 定义交叉口转弯车流弯道减速带

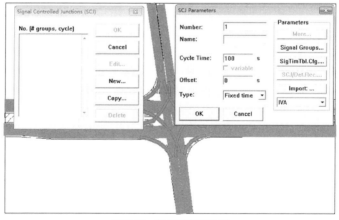

图 5-32 信号周期对话框

（2）在 SCJ Parameters 对话框中，单击信号相位"Signal Groups…"按钮，弹出相位设置对话框（Signal Groups），单击"New"按钮，弹出定时控制相位设置对话框（Fixed Time Signal Groups），如图 5-33 所示。

（3）依据图 5-9 交叉口信号相位配时图，在一个周期内，首先设置全红时间 2s，然后放行东西直行车流 26s，即相位 1 绿灯结束时间为整个周期的第 28 秒。因此，在 Fixed Time Signal Groups 对话框中，输入 Number"1"（表示相位 1），设定黄灯时间 Amber"3s"，红灯结束时间

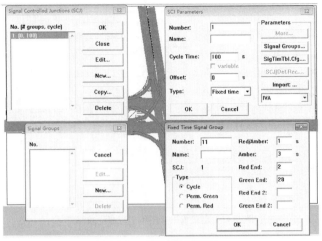

图 5-33 相位设置对话框

Red End"2s",绿灯结束时间 Green End"28s"。

(4)同理,相位 2 的第一个红灯结束时间为 28s+5s=33s,绿灯结束时间为 33s+16s=49s,在相位设置对话框(Signal Groups)中,单击"New"按钮,在 Fixed Time Signal Groups 对话框中,输入 Number"2"(表示相位 2),设定红灯结束时间 Red End"33s",绿灯结束时间 Green End"49s"。

(5)同理,相位 3 的第一个红灯结束时间为 49s+5s=54s,绿灯结束时间为 54s+20s=74s,在相位设置对话框(Signal Groups)中,单击"New"按钮,在 Fixed Time Signal Groups 对话框中,输入 Number"3"(表示相位 3),设定红灯结束时间 Red End"54s",绿灯结束时间 Green End"74s"。

(6)同理,相位 4 的第一个红灯结束时间为 74s+5s=79s,绿灯结束时间为 79s+18s=97s,在相位设置对话框(Signal Groups)中,单击"New"按钮,在 Fixed Time Signal Groups 对话框中,输入 Number"4"(表示相位 4),设定红灯结束时间 Red End"79s",绿灯结束时间 Green End"97s"。

(7)鼠标左键单击工具栏最下方按钮并长按,选择 按钮,左键单击东进口车道,右键单击东进口靠近中央分隔带的第一条直行车道,出现红色横线,弹出 Signal Head 对话框,在该对话框中,输入编号 Number"11",表示执行相位 1 的第一条车道,其他参数不变,如图 5-34 所示。

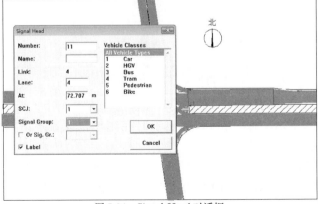

图 5-34 Signal Head 对话框

(8)参考步骤(7),定义东进口第二条直行车道的信号灯,在 Signal Head 对话框中,输入编号 Number"12",表示执行相位 1 的第二条车道。

(9)依此类推,定义执行相位 1 的所有车道,如图 5-35 所示。

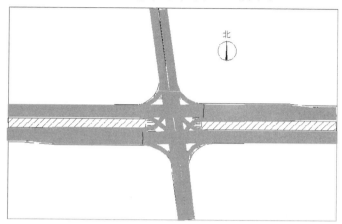

图 5-35　定义相位 1 的所有车道信号灯

(10)参考步骤(7),定义东进口左转车道的信号灯,在 Signal Head 对话框中,输入编号 Number"21",表示执行相位 2 的第一条车道;Signal Group 选择选项"2",表示相位 2。如图 5-36 所示。

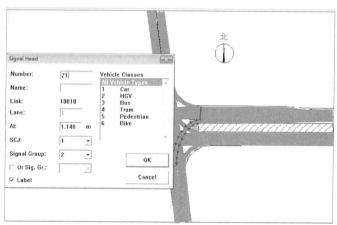

图 5-36　东进口左转车道信号灯设置

(11)参考步骤(10),定义西进口左转车道的信号灯,在 Signal Head 对话框中,输入编号 Number"22",表示执行相位 2 的第二条车道;Signal Group 选择选项"2",表示相位 2。

(12)依此类推,定义交叉口进口车道的所有信号灯,如图 5-37 所示。

7. 设定排队长度和行程时间

(1)鼠标左键单击工具栏最下方按钮并长按,选择 按钮。左键单击东进口路段,右键单击东进口路段,弹出排队长度计算(Queue Counter)对话框,输入编号 Number"1",表示东进口排队长度,如图 5-38 所示。

(2)依此类推,设定西、北、南三个进口的排队计算器,编号分别为 2、3、4,如图 5-39 所示。

(3)鼠标左键单击工具栏最下方按钮并长按,选择 按钮。左键单击东进口路段,右键单击东进口路段入口处,出现红色横线,左键单击西出口路段,右键单击西出口路段起点,出现绿

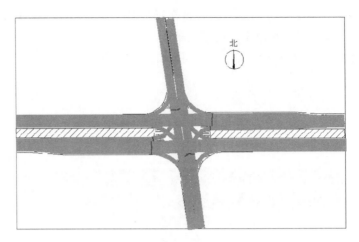

图 5-37 交叉口信号灯设置情况

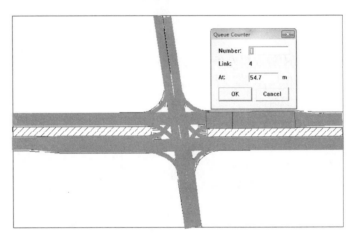

图 5-38 东进口排队计算器设定

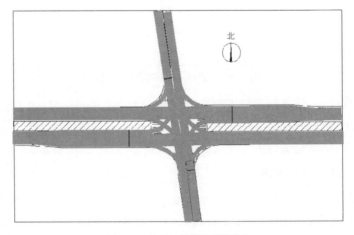

图 5-39 交叉口排队计算器设定

色横线,弹出行程时间对话框,编号 Number"1",表示由东向西通过交叉口的行程时间,信号灯 SCJ 选择选项"1",行程 Movem. 选择"1",如图 5-40 所示。

(4)参考步骤(3),分别设定由西向东、由北向南、由南向北三个方向的行程时间计算器,编号 Number 分别为 2、3、4,行程 Movem. 分别为 2、3、4,如图 5-41 所示。

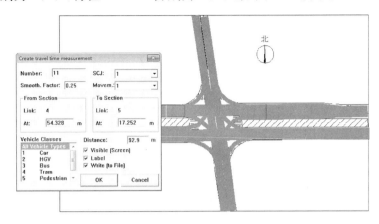

图 5-40　设定由东向西行程时间计算器

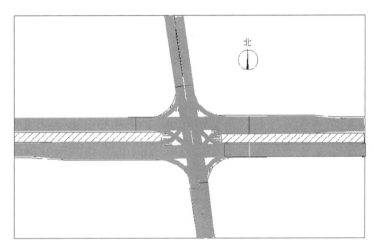

图 5-41　设定交叉口行程时间计算器

8. 添加 3D 模型

(1)按住 Ctrl+D 键,将交叉口仿真模型切换到 3D 场景,使用场景浮动工具,放大并旋转场景,如图 5-42 所示。

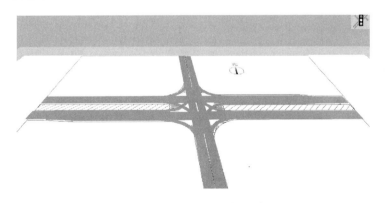

图 5-42　交叉口 3D 场景

(2)右键单击东出口隔离岛,弹出 3D 元素对话框,单击 按钮,选择 3D 模型路径(VISSIM3.6\VISSIM3.6\Exe\3DMODELS),在文件列表框(Files)中,选择 stoplight.v3d 文件,单击"Add"按钮→"OK"按钮,添加 3D 交通信号灯。

(3)长按 Ctrl 键,鼠标左键单击 3D 交通信号灯并长按移动,将交通信号灯旋转到合理的角度,长按 Shift 键,长按鼠标左键并拖动 3D 交通信号灯,可移动 3D 交通信号灯,如图 5-43 所示。

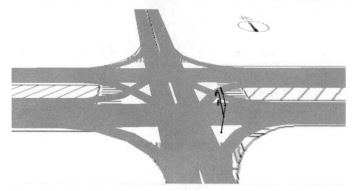

图 5-43　添加西进口的 3D 交通信号灯

(4)依此类推,添加其他三个方向的 3D 交通信号灯,注意信号灯需设置在进口方向的对面交通岛处,如图 5-44 所示。

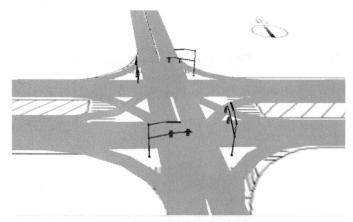

图 5-44　添加交叉口 3D 交通信号灯

(5)为了使 3D 场景更加逼真,可以适当添加 3D 植物或建筑物。

9. 制作录像

(1)单击菜单 Simulation→Recording,使得子菜单 Recording 前出现复选钩。

(2)单击菜单 Simulation→Continuous 运行仿真模型,弹出 Save file as 对话框,确定仿真录像保存路径及名称,单击"OK"按钮。

(3)弹出视频压缩对话框,在"压缩程序"选项中选择"Microsoft Video 1",单击"OK"按钮,开始进行仿真录像制作,在录制过程中,可使用场景工具放大或旋转场景,从不同角度录制仿真模型。

(4)仿真录制结束后,单击仿真结束按钮,即可完成仿真录像制作。

注意:仿真录像制作必须在 3D 场景下才有效,仿真软件制作的仿真录像文件较大,需用其他视频处理软件进行压缩或格式转换。

10. 生成交通信号控制性能指标

(1)单击菜单 Options→Evaluation→Files,弹出离线分析(Offline Analysis)对话框。

(2)选中 Travel Time 复选框,单击其后面的 Configuration 按钮,弹出行程时间参数设置对话框,输入数据采集间隔 Interval"100s",表示每个周期 100s 采集一次行程时间数据,如图 5-45 所示。

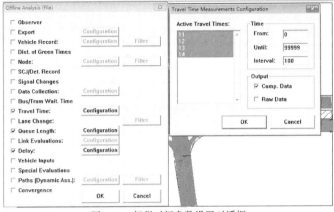

图 5-45 行程时间参数设置对话框

(3)选中 Queue Length 复选框,单击其后面的 Configuration 按钮,弹出排队长度参数设定对话框,输入数据采集间隔 Interval"100s",表示每个周期 100s 采集一次排队长队数据,如图 5-46 所示。

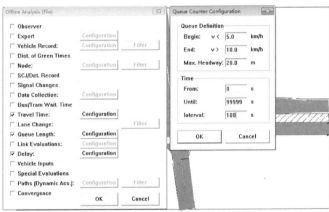

图 5-46 排队长度参数设定对话框

(4)选中 Delay 复选框,单击其后面的 Configuration 按钮,弹出延误时间参数设定对话框,单击"New"按钮,分别添加 4 个方向的延误时间,最后输入数据采集间隔 Interval"100s",表示每个周期 100s 采集一次延误时间数据,如图 5-47 所示。

(5)由 Simulation→Continuous 进入仿真运行,大约仿真 6 000 步,即 60 个周期,这时在仿真模型对应的文件夹内,出现仿真结果文件,分别是排队长度数据文件(＊.stz)、行程时间数据文件(＊.rsz)、延误时间数据文件(＊.vlz)。

①排队长度数据文件(＊.stz)。

Avg:平均排队长度。

Max.:最大排队长度。

Stop:排队中的停车次数。

No.1、2、3、4 分别表示东进口、西进口、北进口、南进口。

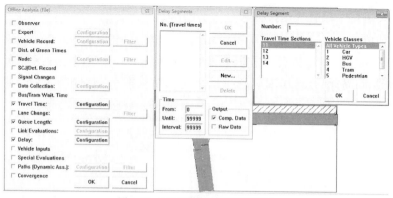

图 5-47 延误时间参数设定对话框

```
Queue Length Record


Queue Counter      1: Link      8 At      50.000 m
Queue Counter      2: Link      1 At      47.300 m
Queue Counter      3: Link      7 At      41.100 m
Queue Counter      4: Link     10 At      25.500 m

Avg.: average queue length [m] within time interval
Max.: maximum queue length [m] within time interval
Stop: number of stops within queue

    Time; Avg.;Max.;Stop; Avg.;Max.;Stop; Avg.;Max.;Stop; Avg.;Max.;Stop;
    No. :    1;   1;   1;    2;   2;   2;    3;   3;   3;    4;   4;   4;
    100;    10;  43;  21;    2;  18;   8;    8;  34;  10;    4;  23;   8;
    200;    23;  49;  37;    5;  18;  12;   10;  26;   6;    3;  23;   7;
    300;    27;  63;  55;   10;  38;  23;    9;  29;  13;   17;  27;  12;
    323;    56;  71;  25;   16;  30;   5;   24;  45;  15;    2;   8;   1;
```

②行程时间数据文件(*.rsz)。

Trav.：行程时间。

Veh.：行程中的车辆数。

No.1、2、3、4 分别表示东进口、西进口、北进口、南进口。

```
Table of Travel Times


No.  1: from link    8 at   60.1 m to link   6 at   6.0 m, Distance   54.9 m
No.  2: from link    1 at   62.4 m to link   3 at   5.4 m, Distance   58.2 m
No.  3: from link    7 at   53.8 m to link   4 at   4.3 m, Distance   63.2 m
No.  4: from link   10 at   37.9 m to link   5 at   4.9 m, Distance   65.9 m

 Time;  Trav;#Veh;  Trav;#Veh;  Trav;#Veh;  Trav;#Veh;
 VehC;  All;;       All;;       All;;       All;;
 No. :    1;   1;     2;   2;     3;   3;     4;   4;
 100;   3.7;   1;   4.3;   4;  11.5;   6;  26.3;   5;
 200;  11.8;  17;  14.5;  22;  35.4;   5;  25.7;   6;
 300;  12.3;  16;  14.8;  23;  26.3;   6;  25.8;   8;
 323;  17.0;  17;  17.4;  19;   0.0;   0;   5.3;   1;
```

③延误时间数据文件(*.vlz)。

Delay：每辆车的平均总延误(单位:s)。

Stopd：每辆车的平均停车时间(单位:s)。

Stops：当一辆车进入排队状态时，所有状态转变的数目。

#Veh：车辆数。

Pers：每个人的平均总延误(单位:s)。

#Pers：总人数。

```
Table of Delay

No.    1: Travel time section(s) 1
No.    2: Travel time section(s) 2
No.    3: Travel time section(s) 3
No.    4: Travel time section(s) 4

Time;  Delay;  Stopd; Stops;  #Veh;  Pers.;  #Pers;  Delay;  Stopd; Stops;   #Veh;  Pers.;  #Pers;  Delay;  Stopd; Stops;
VehC;  All;;;;;                                       All;;;;;                                      All;;;;;
  No.:;   1;     1;    1;      1;     1;      1;       2;      2;     2;       2;     2;       2;      3;      3;     3;
  100;  0.0;    0.0;  0.00;    1;    0.0;     1;      0.0;    0.0;   0.00;     4;    0.0;      4;     6.3;    5.6;   0.17;
  200;  7.8;    7.0;  0.06;   17;    7.8;    17;     10.3;    9.0;   0.18;    22;   10.3;     22;    29.7;   29.1;   0.40;
  300;  8.4;    7.7;  0.06;   16;    8.4;    16;     10.0;    9.0;   0.22;    23;   10.0;     23;    20.9;   20.0;   0.33;
  323; 12.9;   11.9;  0.06;   17;   12.9;    17;     12.8;   11.6;   0.21;    19;   12.8;     19;     0.0;    0.0;   0.00;
Total;  9.6;    8.7;  0.06;   51;    9.6;    51;     10.3;    9.2;   0.19;    68;   10.3;     68;    18.3;   17.6;   0.29;
```

11. 数据处理及分析

(1)新建 Excel 文件,命名为交叉口仿真数据.xls,并打开。

(2)单击菜单"数据→导入外部数据→导入数据",弹出选取数据源对话框,在该对话框中,文件类型选项选择"所有文件",选择排队长度文件.stz,单击"打开"按钮,弹出文本导入对话框,如图 5-48 所示。

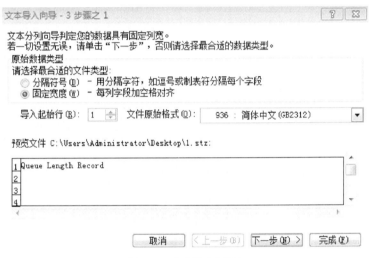

图 5-48　文本导入步骤 1

(3)单击分隔符号,选择"下一步",出现"文本导入步骤 2",选中"分号"复选框,如图 5-49 所示。

图 5-49　文本导入步骤 2

(4)单击"完成",然后单击"确定"按钮,导入排队长度数据,如图 5-50 所示。

图 5-50 导入排队长度数据

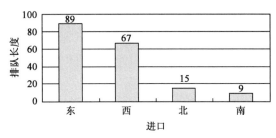

图 5-51 交叉口周期内平均排队长度

(5)由于前 5 个周期,数据尚不稳定,需删除,然后计算仿真 600~6 000 步,平均一个周期内各个进口的平均排队长度,如图 5-51 所示。

(6)参考步骤(1)~(5),利用 Excel 对数据进行处理,得到交叉口各进口的行程时间、延误时间,如图 5-52 和图 5-53 所示。

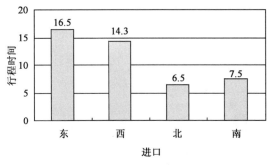

图 5-52 交叉口周期内行程时间

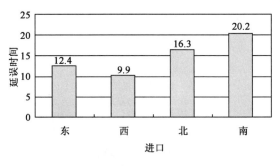

图 5-53 交叉口周期内每辆车的平均延误时间

一、信号组和信号灯

在 VISSIM 中,每一个信号控制器被赋予单独的 SCJ(Signal Controlled Junction)编号和信号组(类似于信号相位),作为最小的控制单元。根据所选择的控制逻辑,每一个信号控制器 VISSIM 可以模拟最多 125 个信号组。

注意:在 SCJ 中,所有在同一时间会出现的冲突行为都需要运用优先权规则保证安全。

信号灯设置如图 5-54 所示。

二、信号控制器

通过 Signal Control→Edit Signal 进入 Signal Controlled Junctions(SCJ)对话框定义一个新的信号控制器,点击"New"或者"Copy"按钮打开 SCJ Parameters 对话框,如图 5-55 所示。

对于每一个信号控制下列参数必须定义。

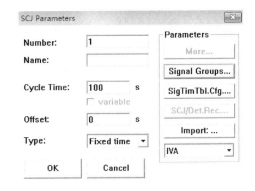

图 5-54　信号灯设置　　　　图 5-55　信号控制参数

Number：信号控制器的唯一标识。

Cycle Time：信号周期或者 Variable。

Offset：定义比第一个周期延迟的值。

Type：定义类型和控制策略。

More…：定义其他的控制参数。

Signal Groups…：点击打开一个对话框定义、编辑或者删除信号组（即信号相位）。根据所选择的控制类型，每一个信号组的不同的参数需要定义。

Sig Tim Tbl. Cfg…：点击打开信号时间表配置对话框进行配置。

SCJ/Det. Rec…：点击打开 SCJ/Det. Rec Record 对话框。

Import…：只有少数几种信号控制类型可以用。

1. 定时信号控制

对定时信号控制来说，只需要定义红灯和绿灯结束时间，以及红灯和红灯/黄灯时间（当从红灯切换到绿灯的时候显示，欧洲使用较多）。黄灯和红灯/黄灯时间可以被设置为 0，以关掉它们。

2. 车辆感应信号控制（可选模块 VAP）

如果可选模块 VAP 被安装，VISSIM 可以通过外部信号状态生成器模拟感应信号控制交叉口。这个信号状态生成器允许用户定义它们各自的信号控制逻辑，包括任何类型的特性（如公交优先、铁路优先、紧急车辆优先等）。

三、信号控制类型的切换

信号控制类型可以从定时控制切换到感应控制或者其他。但是，一些必需的参数输入，如红灯结束时间、绿灯结束时间等，根据新的或者先前的控制类型有可能丢失。参数通过 Signal Groups editing 对话框定义。在新的控制类型里面永远不会用到先前控制类型的参数，先前控制类型的参数会消失。

四、信号控制通信

任何两个 SCJ 可以通过 Signal Control——SCJ Communication 连接。每一个连接都是从一个 SCJ 的输出信道编号到另一个 SCJ 的输入信道编号，如图 5-56 所示。

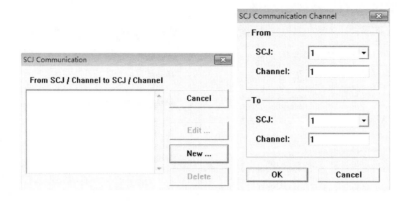

图 5-56 信号控制通信

五、排队计算器

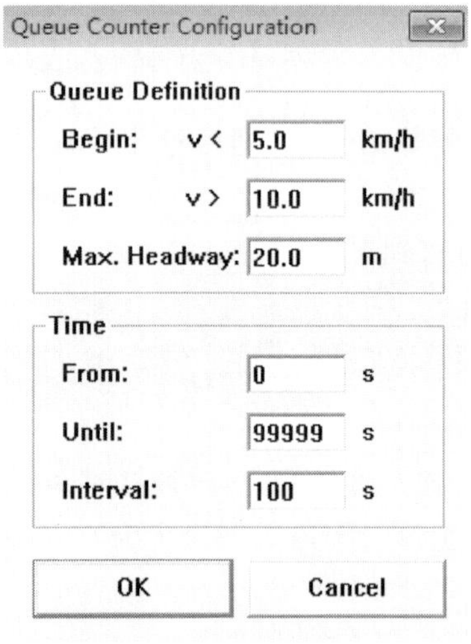

VISSIM 中的排队计算器输出提供平均排队长度、最大排队长度和在排队中的停车次数。排队从上游排队计算器所在的 Link 或者 Connector 开始计算，到处于排队状态的最后的车辆。排队长度的输出单位是长度而不是车辆数。

排队计算器可以放置在 Link 或者 Connector 的任意位置。最适合的位置是在信号控制交叉口的停车线上。排队计算器由 按钮定义。相应配置如图 5-57 所示。

Queue Definition（定义排队状态）：当车速下降到 Begin 中定义的速度以下，并且没有超过 End 速度，就定义一辆车处于排队状态。Max. Headway 定义两辆车之间的最大距离，以保证排队不被中断。

Time：定义评价的开始和结束时间以及时间间隔。

图 5-57 排队长度参数设定

输入文件（*.stz）如下：

```
Queue Length Record

Queue Counter        1: Link      8 At     50.000 m
Queue Counter        2: Link      1 At     47.300 m
Queue Counter        3: Link      7 At     41.100 m
Queue Counter        4: Link     10 At     25.500 m

Avg.: average queue length [m] within time interval
Max.: maximum queue length [m] within time interval
Stop: number of stops within queue

  Time; Avg.;Max.;Stop; Avg.;Max.;Stop; Avg.;Max.;Stop; Avg.;Max.;Stop;
  No.:;   1;   1;   1;   2;   2;   2;   3;   3;   3;   4;   4;   4;
   100;  10;  43;  21;   2;  18;   8;   8;  34;  10;   4;  23;   8;
   200;  23;  49;  37;   5;  18;  12;  10;  26;   6;  12;  23;   7;
   300;  27;  63;  55;  10;  38;  23;   9;  29;  13;  17;  27;  12;
   323;  56;  71;  25;  16;  30;   5;  24;  45;  15;   2;   8;   1;
```

六、行程时间

如果行程时间区域在网络中已经定义好,则 VISSIM 能评价平均行程时间(包括等待时间和停留时间)。每一个区域包括一个起点经过区域和一个终点经过区域。平均行程时间由车辆通过第一个经过区域到通过第二个区域的时间决定。

1. 定义

行程时间定义通过 按钮来定义。

注意:和定义其他网络元素一样,行程时间区域的起点必须位于它所在 Link/Connector 的终点之前,这"之前"的距离至少是一辆车能以最快的期望速度在一个仿真步长里通过的距离。

2. 配置

要得到期望的输出格式还需要其他的信息。这由 Travel Time Measurement 对话框提供,如图 5-58 所示。它由点击前图后面对应的 Configure 按钮进入。

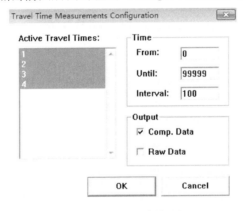

图 5-58 行程时间参数设定

Active Travel Times:只有被选中的行程时间区域才会搜集相关数据。

Time:评价的开始和结束时间,以及时间间隔。

Output:定义输出文件的格式。其中:

(1)Compiled Data:根据在这个对话框中定义的时间、车辆类型等产生一个文件(*.rsz)。

(2)Raw Data:只是产生一个按时间顺序的完整的行程时间事件。

3. 结果

行程时间输出文件 *.rsz 如下所示:

```
Table of Travel Times

No.  1: from link    8 at  60.1 m to link   6 at  6.0 m, Distance  54.9 m
No.  2: from link    1 at  62.4 m to link   3 at  5.4 m, Distance  58.2 m
No.  3: from link    7 at  53.8 m to link   4 at  4.3 m, Distance  63.2 m
No.  4: from link   10 at  37.9 m to link   5 at  4.9 m, Distance  65.9 m

 Time;  Trav;#Veh;  Trav;#Veh;  Trav;#Veh;  Trav;#Veh;
 VehC;  All;;       All;;       All;;       All;;
 No.:;    1;  1;      2;  2;     3;  3;      4;  4;
  100;  3.7;  1;    4.3;  4;   11.5;  6;   26.3;  5;
  200; 11.8; 17;   14.5; 22;   35.4;  5;   25.7;  6;
  300; 12.3; 16;   14.8; 23;   26.3;  6;   25.8;  8;
  323; 17.0; 17;   17.4; 19;    0.0;  0;    5.3;  1;
```

七、延误时间

在行程时间区域的基础上，VISSIM 能产生延误数据。一个延误段是基于一个或多个行程时间测量。这样，所有被行程时间测量所测的车辆也能被延误测量所用，前提是同一种车被选中。

1. 定义

因为延误段是基于行程时间的，所以不需要其他的定义。

2. 配置

延误评价文件的配置基本同前，如图 5-59 所示。

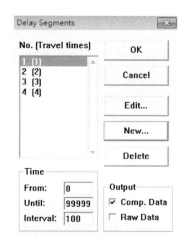

图 5-59　延误时间参数设定

其 Compiled Data 文件为 *.vlz，Raw Data 文件为 *.vlr。

3. 结果

以下是输出文件 *.vlz 的例子。

```
Table of Delay

No.   1: Travel time section(s) 1
No.   2: Travel time section(s) 2
No.   3: Travel time section(s) 3
No.   4: Travel time section(s) 4

     Time; Delay; Stopd; Stops; #Veh; Pers.; #Pers; Delay; Stopd; Stops; #Veh; Pers.; #Pers; Delay; Stopd; Stops;
     VehC; All;;;;;;                            All;;;;;;                          All;;;;;;
     No.:    1;    1;    1;    1;    1;    1;    2;    2;    2;    2;    2;    2;    3;    3;    3;
      100;  0.0;  0.0; 0.00;    1;  0.0;    1;  0.0;  0.0; 0.00;    4;  0.0;    4;  6.3;  5.6; 0.17;
      200;  7.8;  7.0; 0.06;   17;  7.8;   17; 10.3;  9.0; 0.18;   22; 10.3;   22; 29.7; 29.1; 0.40;
      300;  8.4;  7.7; 0.06;   16;  8.4;   16; 10.0;  9.0; 0.22;   23; 10.0;   23; 20.9; 20.0; 0.33;
      323; 12.9; 11.9; 0.06;   17; 12.9;   17; 12.8; 11.6; 0.21;   19; 12.8;   19;  0.0;  0.0; 0.00;
    Total;  9.6;  8.7; 0.06;   51;  9.6;   51; 10.3;  9.2; 0.19;   68; 10.3;   68; 18.3; 17.6; 0.29;
```

其中，信息解释如下：

Delay：每辆车的平均总延误（单位：s）。

Stopd：每辆车的平均停车时间（单位：s）。

Stops：当一辆车进入排队状态时，所有状态转变的数目。

♯Veh：车辆数。

Pers：每个人的平均总延误（单位：s）。

♯Pers：总人数。

八、制作 3D 录像

记录 3D 录像需要先选择 Simulation→Recording,前面打钩则表示已选中。然后开始仿真,仿真开始需要输入保存对应记录文件(*.AVI)的文件名,之后一个视频压缩模式需要被选择,如图 5-60 所示。一般较常用的是"Microsoft Video 1"压缩模式,如果选择 AVI 文件会变得非常大,因为其没有经过任何压缩。

图 5-60 制作 3D 录像

能力训练 5-3

操作题

依据本模块项目二工程案例二的已知信息,利用 VISSIM 交通仿真软件,建立交叉口交通仿真模型,并评价交通信号控制方案的各项交通性能指标。

项目四 设计交通信号早断与滞后

【能力目标】
能对实际交叉口进行交通信号早断或滞后方案设计。

【知识目标】
掌握交通信号早断与滞后设计方法。

【支撑知识】
交通信号早断与滞后。

【训练素材】
某十字交叉口,采用了相位早断的两相位信号控制,其小时交通流量及饱和流量如表 5-7 所示,假设每相位损失时间是 3s。为使西进口的左转车辆不受东进口道直行车影响而完成左转,试计算所需的早断时间。

流量数据表　　　　　　　　　　　　　　　　　　　　表 5-7

进口道	小时交通流量(pcu/h)	饱和流量(pcu/h)
西进口,直行及右转	400	1 900
西进口,左转	200	1 600
东进口各个方向	700	1 900
北进口各个方向	500	1 900
南进口各个方向	600	1 900

【计算步骤】

(1)计算各个进口道的 Y 值,如表 5-8 所示。

从计算结果可以看出,东西向的 Y 值是 0.21 或 0.13+0.37 中的较大者,而南北向的 Y 值是 0.26 或 0.32 中的较大者。

各进口道的 Y 值计算结果　　　　　　　　　　表 5-8

进 口 道	小时交通流量(pcu/h)	饱和流量(pcu/h)	流 量 比
西进口,直行及右转	400	1 900	0.21
西进口,左转	200	1 600	0.13
东进口各个方向	700	1 900	0.37
北进口各个方向	500	1 900	0.26
南进口各个方向	600	1 900	0.32

(2)计算总延误时间。

$$L = (t_L + t_{AR}) \times n = (3+0) \times 2 = 6(s)$$

(3)计算最佳信号周期。

$$C_0 = \frac{1.5L+5}{1-Y} = \frac{1.5 \times 6 + 5}{1-(0.5+0.32)} = 78(s)$$

(4)计算总有效绿灯时间。

$$t_{EG} = \sum_i t_{EGi} = C_0 - L = 72(s)$$

(5)计算有效绿灯时间及实际绿灯时间。

东西相位有效绿灯时间为:

$$t_{EG1} = \frac{y_1}{y_1+y_2} \times t_{EG} = \frac{0.5}{0.5+0.32} \times 72 = 44(s)$$

东西相位实际绿灯时间为:

$$t_{G1} = t_{EG1} - t_Y + t_L = 44 - 3 + 3 = 44(s)$$

南北相位有效绿灯时间为:

$$t_{EG2} = \frac{y_2}{y_1+y_2} \times t_{EG} = \frac{0.32}{0.5+0.32} \times 72 = 28(s)$$

南北相位实际绿灯时间为:

$$t_{G2} = t_{EG2} - t_Y + t_L = 28 - 3 + 3 = 28(s)$$

由于东西向有信号早断,因此东西相位实际绿灯时间要以 0.13 与 0.37 之比进行分配。这样可以得出早断时间为:

$$\frac{0.13}{0.13+0.37} \times 44 = 11(s)$$

如果左转车辆数量比较大,那么左转车辆仅单纯依靠对向直行车的空当穿过交叉口是比较困难的,容易引发车辆堵塞,这就要求为左转车辆提供专用相位。但这样做,则要求为左转车辆设置专门的一组信号灯,增加了设备投资,同时,多设一个左转相位就增加了一份损失时间。为此,当左转车辆数目不足以专设左转信号相位时,可以采用交通信号的早断和滞后的方法。

对向相位的早断是指先给予直行车流一段绿灯时间,然后放行交通量较大的一股左转车流,而在此之前,要先截断对向直行车流的通行。滞后是指在绿灯时间内,先放行左转车流,过一段时间后再放行对向直行车流。

如图 5-61 所示为十字交叉口信号早断的例子,西进口道是左转车流较大的方向。首先该交叉口采用东—西,南—北两相位控制方式。对于东西相位而言,信号划分为两个阶段,如图所示。先放行东进口的各个方向车流和西进口的直行、右转车流,然后禁止东进口的各方向车流,只允许西进口的各个车流通行。

东进口的流量比记为 Y_E,西进口的直行和右转的流量比记为 Y_W,西进口的左转车流量比记为

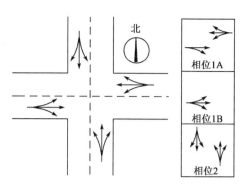

图 5-61 某交叉口信号相位划分

Y_{WL},由于西进口的直行和右转跨越了相位 1A 和 1B,因此相位 1 中的最大流量比 Y 应取

$$Y = \max\{Y_W, Y_E, Y_E + Y_{WL}\} \qquad (5-20)$$

即该相位的 Y 为 Y_W 和 Y_E+Y_{WL} 中的较大者。之所以这样处理相位 1 的 Y 值,是因为在该相位中,西进口车流可在整段绿灯时间内连续通行,而东进口车流和西进口左转车流都必须合用这一段绿灯时间。

如果 $Y_E+Y_{WL}>Y_W$,则该相位第一阶段的 Y 为 Y_E,第二阶段的 Y 为 Y_{WL};如果 $Y_E+Y_{WL}<Y_W$,那么西进口车流所需绿灯时间应按东进口车流的 Y_E 和西进口左转的 Y_{WL} 的比例加以分配。

这样,第一阶段的 Y 值为:

$$Y_1 = \frac{Y_E Y_W}{Y_E + Y_{WL}} \qquad (5-21)$$

第二阶段的 Y 值为:

$$Y_2 = \frac{Y_{WL} Y_W}{Y_E + Y_{WL}} \qquad (5-22)$$

根据 Y_1,Y_2 两个值,即可分配出各个信号绿灯时间。上述方法同样适用于信号的滞后处理。

能力训练 5-4

不定项选择题
1. 早断是指( )。
   A. 放行交通量较大的一股左转车流前,对向车流滞后放行
   B. 放行交通量较大的一股左转车流前,提前截断直行车流的通行
   C. 放行交通量较大的一股左转车流前,先截断对向直行车流的通行
   D. 以上选项均不符合
2. 滞后是指( )。
   A. 放行交通量较大的一股左转车流前,对向车流滞后放行
   B. 先放行左转车流,过一段时间后再放行对向直行车流
   C. 放行交通量较大的一股左转车流前,先截断对向直行车流的通行
   D. 以上选项均不符合

模块六　交叉口感应控制设计

【主要内容】
本模块首先初步介绍车辆感应控制,然后分析次路检测半感应控制和主路检测半感应控制,最后分析全感应控制的基本原理、工作特点及其优缺点。

项目一　认识车辆感应控制

【能力目标】
能正确描述单个车辆检测控制与车队车辆检测控制的区别。
【知识目标】
(1)了解车辆感应控制的发展情况;
(2)掌握车辆感应控制的分类。
【支撑知识】
(1)车辆感应控制概述;
(2)车辆感应控制的发展。

一、车辆感应控制概述

定时信号控制是根据交叉口以往的交通情况,预先设定信号周期和相位绿灯时间等参数。这种预先设定的参数在整个时间段内都是固定不变的,也就是说,定时信号控制的配时参数是不会随着实际情况变化而改变的,只有当实际交通状况与设计时采用的交通状况相符时,才能取得预期的控制效果。然而在现实中,这种条件并不是常常发生,从而造成定时信号控制并不能适应实际交通的要求,其结果是在有些情况下车辆延误时间增大,或是造成某些相位绿灯放行时,其对应的放行车道较长时间内无车辆通过,而另一些相位红灯禁止通行时,却有大量车辆在排队等候的情况发生。

为了使信号控制能够根据交叉口实际交通状况作出反应,出现了感应式信号控制。感应控制是根据车辆检测器检测到的路口车辆到达状况,使路口各个方向的信号显示时间适应于交通需求的控制方式,其工作原理如图 6-1 所示。感应控制对车辆随机到达的适应性较大,可使车辆在停车线前尽可能少地停车,从而达到交通畅通的效果。

可以看到,感应信号控制是一个反馈控制过程,从理论上讲,这种控制应取得良好的控制效果。但是实践表明,如果主要道路和次要道路上的交通流量都很大,甚至接近饱和状态时,感应控制的控制效果还不如定时控制。

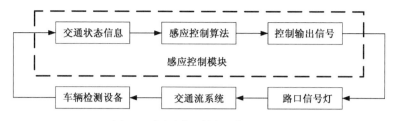

图 6-1 感应式信号控制工作原理框图

二、车辆感应控制的发展

美国在 20 世纪 30 年代初期研制出了世界上第一台感应式信号控制机。它在当时采用的是"声控"方式,即要求车辆到达交叉口的某一指定位置时,必须鸣响喇叭。在信号控制中有感应声响的传感器,信号控制机根据传感器送来的信号,控制信号灯的变化。显而易见,这种信号控制方式简单,但是由于采用的声控容易受干扰,且汽车发出的噪声又污染了周围环境,因此,受到了公众的反对。但它毕竟是后来发展起来的、比较完善的感应式控制机的雏形,且具有创新意义。不久之后,人们用气动传感器取代了声控感应,研制成了新型感应式信号控制系统。20 世纪 60 年代以来,电感检测器、超声波检测器以及微波检测器等新型的车辆检测装置逐步取代了老式的检测器,各种类型车辆检测器所构成的车辆感应式控制系统也不断出现。这些系统的运行效果超过了早期的系统。经过运行实践表明,感应式控制通行效率比单点定时控制系统的通行效率高,车辆停车次数可减少 6%~30%。

从车辆感应控制系统的发展来看,车辆检测器部分的发展更新是主要的,因为感应式信号机的原理并不随车辆检测器的变化而有所不同。感应控制根据车辆检测方式可分为:

(1)单个车辆检测控制。其基本工作原理是:绿灯启亮时,先给出一段最小绿灯时间,在这一段最小绿灯时间结束前,如果检测到有车辆到达,则相应延长一小段绿灯时间,如果其后又检测到有车辆到达,则再相应延长一小段绿灯时间,依此类推,直到当绿灯时间累计达到预定的最大绿灯时间或在绿灯时间内没有车辆到达,才切换到下一信号相位。

(2)车队检测控制。其基本工作原理是:检测交叉口存在的车队情况,即只有当一个预定长度的车队被检测到时,该进口道才启亮绿灯和延长绿灯时间。一旦车队消失,便切换到下一信号相位。当然,单个车辆检测控制与车队检测控制对于检测器埋设位置的要求也有所不同。

感应控制根据控制实施方式又可分为半感应控制和全感应控制。半感应控制是在路口部分入口处设置车辆检测器的感应控制方式;而全感应控制则是在路口全部入口处设置车辆检测器的感应控制方式。本模块将重点对这两种感应控制方式进行深入阐述。

能力训练 6-1

不定项选择题

1.下列选项对感应控制方式的描述,正确的有( )。

　　A.感应控制方式比定时控制方式优越

　　B.感应控制能够适应交通流的随机变化

　　C.感应控制适用于交叉口处于饱和的状态

　　D.以上选项均不符合

2. 感应控制根据车辆检测方式可分为(　　)。
　A. 单个车辆检测控制
　B. 半感应控制
　C. 车队检测控制
　D. 全感应控制
3. 感应控制的控制实施方式有(　　)。
　A. 单个车辆检测控制
　B. 半感应控制
　C. 车队检测控制
　D. 全感应控制

项目二　分析半感应控制原理

【能力目标】
能正确描述次路检测半感应控制流程和主路检测半感应控制流程。
【知识目标】
掌握次路检测半感应控制流程和主路检测半感应控制流程。
【支撑知识】
(1)次路检测半感应控制流程；
(2)主路检测半感应控制流程。

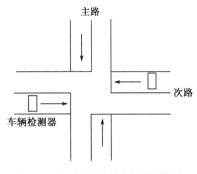

图 6-2　次路检测半感应控制示意图

半感应控制适用于主路与次路车流量相差较大，且次路车流量波动明显的路口。半感应控制根据车辆检测器的埋设位置不同又可以分为：次路检测半感应控制和主路检测半感应控制两种。

次路检测半感应控制的车辆检测器埋设在次路上，如图 6-2 所示。次路通行的信号相位称为感应相，而主路通行的信号相位称为非感应相，次路通行绿灯时间由次路上车辆的到达情况决定，其余绿灯时间将分配给主路通行。次路检测半感应控制实质上是次路优先，只要次路有车辆到达就会打断主路车流，因此其主要用于某些有特殊需要的地方，如消防队、医院等重要机关出入口处。此外，这种控制方式特别不利于次路上非机动车辆的通行，因为当次路机动车很少时，次路非机动车往往需要等待很长时间，等到有机动车到达时，才能随之通过交叉口。

主路检测半感应控制的车辆检测器则埋设在主路上，主路通行的信号相位称为感应相，而次路通行的信号相位称为非感应相，主路通行绿灯时间由主路上车辆的到达情况决定，次路通行绿灯时间则固定不变。主路检测半感应控制可以避免主路车流被次路车辆打断，且有利于次路上非机动车辆的通行。

下面以一种次路检测半感应控制方法为例(如图 6-3 所示)，说明其流程以及相关时间参数的确定方法。

在次路检测半感应控制中，需要确定的主次路信号灯配时参数有：主路最小绿灯时间、次

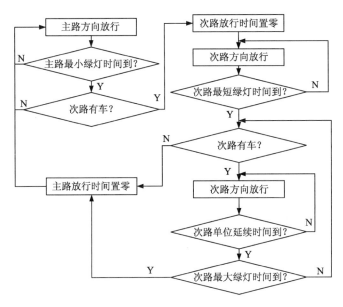

图 6-3 次路检测半感应控制流程图

路最短绿灯时间、次路单位延续绿灯时间和次路最大绿灯时间。图 6-4 给出了这些参数的关系。感应信号控制器内预设有一个"最短绿灯时间"(G_{min}),到最短绿灯结束时,如在一个预设的时间间隔内,无后续车辆到达,即可更换相位;如检测器检测到有后续车辆到达,则每测得一辆车,绿灯延长一个预置的"单位延续绿灯时间"(G_0),即只要在这个预置的时间间隔内,车辆中断,即换相;连续有车,则绿灯连续延长。绿灯一直延长到一个预置的"最大绿灯时间"(G_{max})时,即使检测到后面仍有来车,也中断这个相位的通车权。实际绿灯时间界于最短绿灯时间与最大绿灯时间之间。

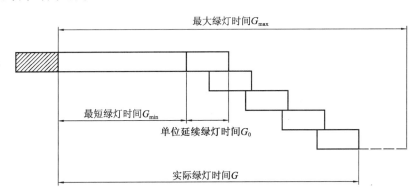

图 6-4 次路检测半感应控制主要参数关系图

下面将简要介绍这些时间参数的确定方法。

1. 主路最小绿灯时间

主路最小绿灯时间由交叉口的交通情况确定。如果次路车流量较小,而主路不是交通比较繁重的城市道路,则可选取较短的最小绿灯时间,如 25~40s,以便有利于次路车辆的通行;如果次路车流量较大或主路是交通比较繁重的城市道路,则应选取较长的最小绿灯时间,如 40~75s,以便有利于主路车辆的通行。

2. 次路最短绿灯时间（$G_{\min}$）

次路最短绿灯时间与车辆检测器到停车线的距离和行人安全过街所需时间有关。这是因为，车辆检测器到停车线的距离决定了系统可以检测到的停放车辆数，而次路最短绿灯时间要保证停在检测器与停车线之间的全部车辆经过加速起动后都能顺利通过交叉口，同时次路最短绿灯时间还要保证换相时行人能安全过街。

次路最短绿灯时间由车辆初始阶段（初始绿灯时间）和单位延续绿灯时间组成。初始绿灯时间必须保证积存在检测器和停车线之间的车辆驶入交叉口。

在欠饱和状态下，可以使用相位关键进口道的车队疏散时间（T_s）来确定初始绿灯时间。车队疏散时间计算公式如下：

$$T_s = \frac{Q_m}{q_s - q_i} \tag{6-1}$$

式中：T_s——相位关键进口道的车队疏散时间，s；

Q_m——相位关键进口道的最大排队长度，辆/s；

q_s——相位关键进口道的饱和流量，辆/s；

q_i——相位 i 关键进口道的到达率，辆/s。

3. 次路单位延续绿灯时间（G_0）

次路单位延续绿灯时间的设定也与车辆检测器到停车线的距离有关。如果车辆检测器与停车线之间的距离较大，则次路单位延续绿灯时间取车辆从检测器行驶到停车线所需时间，此时可以根据两者距离与平均行驶车速求出，以保证已经越过车辆检测器的车辆能顺利驶过停车线，其计算公式如下：

$$G_0 = \frac{D}{v} \tag{6-2}$$

式中：D——检测器到停车线之间的距离，m；

v——平均行驶车速，m/s。

如果车辆检测器与停车线之间的距离很小，则次路单位延续绿灯时间取车队相邻车辆之间的空间时距，以保证连续行驶的车辆能顺利驶过停车线。

次路单位延续绿灯时间对于感应控制的控制效果起着决定性的作用。从理论上讲，次路单位延续绿灯时间应尽可能短，刚刚够用就行，以降低绿灯损失时间，提高运行效率；但是从实际情况和交通安全角度考虑，次路单位延续绿灯时间不宜设置太短。因为车辆的行驶速度存在一定差异，如果次路单位延续绿灯时间设置太短，可能导致某些已经越过车辆检测器的车辆无法穿过停车线，并不能保证取得良好的控制效果，甚至出现紧急制动的现象，存在交通安全隐患。

4. 次路最大绿灯时间（$G_{\max}$）

为了防止感应相（次路）绿灯时间无限制延长，对于次路绿灯时间的累计长度要有一定的限制，这就是次路最大绿灯时间。由于次路最大绿灯时间的最佳值受次路单位延续绿灯时间影响较小，因此，次路最大绿灯时间可以按照定时配时设计方法确定：先计算分配给次路感应相的绿灯时间，再将这一时间乘以 1.25～1.50 的系数，所得时间即为次路最大绿灯时间。针对次路在不同时段具有不同交通量的特点，还可以为感应相设计与之相应的次路最大绿灯时间，以满足不同时段次路的交通需求，提高其交通安全。

对于主路检测半感应控制，需要确定主次路信号灯的配时参数有：主路最短绿灯时间、主路单位延续绿灯时间、主路最大绿灯时间和次路最小绿灯时间。其流程以及相关时间参数的确定方法与次路检测半感应控制基本类似,如图 6-5 所示。

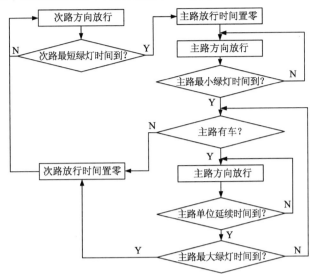

图 6-5 主路检测半感应控制流程图

能力训练 6-2

填空题

请将图 6-6 次路检测半感应控制流程图补充完整。

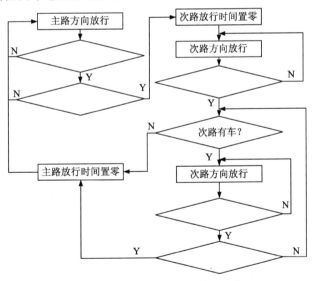

图 6-6 次路检测半感应控制流程图

项目三 分析全感应控制原理

【能力目标】

能正确描述全感应控制的基本原理。

【知识目标】
(1)掌握全感应控制的基本原理;
(2)了解全感应控制的工作特点;
(3)掌握全感应控制的优缺点。

【支撑知识】
全感应控制的基本原理、工作特点和优缺点。

一、全感应控制的基本原理

全感应式控制是在交叉口各入口道上都设置了车辆检测器。各信号相的绿灯时间均根据车辆检测器检测到的交通情况而定。全感应控制适用于需要3个以上相位且交通流量变化比较大的交叉口。全感应式控制与半感应式控制的区别在于交叉口所有入口车道均设置了车辆检测器,这样,所有信号相均为感应信号相,同项目二半感应控制一样,全感应式控制中所有信号相均要有最短绿灯时间、单位延续绿灯时间和最大绿灯时间等配时参数。有关这些参数的配时可以参考项目二内容。全感应控制的流程如图6-7所示。

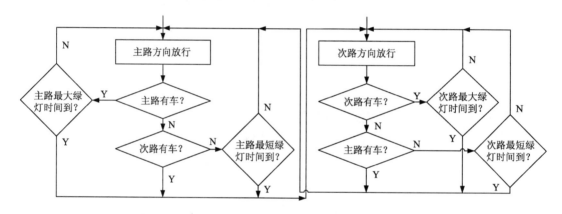

图6-7　全感应式控制流程图

二、全感应控制的工作特点

从全感应式控制的原理可以看出全感应式控制具有如下特点:
(1)在交叉口所有入口都埋设了检测器。
(2)每一信号相位都有预置初始绿灯时间。
(3)对每一信号相位的绿灯时间都有限制。
(4)初始绿灯时间要比单位延长时间短。在最短绿灯时间后,对于每次感应都按照预置的单位延长时间延长绿灯时间。

三、全感应控制的优缺点

1. 全感应式控制的优点

(1)如果配时合理,可以减少车辆延误。
(2)能够适应交通流的短期变化。

(3)在交通流量不大的情况下,可以使交通流连续运行。

(4)对于多相位交叉口比较有效。

2.全感应式控制的缺点

(1)全感应控制系统的造价要高于定时控制系统。

(2)全感应控制器和检测器比定时控制器复杂,需要更多的维护和检修。

能力训练6-3

填空题

请将图6-8次路检测半感应控制流程图补充完整。

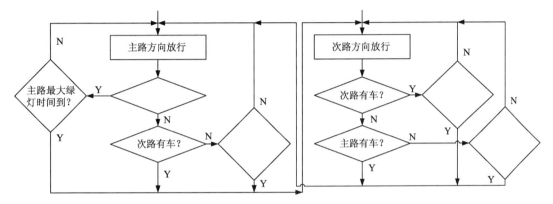

图6-8 次路检测半感应式控制流程图

模块七　干道信号协调控制方案设计与仿真

【主要内容】

本模块首先介绍干道信号协调控制的基本概念、控制方式、连接方式,然后介绍干道信号协调控制方案的设计步骤、评价方法,接着介绍干道信号协调控制相位差求解方法及干道协调控制效果的影响因素,最后结合实际案例,介绍干道协调控制方案仿真步骤。

项目一　初步认识干道信号协调控制

【能力目标】

(1)能正确描述相位差的定义;

(2)能正确描述干道信号协调控制的控制方式;

(3)能正确描述干道信号协调控制的连接方式。

【知识目标】

(1)熟悉公共周期、绿信比、相位差等基本概念;

(2)掌握干道信号协调控制的控制方式;

(3)掌握干道信号协调控制的连接方式。

【支撑知识】

(1)干道信号协调控制的基本概念;

(2)干道信号协调控制的控制方式;

(3)干道信号协调控制的连接方式。

一、干道信号协调控制的基本概念

城市交通中,由于交通流量大,使得各相邻交叉口往往相互关联、相互影响,只关注某一个交叉口的交通控制是不能够解决城市主干道的交通问题的。同时,在城市道路网中,交叉口相距很近,如各交叉口分别设置单点信号控制,车辆经常遇到红灯,时停时走,行车不畅,也会因而使环境污染加重。为使车辆减少在各个交叉口上的停车时间,特别是使干道上的车辆能够畅通行驶,人们首先研究把一条干道上一批相邻的交通信号连接起来,加以协调控制,就出现了干道交叉口交通信号协调控制系统(简称线控系统,也称绿波系统)。实际中,城市路网中的交通干道是城市交通运输的大动脉,它们常常要承受巨大的交通压力,因此努力提高干道的控制效果对改善整个城市交通状况具有重要意义。

在干道信号协调控制中,要考虑三个最基本的参数:公用周期时长、绿信比和相位差。公用周期时长与绿信比两个基本参数同单点信号控制中的确定方法稍有不同,下面主要介绍它们在干道信号协调控制中特别需要注意的地方。

1. 公用周期时长

在线控系统中,为使各交叉口的交通信号取得协调,各交叉口的周期时长必须相等。为此,必须先按单点定时信号配时方法,根据系统中各交叉口的渠化及交通流向、流量,计算出各交叉口所需周期时长,然后从中选出最大的周期时长作为这个线控系统的公用周期时长。同时,称周期时长最大的交叉口为关键交叉口。在实际的控制系统中,存在一些交通量较小的交叉口,其实际需要周期时长接近于公用周期时长的一半,这时可以把这些交叉口的周期时长定为公用周期时长的一半,这样的交叉口叫做双周期交叉口。实施双周期交叉口是为了增加车队通过带宽度和减少延误时间(尤其是次要街道),但同时由于双周期交叉口的周期时长仅为公用周期时长的一半,车队常常在这样的交叉口被截断成两部分,可能破坏绿波效果。一般来说,当对某些交叉口实施双周期的线控方案优于其他方案时才作此选择。

2. 绿信比

在线控系统中,各个信号的绿信比是根据各交叉口各方向的交通流量比来确定,因此,各交叉口信号的绿信比不一定相同。但在线控系统设计时,为增加绿波带宽度要对绿信比进行调整,详见项目二。

3. 相位差

相位差又叫时差或绿时差,通常用 O 表示,相位差有绝对相位差和相对相位差之分。

(1) 绝对相位差。

绝对相位差是指各个交叉口主干道协调方向的信号绿灯(红灯)的起点或终点相对于某一个交叉口(一般为关键交叉口)主干道协调方向的信号绿灯(红灯)的起点或终点的时间之差,例如图 7-1 中的 O_C(相对于 A 交叉口,A 为基准交叉口)。

(2) 相对相位差。

相对相位差是指相邻交叉口主干道协调方向信号绿灯(红灯)的起点或终点之间的时间之差。相对相位差等于两个交叉口绝对相位差之差,例如图 7-1 中的 O_{CB}(相对于 B 交叉口)。

相位差是线控系统最重要的参数,它决定了系统运行的有效性。在线控系统中,常常使用绝对相位差的概念,即以一个主要路口的绿灯起始时间为基准,来确定其余路口的绿灯启亮时刻。线控系统配时方案通常用时间—距离图(亦称时距图)来描述,如图 7-1 所示。

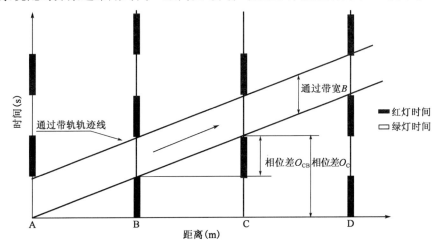

图 7-1 线控系统时间—距离图

图 7-1 中还给出了其他几个重要的概念:

(1)通过带。

在时间—距离图上画两条平行的车辆行驶轨迹线,并尽可能使两条轨迹分别靠近各交叉口该信号绿灯时间的起点和终点,则两条轨迹线之间的空间称为通过带(或绿波带)。无论在哪个交叉口,只要车辆在通过带内的时刻到达,并以通过带速度行驶,就都可以顺利地通过各个交叉口。

(2)通过带速度。

通过带速度即车辆行驶轨迹的余切,它表示沿交通干道可以顺利通过各交叉口的车辆的平均行驶速度。

(3)通过带宽度。

上述两条平行轨迹纵坐标之差即为通过带宽度,它表示可供车辆使用以通过交叉口的时间。

二、干道信号协调控制系统的控制方式

由于城市各交叉口之间距离不等和双向行驶等缘故,只有在一些特定的交通条件下,才有可能实现最理想的干道协调控制。在实际应用中有以下四种情况。

1. 单向干道协调控制

单向干道协调控制是指以单方向交通流为优化对象的线控方式。单向干道协调控制常用于单向交通、变向交通或两个方向交通量相差悬殊的道路,因其只需顾及单方向的交通信号协调,所以相位差很容易确定。相邻各交叉口间的相位差可按式(7-1)确定。

$$O = \mathrm{mod}\left(\frac{s}{v}, C\right) \tag{7-1}$$

式中:O——相邻交叉口的相位差,s;

s——相邻交叉口停车线间的距离,m;

v——线控系统中车辆可连续通行的车速,m/s;

C——信号交叉口周期时长,s。

2. 双向干道协调控制

1)同步式干道协调控制

在同步式干道协调控制中,连接在一个系统中的全部信号,在同一时刻对干道协调相位车流显示相同的灯色。当车辆在相邻交叉口间的行驶时间等于信号周期时长整数倍时,即相邻交叉口的间距符合式(7-2)时,这些交叉口正好可以组成同步式干道协调控制,车辆可连续地通过相邻交叉口。

$$s = nvC \tag{7-2}$$

式中:n——正整数;

其余符号意义同前。

当相邻交叉口间距相当短,而且沿干道方向的交通量远大于相交道路的交通量时,可把相邻的交叉口看成一个交叉口,使其绿灯启亮时刻相同,组成一个同步式协调控制系统,改善干道的车辆通行;或当干道流量特别大,高峰小时交通量接近通行能力,下游交叉口红灯车辆排队有可能延长到上游交叉口时,将这些交叉口组成同步式协调系统,可避免多米诺现象的发

生。当然,这种系统本身在使用条件上也有很大的局限性,而且由于前方信号显示均为绿灯,驾驶员常常加速赶绿灯信号,从而降低了交通安全性。

2)交互式干道协调控制

交互式干道协调控制系统与上述系统恰好相反,即在交互式干道协调控制系统中,连接在一个系统中的相邻交叉口干道协调相位的信号灯在同一时刻显示相反的灯色。当车辆在相邻交叉口间的行驶时间等于信号周期时长一半的奇数倍时,即相邻交叉口的间距符合式(7-3)时,采用交互式干道协调控制。

$$s = \frac{mvC}{2} \tag{7-3}$$

式中:m——奇数;

其余符号意义同前。

3)续进式干道协调控制

续进式干道协调控制系统,根据道路上的要求车速与交叉口的间距,确定合适的相位差,用以协调干道各相邻交叉口绿灯的启亮时刻,使在上游交叉口绿灯启亮后驶出的车辆,以适当的车速行驶,可正好在下游交叉口绿灯期间到达,如此,进入该控制系统的车辆可连续通过若干个交叉口。续进式干道协调控制可分为以下几种类型。

(1)简单续进式干道协调控制系统。

简单续进式干道协调控制系统只使用一个公用周期时长和一套配时方案,使得沿干道行驶的车队可在各交叉口间以设计车速连续通行。该系统存在一些弊端,如在为干道信号系统确定配时方案时,往往会遇到交通流变化的问题,一个给定的配时方案只能适应特定的交通条件,当这些条件发生变化时,这个配时方案就不再适用。

(2)多方案续进式干道协调控制系统。

多方案续进式干道协调控制系统是简单续进式干道协调控制系统的改进系统,可对应不同的交通条件给出不同的协调方案,以适应交通流的变化。

三、干道信号协调控制系统的连接方式

为使线控系统各信号灯在灯色显示时间上,能按系统配时方案取得协调,必须把设定在系统各控制机中的配时方案,用一定的方式连接起来。曾经使用过的连接方式有多种,按连接是否需用电缆,可归纳为无缆连接和有缆连接两类。

1.无缆连接

无缆连接是指在线控系统中,线控系统各信号控制机配时方案间的连接,不用电缆作信息传输的载体。

1)靠同步电动机或电源频率连接

从第一个控制机开始,按先后次序逐一把各机的配时方案,由人工根据各控制机间的计算时差,设置到信号控制机中。设定的各控制机间的时差关系,靠控制机中的同步电动机或电源的频率来保持。

这是线控系统各信号控制机间在时间上取得协调的一种最简单的连接方式。其设施简单,安装维护费用低;但这样的连接方式,无法在各控制机中设置分时段的不同配时方案,只能限用于只有一种配时方案的系统,而且当有信号失调或电源频率不稳定时,很容易导致整个系

统失调。系统失调后,就必须由人工到现场重新调整,所以这种方法只能是在没有其他方法可用时采用的一种权宜措施。

2)用时基协调器连接

用一个叫做时基协调器(Time-based coordinator)的十分精确的数字计时和控制设施,把各控制机的配时方案连接起来,实现各机间的时间上的协调。系统中每个控制机的机箱内,都需装一个时基协调器,保持系统中各交叉口之间的正确时差关系。

时基协调器本身也需与当地电源连接,但在供电发生问题时,其自备电池可使它继续保持精确的时间。时基协调器可执行每天各时段和每周各天的不同配时方案,所以可用在多时段配时的线控系统中。用时基协调器的连接方式,也不必使用电缆。在配时方案有改变时,必须由人工到现场逐一对各控制机进行调整。

3)用石英钟连接

在信号控制机内装有准时的石英钟和校时设施,设定在线控系统各控制机的配时方案就靠各机内的石英钟连接协调。

2. 有缆连接

有缆连接是指在线控系统中,线控系统各信号控制机配时方案间的连接,使用电缆作信息传输的载体。

1)用主控制机的控制系统

在一个用定时信号控制机的线控系统中,设一台主控制机每周期发送一个同步脉冲信号通过电缆传输给各下位机,时差被预先设定在各下位机内,各下位机均在各自的时差点上转换周期,所以下位机从主控机接到同步脉冲信号后会在各自的时差点上转换周期,因此可保持各控制机间正确的时差关系。这是一类使用十分广泛的控制系统,其特点是主控机每个周期都自动地对其各下位机进行时间协调。

传输脉冲信号的电缆可以是专用的,也可利用沿路的公用电缆。用电话线时,在传送信号的瞬间,自动切断电话通话,传送信号结束后立即恢复正常通话。因传送信号的时间极短,所以对正常通话不会产生不良影响。由于现代交通控制系统中传输的信息量很大,多采用专用的光纤线网。

这种系统可执行多时段的配时方案,配时方案的数目视各下位机而定。在主控机中可设置一个由定时时钟操纵的配时方案的转换点,当时间达到这个转换点时,主控机发出一个转换信号,指定系统中各下位机同时相应地改变配时方案。

这种系统的一种改进方式是把主控机改为一台同信号控制机完全分开的系统协调机,这台系统协调机并不控制某个交叉口的信号灯,而只是用来发送同步脉冲信号和配时方案的改变指令。这台系统协调机,没必要一定安装在某个交叉口上,它可安装在交通工程师的办公室、信号维修站或其他合适的地点。

主控机或独立的系统协调机也可做成可编程序式的、具有存储功能的设施,可将各种配时方案及各方案转换点以程序的方式储存其中。这种连接方式可以简便地在一个地方集中改变全系统各个控制机的配时方案,但其安装费用随所需使用电缆的长度而增加。

2)逐机传递式系统

在逐机传递式系统内各控制机中设有时差控制设施,对各控制机分别预先设定各机的配时方案及时差,用电缆将系统中各控制机逐一连接。开始运转时,当第一个交叉口绿灯启亮时,发一个信号传给下一个交叉口的控制机;第二个控制机接到信号后,按先置的时差推迟若干秒改亮绿灯,再按预置显示绿灯时间改变灯色,并发一个信号传给下一个交叉口的控制机,这样依次把信号逐个传递到最后一个控制机。第一个交叉口绿灯再启亮时,信号仍按次逐个传递一遍,以保持各控制机间的时差关系。

能力训练 7-1

不定项选择题
1. 干道信号协调控制中要考虑三个最基本的参数是( )。
   A. 公用信号周期、相序、绿信比　　B. 相位差、最短绿灯时间、周期
   C. 公共周期、绿信比、相位差　　　D. 饱和度、饱和流量、相位差
2. 双向干道协调控制可分为( )。
   A. 同步式干道协调控制　　　　　　B. 交互式干道协调控制
   C. 续进式干道协调控制　　　　　　D. 以上选项均不符合
3. 下列选项对单向干道协调控制描述正确的有( )。
   A. 单向干道协调控制优于双向干道协调控制
   B. 单向干道协调控制的相位差与距离有关
   C. 单向干道协调控制适用于单向交通
   D. 以上选项均不符合
4. 下列选项属于干道协调控制无缆连接方式的是( )。
   A. 靠同步电动机　　　　　　　　　B. 逐机传递式系统
   C. 用时基协调器连接　　　　　　　D. 以上选项均不符合
5. 下列选项属于干道协调控制无缆连接方式的是( )。
   A. 用主控制机的控制系统　　　　　B. 用石英钟连接
   C. 逐机传递式系统　　　　　　　　D. 电源频率连接

项目二　设计干道信号协调控制配时方案

【能力目标】
能正确描述线控配时步骤。
【知识目标】
(1) 了解线控配时所需的数据包括哪些;
(2) 掌握线控配时步骤和评价方法。
【支撑知识】
(1) 时间—距离图;
(2) 线控配时所需的数据;
(3) 线控配时步骤;
(4) 控制效果评价。

一、时间—距离图

干道协调控制系统配时方案通常用时间—距离图来描述,如图 7-1 所示,图中以时间(即信号配时)为纵坐标,干道上交叉口间的距离为横坐标。

二、线控配时所需的数据

(1)干道资料。

对整个控制区范围内的路网结构要有较详细的调查数据,包括交叉口数目、交叉口之间的距离(通常计算上下游两条停车线间的距离)、车道划分及每条车道的宽度、路口渠化情况以及每条进口道的饱和流量等。

(2)干线交通状况。

干线交通状况包括各交叉口的每一进口方向车辆到达率、转弯车流的流量及流向、行人过街交通量、路段上车辆的行驶速度、车辆延误时间及交通量波动情况、干道上交通管理规则(限速、限制转弯、是否限制停车等)。

(3)干线交叉口的相位、相序安排。

三、线控配时步骤

1.计算线控系统的公用周期时长

分别根据干道交叉口的各自交通信息,利用单点配时方法确定各交叉口的周期时长,选其中最大者作为公用周期时长,即:

$$C_m = \max(C_1, C_2, \cdots, C_j) \tag{7-4}$$

式中:C_m——线控系统公用周期时长,s;

C_j——线控系统中交叉口 j 的周期时长,s。

2.计算线控系统中各交叉口的绿灯时间

干道协调控制下,计算绿信比时,关键交叉口绿信比的计算方法与单点优化绿信比的计算方法相同,非关键交叉口的算法不同,要根据关键交叉口进行调整,具体步骤如下:

(1)确定线控系统中协调相位的最小绿灯时间。

协调相位即协调方向的相位。各交叉口协调相位所必须保持的最小绿灯时间就是关键交叉口协调相位的绿灯显示时间,t_{EGm} 为取整后所得:

$$t_{EGm} = (C_m - L_m)\frac{y_m}{Y_m} \tag{7-5}$$

式中:t_{EGm}——关键交叉口协调相位的最小绿灯时间,s;

C_m——公共周期时长,s;

L_m——关键交叉口总损失时间,s;

y_m——关键交叉口协调相位关键车流的流量比;

Y_m——关键交叉口各相位关键车流流量比之和。

(2)确定非关键交叉口非协调相位最小有效绿灯时间。

非关键交叉口非协调相位交通饱和度在满足实用限值 x_p(一般取 $x_p = 0.9$)时,有等式 $C_m q_n = S_n t_{EGn} x_p$,则非关键交叉口非协调相位最小有效绿灯时间的实用值为:

$$t_{EGn} = \frac{C_m q_n}{S_n x_p} = \frac{C_m y_n}{x_p} \tag{7-6}$$

式中:t_{EGn}——非关键交叉口非协调相位中第 n 相的最小有效绿灯时间,s;

C_m——公用周期时长,s;

q_n——非关键交叉口非协调相位第 n 相中关键车流的流量，pcu/h；

S_n——非关键交叉口非协调相位第 n 相中关键车道的饱和流量，pcu/h；

x_p——非关键交叉口非协调相位的饱和度实用值；

y_n——非关键交叉口非协调相位第 n 相关键车流的流量比，$y_n = \dfrac{q_n}{S_n}$。

(3)确定非关键交叉口协调相位的有效绿灯时间。

干道协调控制子区内的非关键交叉口的周期时长采用子区的公用周期，协调相位的绿灯时间不应短于关键交叉口协调相位的绿灯时间。为满足这一要求，非协调相位的最小有效绿灯时间按式(7-6)确定以后，富余有效绿灯时间全部调剂给协调相位，以便形成最大绿波带。

非关键交叉口协调相位的有效绿灯时间可按式(7-7)计算得到：

$$t_{EG} = C_m - L - \sum_{n=1}^{k} t_{EGn} \tag{7-7}$$

式中：t_{EG}——非关键交叉口协调相位的有效绿灯时间，s；

C_m——线控系统公用周期时长，s；

L——非关键交叉口总损失时间，s；

t_{EGn}——非关键交叉口非协调相位中第 n 相的最小有效绿灯时间，s；

k——非关键交叉口非协调相位的相位总数。

(4)计算各交叉口各个相位的绿灯显示时间。

通过以上三个步骤已经求出了各交叉口各个相位的有效绿灯时间，接着可以统一用式(5-19)求出各相位的绿灯显示时间。

3．计算相位差

相位差是进行干道协调控制的关键技术，它直接影响系统的控制效果，项目三将对其计算方法进行详细介绍。

四、控制效果评价

线控配时方案在实施之初，应当实地验证方案的效果；在实施之后，还应当定期到实地验证，即检测车辆平均延误、排队长度等交通评价指标。若发现效果不够理想，应根据实际情况重新调整控制方案。

能力训练 7-2

不定项选择题

1．线控配时所需的数据包括（　　）。

　A. 路网结构数据　　　　　　　　　B. 干道交通状况数据

　C. 干道各交叉口交通信号配时方案　　D. 以上选项均不符合

2．线控中公用信号周期为（　　）。

　A. 线控区域内所有交叉口的最小周期

　B. 线控区域内所有交叉口的最大周期

　C. 线控区域内所有交叉口的最佳周期

　D. 以上选项均不符合

3．评价线控系统效果的指标有（　　）。

A. 车辆平均延误时间 B. 车辆平均排队长度
C. 车辆平均行程时间 D. 以上选项均不符合

4. 线控配时的步骤是( )。
①确定非关键交叉口协调相位的有效绿灯时间
②计算线控系统的公用周期时长
③确定非关键交叉口非协调相位最小有效绿灯时间
④确定线控系统中协调相位的最小绿灯时间
⑤计算各交叉口各个相位的绿灯显示时间
⑥计算相位差

A. ④②③①⑤⑥ B. ②④①③⑤⑥
C. ②④③①⑤⑥ D. ④②①③⑤⑥

项目三 计算干道信号协调控制相位差

【能力目标】
能用数解法求解相位差。

【知识目标】
(1)了解相位差求解方法——图解法;
(2)掌握相位差求解方法——数解法。

【支撑知识】
图解法、数解法。

1917年,世界上第一个线控系统出现在美国的盐湖城,它是一个可同时控制6个交叉口的手动控制系统。1922年,得克萨斯州休斯敦市发展了可控制12个交叉口的瞬时交通信号系统,其控制特点是采用电子自动计时器对交叉口的交通信号进行协调控制。1981年,美国的 J. D. C. Litter 和 W. D. Brooks 等人利用最大绿波带相位差优化方法开发了最大绿波带交通信号设计优化程序(Maximal Bandwidth Traffic Signal Setting Optimization Program, MAXBAND)。

总结以往的线控系统,相位差优化通常采用的两种设计思路是:①最大绿波带法;②最小延误法。其中以最大绿波带为目标的相位差优化方法主要有图解法和数解法,以下主要介绍这两种相位差优化方法。

一、图解法

图解法是确定线控系统相位差的一种传统方法,其基本思路是:通过几何作图的方法,利用反映车流运动的时间-距离图,初步建立交互式或同步式协调系统。然后再对通过带速度和周期时长进行反复调整,从而确定相位差,最终获得一条理想的绿波带,即通过带。

下面以一个实例来说明图解法设计相位差的具体步骤。如图7-2所示,连续5个交叉口(A、B、C、D、E)纳入一个线控系统,假设系统通过带速度宜在36km/h左右,相应的公用周期暂定为60s。图中横坐标反映各个信号交叉口间的距离,纵坐标反映车流前进的时间过程。各竖线上的粗线段表示红灯时段,如 A 交叉口竖线 AA' 上的1~2、3~4、5~6段,细线表示绿灯时段。选定第一个交叉口 A 的信号作为基准信号,其绿灯时间起始位置为 0。在设计前,首先要准备的资料包括:干道各交叉口道路的几何线形、交叉口的间距、交通流运行规则、交通流量及其变化规律以及平均车速等。

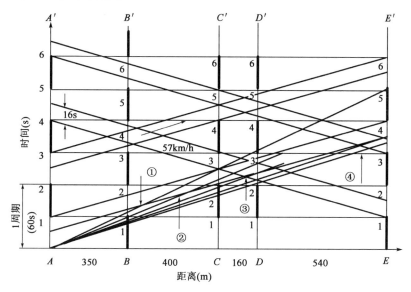

图 7-2 相位差优化图解法示例

(1)从 A 点引一条斜线①,代表通过带速度推进线,其斜率等于车辆平均行驶车速(36km/h)的倒数。此斜线与 BB' 的交点同从 AA' 上 1 点所引水平线同 BB' 线的交点(BB' 线上的 1 点)很接近。BB' 上的 1 点可取为 B 交叉口同 A 交叉口配成交互式协调的绿灯起点;在 BB' 线上相应于 AA' 线画出 2~3、4~5 粗线段,为 B 交叉口的红灯时段。

(2)连接 A 点和 BB' 上的 1 点成斜线②,线②同 CC' 的交点同从 AA' 上 2 点所引水平线与 CC' 的交点(CC' 上的 2 点)很接近,CC' 上的 2 点也可取为 C 交叉口对 B 交叉口组成交互式协调的绿灯起点,所以在 CC' 上的 2 点也可画 1~2、3~4、5~6 各粗线段,为 C 交叉口的红灯时段。

(3)连接 A 点和 CC' 上的 2 点成斜线③,线③同 DD' 的交点同从 AA' 上 2 点所引水平线与 DD' 的交点(DD' 上的 2 点)很接近,所以 C 交叉口对 D 交叉口是同步式协调,在 DD' 上画与 CC' 相同的 1~2、3~4、5~6 的红灯粗线段。

(4)以下用同样的方法在 EE' 线上作出红灯粗线段。这样就配成各交叉口由交互式与同步式组合成的双向线控系统。

(5)在图 7-2 上作出最后的通过带,算出带速约为 57km/h,带宽 16s,为周期时长的 27%。这样的带速和实际车速相比过高,为了降低带速,有必要相应增加周期时长,为使带速控制在 40km/h 左右,延长周期时长到 85~90s。

(6)调整绿信比。实际上,各交叉口的绿信比都不相同,可用以下方法调整:不移动上述方法求得的各交叉口的红灯(或绿灯)的中心位置,只将红灯(或绿灯)的时间按实际绿信比延长或缩短即可。经这样调整后,通过带宽增加不少,但仍低于周期的一半。

二、数解法

数解法是确定线控系统相位差的另一种方法,它通过寻找使得系统中各实际信号位置距理想信号位置的最大挪移量最小来获得最优相位差控制方案。下面也通过一个例子来说明数解法的基本过程。

设有 $A、B、C\cdots H$ 8 个交叉口,它们相邻间距列于表 7-1 第二行中,$A、B$ 交叉口之间距离为 350m,$B、C$ 为 400m 等,为计算方便,以 10m 为单位取有效数字 35、40⋯。算得关键交叉口周期时长为 80s,相应的带速暂定为 $v=40\text{km/h}$,即 11.1m/s。

数解法确定信号相位差 表 7-1

交叉口编号 间距 a	A	B	C	D	E	F	G	H
	35	40	16	54	28	28	27	b
34	1	7	23	9	3	31	24	14
35	0	5	21	5	33	26	18	13
36	35	3	19	1	29	21	12	9
37	35	1	17	34	25	16	6	10
38	35	37	15	31	21	11	0	11
39	35	36	13	28	17	6	33	11
40	35	35	11	25	13	1	28	12
41	35	34	9	22	9	37	23	13
42	35	33	7	19	5	33	18	14
43	35	32	5	16	1	29	13	13
44	35	31	3	13	41	25	8	12
45	35	30	1	10	38	21	3	11
46	35	29	45	7	35	17	44	12
47	35	28	44	4	32	13	40	15
48	35	27	43	1	29	9	36	18
49	35	26	42	47	26	5	32	21
50	35	25	41	45	23	1	28	22
51	35	24	40	43	20	48	24	20
52	35	23	39	41	17	45	20	17
53	35	22	38	39	14	42	16	14
54	35	21	37	37	11	39	12	15

1. 计算 a 列

首先计算 $vC/2 \approx 11 \times 80/2 = 440\text{m}$(取有效数字 44)。也就是说,相距 440m 信号的相位差,正好相当于交互式协调系统的相位差(错半个周期);相距 880m 的信号,正好是同步式协调(错一个周期)。以 A 为起始信号,则其下游同 A 相距 $vC/2$、vC、$3vC/2\cdots$处即为正好能组成交互式协调或同步式协调的"理想信号"位置。考察下游各实际信号位置同各理想信号位置错移的距离,显然,此错移距离越小则信号协调效果越好。然后,将 $vC/2$ 的数值在实际允许的范围内变动,逐一计算寻求协调效果最好的各理想信号的位置,以求得实际信号间协调效果最好的双向相位差。以 44 ± 10 作为最适当的 $vC/2$ 的变动范围,即 34~54,将此范围填入表 7-1 的 a 列内,a 列数字即为假定理想信号的间距。

2. 计算 a 列内各行

画一横轴,按比例标上 $A \sim H$ 各个交叉口及其间距;例如 AB 之间标 35(相当于350m),BC 间标上 40,等等。

以表 7-1 中的 a 列数值为理想信号位置的距离间隔,在图 7-3 中,从 A 点出发向右画等距离的折线 $a,b,c\cdots$。例如,$a=34$ 时,$ab=b'c=c'd=\cdots=34$。

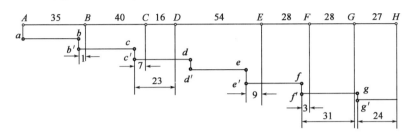

图 7-3 a 取 34 时的实际信号位置与理想信号位置的对应图

从图 7-3 中查出各交叉口与前一个理想信号位置的距离间隔,填入表 7-1 中的相应位置。以 $a=34$ 行为例,A、B 交叉口实际间距为 35,同理想信号位置间距 34 的差值为 1,将 1 填入 AB 间的一列内。意即 B 同理想信号位置的错移距离为 1,即 B 前移 10m 就可同 A 正好组成交互式协调。B、C 原间距为 40,B 与第一个理想信号位置 b 相差 1,C 与第二个理想信号位置相差 7,即 C 同其理想信号位置的错移距离为 7,将 7 填入 B、C 间的一列内。依此类推,计算至 G、H 间的列。$a=34$ 这一行的计算结束。

以下再计算 a 列内 $a=35\sim54$ 各行,同样把计算结果记入相应的位置内。

除了绘图外,也可以直接计算。例如 B 点与第一个理想信号位置的差值是 $35-1\times34=1$;C 点与第二个理想信号位置的差值是 $(35+40)-2\times34=7$,依此类推,可求出 $a=34\sim54$ 各行的距离间隔数值,分别填入表 7-1 中。

3. 计算 b 列

仍以 $a=34$ 一行为例,将实际信号位置与理想信号位置的挪移量,按顺序排列(从小到大),并计算各相邻挪移量之差,将此差值最大者计入 b 列。$a=34$ 一行的 b 值为 14。计算方法如表 7-2 所示。

点值计算方法   表 7-2

A	B	F	C	E	D	H	G	A
0	1	3	7	9	23	24	31	34
1	2	4	2	14	1	7	3	

依此类推,计算 $a=35\sim54$ 各行之 b 值。

4. 确定最合适的理想信号位置

由表 7-1 可知,当 $a=50,b=22$ 时,$A\sim H$ 各信号到理想信号位置的相对挪移量最小,即当 $vC/2=500$m 时可以得到最好的系统协调效率。如图 7-4 所示,图上 $G\sim F$ 同理想信号位置之间的挪移量之差最大,则理想信号位置同 G 间的挪移量为 $\dfrac{a-b}{2}=\dfrac{50-22}{2}=14$,即各实际信号位置距理想信号位置的最大挪移量为 14。

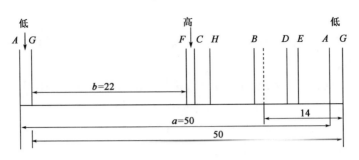

图 7-4 理想信号位置

理想信号位置距 G 为 140m，则距 A 为 130m，即自 A 前移 130m 即为第一理想信号位置，然后依次每 500m 间距将各理想信号位置列在各实际信号位置之间，如图 7-5 所示。

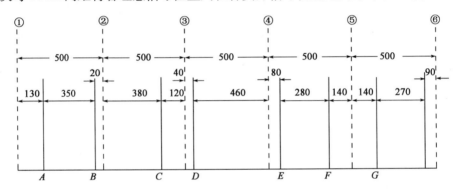

图 7-5 理想信号位置与实际信号点的相对位置

5.作连续行驶通过带

将图 7-5 中把理想信号位置编号，按次列在最靠近的实际信号位置下面（表 7-3 第二行），再将各信号（$A\sim H$）在理想信号位置左右位置填入表 7-3 第三行。将各交叉口信号配时计算所得的主干道绿信比（以周期的百分数计）列入表 7-3 第四行。因实际信号位置与理想信号位置不一致所造成的绿时损失（%）以其位置挪移量除以理想信号位置间距（即 $a=500$）表示，如 A 交叉口的绿灯损失为 $130/500=26\%$，列入表 7-3 第五行。

计 算 相 位 差　　　　　　表 7-3

交叉路口	A	B	C	D	E	F	G	H
理想信号位置编号	①	②	③	③	④	⑤	⑤	⑥
各信号位置	右	左	左	右	右	左	右	左
绿信比 λ(%)	55	60	65	65	60	65	70	50
绿时损失(%)	26	4	24	8	16	28	28	18
有效绿信比(%)	29	56	41	57	44	37	42	32
相位差(%)	72.5	20.0	67.5	67.5	20.0	67.5	65.0	25.0

从各交叉口的计算绿信比减去绿时损失即为各交叉口的有效绿信比，列入表 7-3 第六行，则连续通过带的带宽为左、右两端有效绿信比最小值的平均值。从表 7-3 中可知，连续通过带带宽为 A 交叉口的有效绿信比 29% 与 H 交叉口的有效绿信比 32% 的平均值 30.5%。

6. 求相位差(表 7-3)

从图 7-5 及表 7-3 可见，合用一个理想信号点的左右相邻的实际交叉口采用同步式协调；其他各实际交叉口间都用交互式协调，因此，每隔一个理想信号点的实际交叉口又是同步式协调。此例中，凡奇数理想信号点相应的实际交叉口为同步式协调；而偶数理想信号点相应的实际交叉口为交互式协调。因此，相应于奇数理想信号位置的实际交叉口的相位差为 $100\%\sim0.5\lambda\%$，相应于偶数理想信号位置的实际交叉口的相位差为 $50\%\sim0.5\lambda\%$，将求得的相位差值填入表 7-3 第七行。如保持原定周期时长，则系统带速需调整为：

$$v = \frac{2s}{C} = \frac{2\times 500}{80} = 12.5(\text{m/s})$$

三、工程案例

某条主干道上有 H、I、J 三个相邻交叉口，H、I 交叉口之间的间距为 340m，I、J 交叉口之间的间距为 636m，如图 7-6 所示。根据交叉口的交通流信息及车道划分确定了各个交叉口的周期时长分别为 $C_H=85$s，$C_I=90$s，$C_J=90$s，各个干线协调相位的绿信比分别为 $\lambda_H=0.35$，$\lambda_I=0.33$，$\lambda_J=0.33$，带速为 $v=11.1$m/s(40km/h)。试设计干道信号协调控制方案。

解：

(1) 根据线控的基本要求，设定系统公用周期 C_0 为 90s。

(2) 计算 a 列。

先计算 $vC_0/2=11.1\times 90/2=499$m(约等于 500m)，以 500 ± 100 作为最适当的 $vC_0/2$ 的变动范围，即 $400\sim 600$，将此范围填入表 7-4 左边的 a 列内，a 列内的数字即为假定"理想信号"的间距。

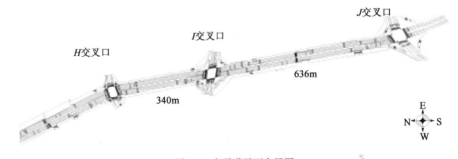

图 7-6 主干道平面布局图

数解法确定信号相位差表(m) 表 7-4

理想间距 a \ 间距	H 交叉口~I 交叉口	I 交叉口~J 交叉口	最大挪移间距 b
	340	636	
400	340	176	176
410	340	156	184
420	340	136	204
430	340	116	224
440	340	96	244
450	340	76	264

续上表

间距 理想间距 a	H交叉口~I交叉口 340	I交叉口~J交叉口 636	最大挪移间距 b
460	340	56	284
470	340	36	304
480	340	16	324
490	340	486	340
500	340	476	340
510	340	466	340
520	340	456	340
530	340	446	340
540	340	436	340
550	340	426	340
560	340	416	340
570	340	406	340
580	340	396	340
590	340	386	340
600	340	376	340

(3)计算 a 列各行。

以 $a=400$ 的一行为例，H、I 交叉口实际距离为340，同理想信号间距400的差值是-60，即 I 交叉口后移60，才同其理想信号点相合，如不后移，则将同 H 交叉口组成同步协调，此时，I 距 H 理想信号点为340，填入表7-4第二列中。

I、J 交叉口间距为636，则 $340+636-400=576$，距离理想信号间距太大，所以再减去一个理想信号的距离，即 $576-400=176$，填入表7-4第三列中。

依此类推，计算各行挪移间距，并填入表7-4中。

(4)计算 b 列。

仍以 $a=400$ 一行为例，将实际信号位置与理想信号的挪移量，按顺序排列（从小到大），并计算各相邻挪移量之差，将此差值之最大者记入 b 列，计算方法如表7-5所示。

数解法确定 b 值　　　　　　表7-5

H	J	I
0	176	340
	<u>176</u>	164

依此类推，计算各行最大挪移间距 b，并填入表7-4中。

(5)确定最合适的理想信号位置。

由表7-4可知，当 $a=490$，$b=340$ 时，$H\sim J$ 各信号到理想信号位置的相对挪移量最小，即当 $vC/2=490$m 时可以得到最好的系统协调效率。如图7-7所示，图上 $H\sim I$ 同理想信号位置之间的挪移量之差最大，则理想信号位置同 H 间的挪移量为 $\dfrac{a-b}{2}=\dfrac{490-340}{2}=75$，即各实

188

际信号位置距理想信号位置的挪移量最大为75。

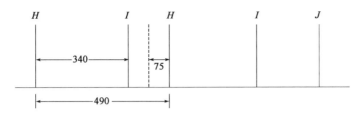

图7-7 理想信号位置图(尺寸单位:m)

自H向前移75m即为第一理想信号,然后按次每490m间距将各个理想信号列在各实际信号间,如图7-8所示。

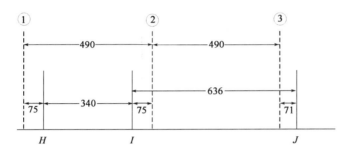

图7-8 理想信号与实际信号的相对位置图(尺寸单位:m)

(6)作连续行驶通过带。

在图7-8中,把理想信号位置按次列在最靠近的实际信号位置下面(表7-6第二行),再把各信号($H\sim J$)在理想信号位置左右位置填入表7-6第三行。把各交叉口信号配时计算所得的主干道绿信比(以周期的百分数计)列入表7-6第四行。因实际信号位置与理想信号位置不一致所造成的绿时损失(%)以其位置挪移量除以理想信号位置间距(即$a=490$)表示,如H交叉口的绿灯损失为75/490=15%,列入表7-6第五行。

从各交叉口的计算绿信比减去绿时损失即为各交叉口的有效绿信比,列入表7-6第六行,则连续通过带的带宽为左、右两端有效绿信比最小值的平均值。从表7-6中可知,连续通过带带宽为交叉口的有效绿信比18%与H交叉口的有效绿信比19%的平均值18.5%。

计 算 相 位 差 表　　　　　　　　　　　表7-6

交 叉 口	H	I	J
理想信号位置编号	①	②	③
各信号位置	右	左	右
绿信比λ(%)	35	33	33
绿时损失(%)	15	15	14
有效绿信比(%)	20	18	19
相位差(%)	83	34	84

(7)从图7-8及表7-6可见,凡存在合用一个理想信号位置的相邻两个实际交叉口,应用同步式协调;其他的实际交叉口都用交互式协调。因此,每隔一个理想信号位置的实际信号位置都是同步式协调。此例中,凡奇数理想信号位置相应的实际信号位置为同步协调,而偶数理

想信号位置相应的实际信号位置为交互协调。因此,相应于奇数理想信号位置的实际信号位置的相位差为100%－0.5λ%;相应于偶数理想信号位置的实际信号位置的相位差为50%－0.5λ%。表7-6第七行为求得的相位差值。如保持原周期不变,则系统带速需调整为:

$$v = \frac{2s}{C} = \frac{2 \times 490}{90} = 10.9 (\text{m/s})$$

能力训练 7-3

计算题

已知相邻4个交叉口之间的距离分别为 $d_{AB}=360\text{m}, d_{BC}=410\text{m}, d_{CD}=290\text{m}$,根据交叉口的交通流信息确定了各个交叉口的周期时长分别为 $C_A=75\text{s}, C_B=100\text{s}, C_C=85\text{s}, C_D=90\text{s}$;各个交叉口干道协调相位的绿信比分别为 $\lambda_A=0.60, \lambda_B=0.58, \lambda_C=0.70, \lambda_D=0.64$。车辆在干道上的行驶速度 $v=10\text{m/s}$,根据已知条件进行干道协调控制配时设计。

(1)计算公用周期;
(2)计算实际交叉口与其前一个理想交叉口位置的差值;
(3)计算最大挪移量;
(4)计算实际交叉口的坐标值;
(5)计算有效绿信比;
(6)计算各个交叉口的相位差;
(7)计算绿波带宽度。

项目四 平滑过渡干道信号协调控制方案

【能力目标】
能正确描述平滑过渡干道信号协调控制方案方法。

【知识目标】
掌握平滑过渡干道信号协调控制方案方法。

【支撑知识】
平滑过渡干道信号协调控制方案。

线控系统在运行过程中,需根据实时交通情况对个别交叉口的绿灯起步时距进行调整,经过调整,以新的绿灯起步时距取代旧值。这种新旧更替的调整过程应当遵循如下原则:

(1)平滑过渡。相邻时间段方案的改变,必须使得方案平滑地过渡,尽量避免对路网上车流运动的连续性产生严重干扰。

(2)过渡快。为了争取最佳控制效果,无疑应当使新的配时参数尽快付诸执行,旧的配时参数要尽快地为新的参数值所取代。但这里所提出的"快"是以不损害线控系统运行的平稳性为前提。

过去传统的做法是对每个交叉口分别作信号阶段的平移,结果往往破坏绿波的连续性,影响干道协调控制效果。日本目前采用的一种方法是从一个原点交叉口开始,向四周相邻交叉口递推以决定交叉口各信号阶段开始点向前或向后的平移量,即在原点交叉口维持现有的信号阶段起止时间,不作任何平移;与原点交叉口邻接的交叉口选择平移量最小的平移方向;接下来,第二个交叉口,则根据第一个交叉口的平移结果,选择使得这两个交叉口之间车流连续性最好的平移方向。依此类推,逐一推断出各交叉口信号阶段的前后平移量。

这里简单介绍一种新的平滑过渡方法。假设线控系统每 15min 更新一次方案,由于短时间内交通状态变化一般不大,连续两次方案配时参数(周期时长、相位差)变化较小,可通过执行 k 次过渡方案达到平稳过渡。对于线控系统的关键交叉口,在执行完旧方案后,立即执行新的控制方案。对于其他交叉口,中间执行 k 次过渡方案,然后更换为新的配时方案。过渡方案由信号机根据区域控制机下载的新方案来确定。图 7-9 为非关键交叉口经过 k 个周期平滑过渡到新方案的示意图。执行完过渡方案后,子区各交叉口达到新的相位差。

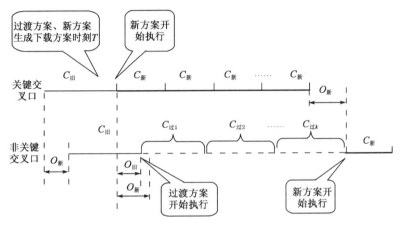

图 7-9 平滑过渡示意图

举例说明:干道协调子区周期时长 80s,某一非关键交叉口相对于关键交叉口的旧相位差 $O_{旧}$ 为 78s,即滞后 78s 或提前 2s 亮绿灯;新方案的周期时长 $C_{新}$ 为 100s,新的相位差 $O_{新}$ 为 70s,即滞后 70s 亮绿灯。若系统采用 3 个周期完成方案的平滑过渡,则 $C_{过1,2}=97s$,$C_{过3}=98s$。过渡过程如图 7-10 所示。

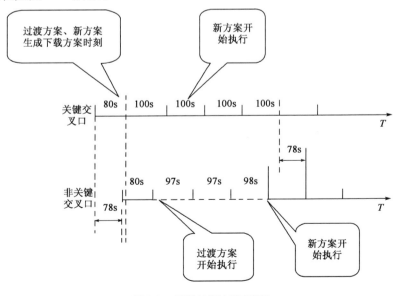

图 7-10 平滑过渡过程示意图

能力训练 7-4

一、不定项选择题
1. 线控系统中协调控制方案过渡的要求是(　　)。
   A. 平滑过渡　　　　　　　　　　B. 快速过渡
   C. 直接过渡　　　　　　　　　　D. 以上选项均不符合
2. 下列选项对线控系统协调控制方案过渡的描述,正确的有(　　)。
   A. 尽量避免对路网上车流运动的连续性产生严重干扰
   B. 应当使新的配时参数尽快付诸执行
   C. 对每个交叉口分别作信号阶段的平移
   D. 以上选项均不符合

二、计算题
某干道协调子区周期时长 80s,某一非关键交叉口相对于关键交叉口的旧相位差 $O_{旧}$ 为 65s;新方案的周期时长 $C_{新}$ 为 90s,新的相位差 $O_{新}$ 为 60s。若系统采用 3 个周期完成方案的平滑过渡,计算各个过渡周期,并绘制平滑过渡示意图。

项目五　影响干道信号协调控制效果的因素

【能力目标】
能正确描述干道信号协调控制的影响因素。
【知识目标】
(1)掌握干道信号协调控制的影响因素;
(2)了解提高干道信号协调控制的影响因素。
【支撑知识】
(1)干道信号协调控制的影响因素;
(2)提高干道信号协调控制的影响因素。

一、干道信号协调控制的影响因素

对于线控系统,人们起初几乎认为只要把信号连接成一个系统,总是可以形成有效的续进系统,经实践后才开始认识到并不是所有情况都能形成有效的线控系统,也因此认识到有必要研究影响线控系统效果的各种因素。具体应该考虑的主要因素有以下几点。

1. 车队离散现象对干道协调控制效果的影响

车队离散性主要反映为车流在运动过程中其头部和尾部之间的距离逐渐加大,以致整个车流通过下游停车线所需的时间会加长。在一个信号交叉口,如果车辆形成车队,脉冲式地到达,采用线控系统可以得到良好的效果。如果交叉口之间的距离太远,即使是成队的车流,也会因其间距远而引起车辆离散,不能形成车队。

如果考虑这种离散影响,在干道协调控制设计时,绿波带宽不应取作常数,而是一种扩散状的变宽绿波带(图 7-11)。带宽应根据首车和末车的速度来确定。但是,应该注意到,如果下游交叉口的绿灯时间都按照扩散的绿波带设计,则最下游交叉口的绿灯时间就会长得无法接受,这是一种对离散性不加约束的控制方式,在实际工作中往往是不可取的。因为沿主路方向设置过长的绿灯意味着使支路获得的绿灯时间相应地压缩到很短。这样,一方面主路方向绿灯时间利用率很低,而另一方面,支路上饱和度变得很高,车辆受阻延误时间大大增加。只有在某些特殊路段,且下游交叉口支路上车流量不大的情况下,经过全面地利弊权衡,才可以考虑采用变宽绿波带,而且这种变宽绿波一般不应贯穿全部控制路线。在大多数情况下,采用对离散约束的控制方法,即采用等宽绿波,车流在一个路段上产生离散,经过信号约束,不再继续扩展到下一个路段。这样,位于车流头部或尾部的部分车辆会在每一个路口有一定的延误。从行车安全角度来说,以推迟绿灯开始时间,阻挡车速过快的头部车辆为宜。这样做,实际上还可能起到一种调节车流离散程度的作用,因为开快车的头部车辆受到红灯连续阻滞后,驾驶员会意识到应当适当降低速度才有可能不再受阻。

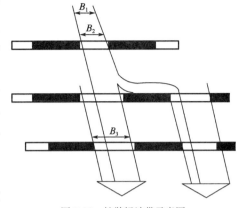

图 7-11 扩散绿波带示意图

2. 公交协调控制对干道协调控制效果的影响

在干道协调控制中,公共汽车也是必须要考虑的。如果沿控制路线有公共汽车行驶,并打算在信号控制方案中对公共汽车行驶给予一定的优先权,那么,就可以设计一种考虑公共汽车行驶特点的绿波配时方案。

公共汽车有别于其他机动车辆的行驶特点,主要有两点:一是车速较低;二是沿途要停靠站上下乘客。如果不照顾公共汽车的行驶特点,按照所有车辆的平均速度设计绿波,则会使公共汽车受到红灯信号阻滞的几率大大高于一般车辆,而且受阻延误时间也会大大超过其他车辆。从运输经济角度来说,这种控制对策显然是不可取的。

为了设计便于公共汽车行驶的绿波方案,必须调查搜集如下几项基本资料:

(1)一个信号周期内到达停车线的公共汽车平均数。
(2)每一区间路段上,公共汽车平均行驶时间。
(3)公共汽车停车站设置情况(在每一区间路段有几次停车)。
(4)在每一个停车站公共汽车平均停车时间。

根据以上各项调查资料,在时间—距离图上,不难绘出公共汽车的行驶过程线,然后便可据此选用一个初始的绿波方案。虽然初始绿波方案能够比较理想地满足公共汽车受阻滞最少的要求,但很可能会过分地增加其他车辆受阻延误时间。为了检验方案的可行性,应该把其他车流在初始绿波方案控制下的行驶过程也绘在同一张时间—距离图上,并计算出它们在沿线各个交叉口受阻平均延误时间总和。利用某种目标函数,可以对这一初始方案的经济效益作出评估。若认为是经济的,便可不再对此方案进行调整。否则,应当调整绿波方案,并重复上述步骤,直到得出满意的方案为止。

3. 转弯车流对干道协调控制效果的影响

沿控制路线的各交叉口,可能会有部分车辆转弯而离开主路,转到支路上去。同样,沿途也可能有若干车流从支路上转弯汇入主路车流中。这样,沿控制路线,车流量将不是一个恒定的数值,因此绿波带宽度也就不应该是一个不变的定值。绿波带宽度只要与每一区间段上的实际流量(把转弯驶入与驶出的流量考虑在内)相适应即可。需要说明的是,从支路上驶入主路的车流和主路上原有的车流,它们在流量—时间图上可能有一个时距差(图 7-12)。

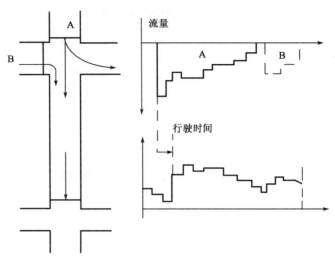

图 7-12 转弯车流流量—时间图示

因此,到达下游停车线的时间就不一致。在安排下游交叉口的绿灯起讫时间时,应该充分考虑到这一点。但是,这并不等于在任何情况下都要照顾支路上驶入的车流,要看具体情况而定,如支路上车流量的大小,支路与主路车流的时距差大小等。

4. 影响干道协调控制效果的其他因素

(1)交叉口间距对干道协调控制效果的影响。

当两个或多个交叉口相连时,为了使车辆在干线上更加有效地运行,尽可能地减少延误,一般把这些交叉口的绿灯时间进行协调。通常,信号交叉口的间距可在 100~1 000m 以上的范围内变化。信号交叉口间的距离越远,线控效果越差,一般不宜超过 600m。当交叉口间距满足上述要求时,在干线上行驶的车辆易于形成车队,车辆到达交叉口较为集中。相反,干线上行驶的车辆不易于形成车队,出现车队离散现象,到达交叉口车辆较为离散,这就不利于进行交叉口的干道协调控制。

(2)车队平均行驶速度对干道协调控制效果的影响。

车速是干道协调控制中的关键因素,如果在设计时车速取值不合适,实际控制效果肯定不会很好,甚至导致设计完全失败。

车辆在路段上行驶时,就每辆车辆来说,行驶速度是有差别的,但就整个车流来说,其平均车速的波动范围则是有限的。这里说的车速不是车辆通过某一点的瞬时速度的平均值,而是在一个区段(通常是从上游停车线到下游停车线)内全行程速度的平均值。

在不同的道路上,车速分布规律可能是不相同的,应该根据实际观测的数据,再经统计分析,以确定车流空间速度的实际分布曲线。在设计配时方案时,沿整条控制路线,不一定始终采用同一个设计车速,而应该根据每一路段具体情况分别选用合适的车速,尤其是在全线各段交通情况差异很大时更应如此。

(3)交叉口相位、相序设计对干道协调控制效果的影响。

由于信号配时方案和信号相位有关,信号相位越多,对线控系统的通过带宽影响越大,因而受控交叉口的类型也影响线控系统的选用。有些干线具有相当简单的两相位交叉口,有利于选用线控系统,而另一些干线由于多个交叉口设有左转弯相位,则不利于选用线控系统。

（4）交通量随时间的波动。

车辆到达特性和交通量的大小,在每天的各个时段内有很大的变化。高峰期交通量大,容易形成车队,用线控系统会有较好的效果,但在非高峰期线控系统就不一定有好的效果。

二、提高干道信号协调控制效益的辅助设施

影响线控系统效果的因素很多,为了提高线控系统的效益,可在实施线控的干道上设置前置信号和可变车速指示标志。

1. 前置信号

如图 7-13 所示,在主要交叉口前几十米的地方设置交通信号灯,可以使交通流在信号灯控制下集中,放行后在交叉口处不停止地通过,从而可使交叉口上的绿灯时间得到有效利用,提高交叉口的通行能力。

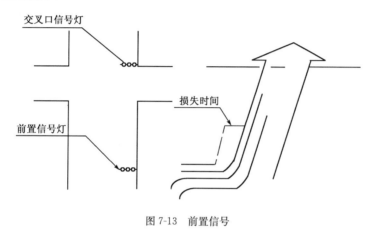

图 7-13　前置信号

2. 可变车速指示标志

如图 7-14 所示,在交叉口前一个或几个地方设置可变速度标志,指示驾驶员以提示速度行驶,通过交叉口。可变车速标志上指示的速度数值,同信号交叉口的显示灯色和时间有关,同时受交叉口信号控制机的控制。

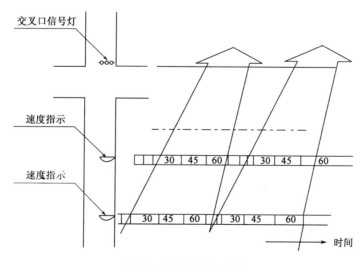

图 7-14　可变车速指示标志

3.前置信号与可变车速指示标志合并使用

据有关资料统计,采用前置信号与可变车速指示标志并用的线控系统可使在交叉口不停车通过的车辆数从交叉口通行能力的 55% 提高到 70%～77%。

能力训练 7-5

不定项选择题

1. 影响线控效果的因素有（　　）。
   A. 车队离散现象、公交协调控制、转弯车流
   B. 交叉口间距、车队平均行驶速度
   C. 交叉口相位、相序设计
   D. 交通量随时间的波动
2. 设计便于公共汽车行驶的绿波方案,需要收集的资料包括（　　）。
   A. 一个信号周期内到达停车线的公共汽车平均数
   B. 每一区间路段上,公共汽车平均行驶时间
   C. 公共汽车停车站设置情况(在每一区间路段有几次停车)
   D. 在每一个停车站公共汽车平均停车时间
3. 干道协调控制系统中,车速是（　　）。
   A. 某辆车的速度
   B. 所有车辆的平均速度
   C. 一个区段内所有车辆的全行程速度平均值
   D. 以上选项均不符合
4. 提高线控效益的辅助设施包括（　　）。
   A. 后置信号　　　　　　　　　　B. 可变车速指示标志
   C. 前置信号　　　　　　　　　　D. 以上选项均不符合

项目六　仿真干道信号协调控制方案

【能力目标】

能正确进行干道信号协调控制方案仿真。

【知识目标】

掌握干道信号协调控制方案仿真步骤。

【支撑知识】

仿真干道信号协调控制方案。

【训练素材】

某条主干道上有 H、I、J 三个相邻交叉口,H、I 交叉口之间的距离为 340m,I、J 交叉口之间的距离为 636m,每车道宽度为 3.25m,如图 7-15 所示。各交叉口设计小时交通量如表 7-7 所示,原定时控制方案如表 7-8 所示,原信号相位如图 7-16 所示;依据项目三工程案例计算所得干道协调控制方案如表 7-9 所示,信号相序如图 7-17 所示。注意所有交叉口的右转车流均不受信号控制。试对该主干道实施干道协调控制方案前后进行微观交通仿真建模,并对比交通控制性能指标。

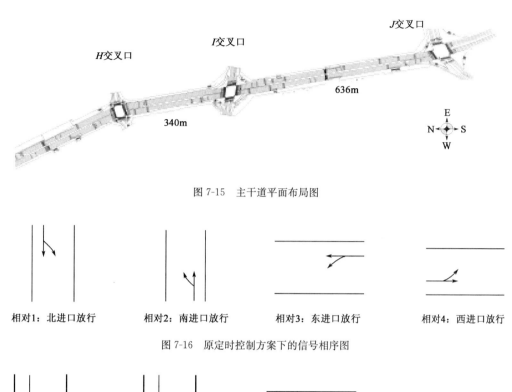

图 7-15 主干道平面布局图

图 7-16 原定时控制方案下的信号相序图

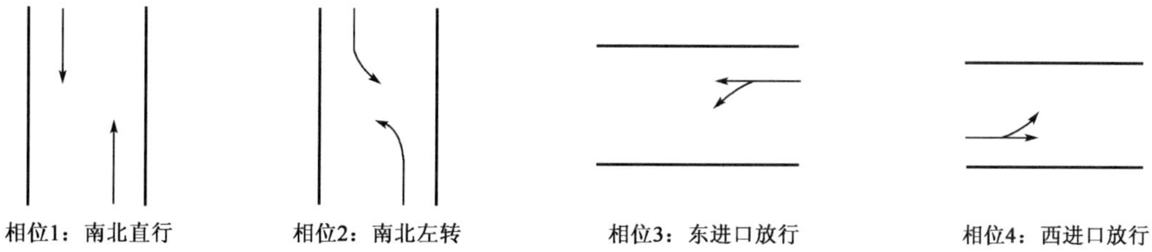

图 7-17 干道协调控制方案下的信号相序图

交叉口设计小时交通量 表 7-7

流量(pcu·h^{-1})	交叉口	H 交叉口	I 交叉口	J 交叉口
东进口	左转	100	141	100
	直行	200	328	270
	右转	128	292	58
	合计	428	761	428
西进口	左转	266	229	264
	直行	122	230	122
	右转	70	100	50
	合计	458	559	436
南进口	左转	70	100	100
	直行	1 119	768	644
	右转	100	100	120
	合计	1 289	968	864

续上表

流量(pcu·h^{-1})	交叉口	H交叉口	I交叉口	J交叉口
北进口	左转	266	255	133
	直行	1 255	875	778
	右转	209	295	205
	合计	1 730	1 425	1 116

原定时控制方案(s)　　　　　　　　　　　　　　　　　表 7-8

交叉口	周期	相位 1	相位 2	相位 3	相位 4
F	90	30	30	15	15
G	100	30	30	20	20
H	100	30	30	20	20

干道协调控制方案(s)　　　　　　　　　　　　　　　　表 7-9

交叉口	周期	相位 1	相位 2	相位 3	相位 4	相位差
H	90	30	20	20	20	75
I	90	30	20	20	20	31
J	90	30	20	20	20	76

【操作步骤】

1. 绘制主干道路网模型

(1)根据已知条件,参考模块五项目三仿真交叉口定时控制,进行导入背景图,绘制 3 个交叉口的车道模型,定义交通量,路径选择,定义弯道减速带等操作,最终绘制干道路网模型如图 7-18 所示。

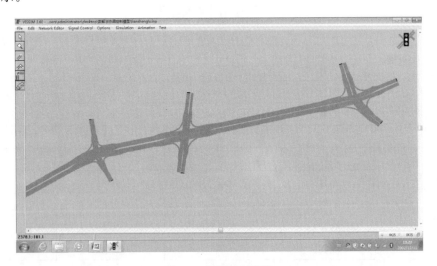

图 7-18　干道路网模型

(2)复制主干道路网模型所在文件夹,并更名为"原定时控制方案模型",原主干道路网模型文件夹更名为"干道协调控制方案模型"。

2.定义原定时控制方案模型

(1)打开原定时控制方案模型。

(2)单击菜单 Signal Control→Edit Signals,弹出信号控制 Signal Controlled Junctions(SCJ)对话框,单击"New"按钮,分别定义三个交通信号灯组,分别用于三个交叉口,如图 7-19 所示,具体步骤可参考模块五项目三中的信号组和信号灯。

3.定义干道协调控制方案

定义干道协调控制方案是在定义定时信号控制的基础上,设定各个交叉口的相位差。参考步骤如下:

(1)打开干道协调控制方案模型。

(2)单击菜单 Signal Control→Edit Signals,弹出信号控制 Signal Controlled Junctions(SCJ)对话框,单击"New"按钮,分别定义三个交通信号灯组,分别用于三个交叉口,如图 7-20 所示,具体步骤可参考模块五项目三中的信号组和信号灯。

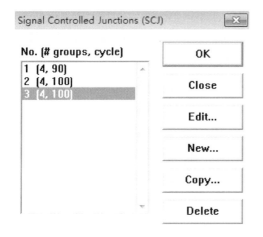

图 7-19 原定时控制方案信号组

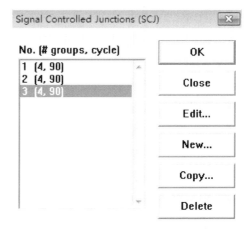

图 7-20 干道协调控制方案信号组

(3)设定相位差。

在信号组参数 Signal Parameters 对话框中,依据表 7-9 将各交叉口相位差输入相位差 Offset 输入框中,如图 7-21 所示。

4.设定交通信号控制性能指标

分别对原定时控制方案仿真模型、干道协调控制方案仿真模型的交通信号控制性能指标参数进行设定。

(1)打开原定时控制方案仿真模型,单击菜单 Options→Evaluation→Files,弹出离线分析(Off-line Analysis)对话框,定义行程时间(Travel Time)、排队长度(Queue Length)、延误时间(Delay)的数据采集间隔均为 100s。

(2)打干道协调控制方案仿真模型,单击菜单 Options→Evaluation→Files,弹出离线分析(Off-

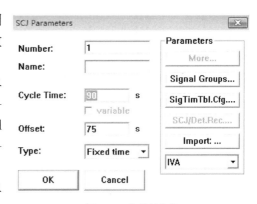

图 7-21 定义相位差

line Analysis)对话框,定义行程时间(Travel Time)、排队长度(Queue Length)、延误时间(Delay)的数据采集间隔均为90s。

5.运行仿真

(1)打开原定时控制方案仿真模型,由 Simulation→Continuous 进入仿真运行,大约仿真6 000步,即60个周期。

(2)打开干道协调控制方案仿真模型,由 Simulation→Continuous 进入仿真运行,大约仿真5 400步,即60个周期。

6.仿真结果分析

参考模块五项目三,利用 Excel 软件对仿真数据进行处理分析,最后得到仿真结果如图 7-22~图 7-24 所示。

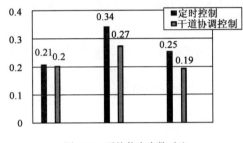

图 7-22 平均停车次数对比

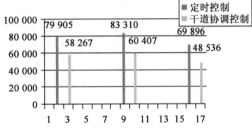

图 7-23 延误时间对比

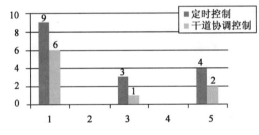

图 7-24 平均排队长度对比

模块八　区域信号协调控制系统设计

【主要内容】

主要介绍区域信号控制的基本概念,离线优化与实时优化两种区域信号协调控制的优化模式以及几种典型的区域信号协调控制系统。

项目一　初步认识区域信号协调控制

【能力目标】
(1)能正确描述区域信号协调控制的定义;
(2)能正确描述区域信号协调控制的分类。

【知识目标】
(1)掌握区域信号协调控制的定义;
(2)掌握区域信号协调控制的分类;
(3)了解区域信号协调控制的发展。

【支撑知识】
(1)区域信号协调控制的定义;
(2)区域信号协调控制的分类;
(3)区域信号协调控制的发展。

一、区域信号协调控制的定义

随着城市道路交通量的增长,路网密度的增大,交叉口之间的相关性日益明显。在一个区域或整个城市中,一个交叉口交通信号的调整往往会影响到相邻若干个交叉口交通流的运行状况,一个交叉口的拥堵可能会随着时间的推移逐步波及周边数个交叉口乃至所在区域内的所有交叉口。因此,城市对交通信号控制的要求变得越来越高,以某个区域或者整个城市作为研究对象的区域信号协调控制方法也越来越受到研究人员的重视。如何从整个系统的战略角度出发,将区域内的所有交叉口以一定方式联结起来作为研究对象,同时对各个交叉口进行有效的区域信号协调控制设计,以提高整个控制区域内的交通运输效率,解决城市交通容量不足、交通拥堵与交通污染等交通问题,已成为城市交通控制的发展新要求。

人们对区域信号控制的概念分狭义和广义两种理解。狭义上的区域信号控制,是将关联性较强的若干个交叉口统一起来,进行相互协调的信号控制方式,即所谓的区域信号协调控制;广义上的区域信号控制,是指在一个指挥控制中心的管理下,监控区域内的全部交叉口,是对单个孤立交叉口、干道多个交叉口和关联性较强的交叉口群进行综合性的信号控制。

在城市交通指挥控制中心,设计者必须从区域信号控制的广义概念出发,构建整个区域信号控制系统。建立这样的区域信号控制系统,首先,能有效实现区域的整体监视和控制,能将任何地点发生的交通问题和设备故障在较短的时间内检测出来,并从整个路网上实时收集所需的各种交通状态数据;其次,可根据区域内各交叉口的实际情况,因地制宜地为它们选取最合适的控制方式;再次,能方便地实现交叉口所采用的信号控制方式的转变,能有效适应城市信号控制未来发展的需要。

二、区域信号协调控制的分类

1. 按控制策略分类

区域交通信号控制系统按其控制策略的不同,可分为定时式脱机控制系统和自适应式联机控制系统。

定时式脱机控制系统将利用交通流历史及现状统计数据,进行脱机优化处理,得出多时段的最优信号配时方案,存入控制器或控制计算机内,对整个区域交通实施多时段的定时控制。这种控制系统具有简单可靠、效益投资比高的优点,但不能及时响应交通流的随机变化,特别是当交通量数据过时、控制方案老化后,控制效果将明显下降,此时需要消耗大量的人力重新作交通调查,以制订新的优化配时方案。

自适应式联机控制系统是一种能够适应交通量变化的"动态响应控制系统"。这种控制系统通过在控制区域交通网中设置检测器,实时采集交通数据,再利用配时优化算法,实现区域整体的实时最优控制。它具有能较好地适应交通流随机变化、控制效益高的优点,但其结构复杂、投资较大、对设备可靠性要求较高。

然而,自适应式联机控制系统在应用中的实际效果有时并不如定时式脱机控制系统,造成这种局面的主要原因是目前的自适应式联机控制系统不能做到完全实时、迅速地对交通变化作出反应,优化算法的收敛时间过长,交通量的波动性与优化算法计算时延可能致使实际控制效果很不理想。

2. 按控制方式分类

区域交通信号控制系统按其控制方式的不同,可分为方案选择式控制系统和方案生成式控制系统。

方案选择式控制系统通常需要根据几种典型的交通流运行状况,事先求解出相应的最佳配时方案,并将其储存在计算机内,待到系统实际运行时再根据实时采集到的交通数据,选取最适用的控制参数,实施交通控制。这种控制系统具有设计简单、实时性强的优点。

方案生成式控制系统则根据实时采集到的交通流数据,利用交通仿真模型与优化算法,实时计算出最佳信号控制参数,形成配时控制方案,实施交通控制。这种控制系统具有优化程度高、控制精度高的优点。

3. 按控制结构分类

区域交通信号控制系统按其控制结构的不同,可分为集中式控制系统和分层式控制系统。

集中式控制系统是利用一台中、小型计算机或多台微机连接区域内所有交叉口的路口信号控制机,在一个控制中心直接对区域内所有交叉口进行集中信号控制,其结构如图 8-1 所示。这种控制系统的控制原理与控制结构较为简单,具有操作方便、研制和维护相对容易的优点,但同时由于大量数据的集中处理及整个系统的集中控制,需要庞大的通信传输系统和巨大的存储空间,因此系统存在实时性差、投资与维护费用高的缺点。当需要控制的交叉口数目很多,并分散在一个很大的区域内时,设计采用集中式控制系统必须特别谨慎。

分层式控制系统通常将整个控制系统分成上层控制与下层控制，其结构如图 8-2 所示。上层控制主要接受来自下层控制的决策信息，并对这些决策信息进行整体协调分析，从全系统战略目标考虑修改下层控制的决策；下层控制则根据修改后的决策方案，再作必要的调整。上层控制主要执行全系统协调优化的战略控制任务，下层控制则主要执行个别交叉口合理配时的战略控制任务。分层式控制结构一般又分为递阶式控制结构与分布式控制结构两种。递阶式控制结构的最大特点是同一级控制单元间的信息交换必须通过上一级控制单元进行，其控制结构呈树形结构；分布式控制结构的最大特点是每一级控制单元除了可与其上一级控制单元进行信息交换之外，也可与同一级其他控制单元进行信息交换，其控制结构呈网状结构。分层式控制系统的控制方法和执行能力比较灵活，能实现降级控制功能，并具有实时性强、可靠性高、传输与维护费用低的优点，但也存在控制程序与通信协议复杂、所需设备多、现场设备维护繁琐的不利因素。

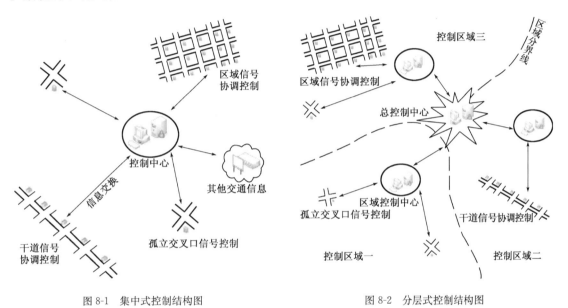

图 8-1　集中式控制结构图　　　　　图 8-2　分层式控制结构图

三、区域信号协调控制的发展

自 20 世纪 60 年代，国外一些交通运输研究机构便开始致力于研究交通区域信号协调控制技术，通过建立模拟区域交通流运行状况的数学模型，以解决区域信号配时的优化问题。1963 年，加拿大多伦多市建成的世界上第一套由数字计算机实现的城市区域交通信号控制系统，揭开了城市交通控制系统（Urban Traffic Control System，UTCS）发展历史的序幕，在此之后，国外相继研制出许多区域交通信号控制系统。其中比较成功的有，方案生成式定时控制系统 TRANSYT（Traffic Network Study Tool）系统，方案生成式自适应控制系统 SCOOT（Split Cycle and Offset Optimization Technique）系统，方案选择式自适应控制系统 SCATS（Sydney Coordinated Adaptive Traffic System）系统，分布式实时控制系统 SPOT/UTOPIA（Signal Progression Optimization Technique/ Urban Traffic Optimization by Integrated Automation）系统、RHODES（Real-time Hierarchical Optimized Distributed and Effective System）系统、OPAC（Optimization Policies for Adaptive Control）系统，以及 PRODYN（Dynamic Programming）系统等。

我国在交通区域信号协调控制方面的研究工作起步较晚,直到 20 世纪 80 年代才开始启动这方面的研究。国家一方面组织科研机构进行以改善城市中心交通为核心的交通信号控制系统研究,例如,在原国家计委、国家科委的支持下,交通部、公安部与南京市合作完成了"七五"攻关项目,自主研发了南京城市交通控制系统 HT-UTCS;另一方面采取引进与开发相结合的方针,先后引进并建立了一些城市交通信号控制系统,例如,在北京、大连、成都等城市引进了 SCOOT 系统,在上海、广州、沈阳等城市引进了 SCATS 系统,在深圳引进了 KYOSAN 系统等。此外,一批专业从事交通控制系统开发的公司,为解决日益突出的城市交通问题,也相继开发了一些具有自主知识产权的城市交通控制系统,目前这些交通控制系统大多还在试验完善之中。

随着现代高新技术的迅速发展,人工智能技术在城市交通区域信号控制中得到了广泛应用,城市交通信号控制系统呈现出智能化的发展趋势。例如,区域交叉口的分级模糊控制、基于遗传算法的交通信号配时优化、基于模糊神经网络的区域交通协调控制以及基于分布式 Q 学习的区域交通协调控制,都已成为区域信号协调控制研究领域中的热点问题。

能力训练 8-1

不定项选择题

1. 下列关于区域信号协调控制的描述,正确的有(   )。
   A. 区域信号协调控制简称面控
   B. 区域信号协调控制的研究对象是区域内的若干交叉口
   C. 区域信号协调控制效果优于其他控制方式
   D. 以上选项均不符合

2. 下列关于区域信号协调控制分类的描述,正确的有(   )。
   A. 按控制策略分类,可分为方案选择式控制系统和方案生成式控制系统
   B. 按其控制方式分类,可分为定时式脱机控制系统和自适应式联机控制系统
   C. 按其控制结构分类,可分为集中式控制系统和分层式控制系统
   D. 以上选项均不符合

3. 定时式脱机控制系统的特点包括(   )。
   A. 控制方案不能适应车辆的随机变化
   B. 具有简单可靠、效益投资比高的优点
   C. 定时式脱机控制系统优于其他面控系统
   D. 以上选项均不符合

4. 自适应式联机控制系统的特点包括(   )。
   A. 控制方案能适应车辆的随机变化
   B. 实时采集交通数据,利用配时优化算法,实现区域实时最优控制
   C. 结构复杂、投资较大、对设备可靠性要求较高
   D. 以上选项均不符合

5. 方案选择式控制系统的特点包括(   )。
   A. 不属于自适应控制系统
   B. 实时根据历史交通数据,选取最适用的控制参数
   C. 设计简单、实时性强的优点

D. 以上选项均不符合

6. 方案生成式控制系统的特点包括（　　）。

　　A. 属于自适应控制系统

　　B. 实时计算出最佳信号控制参数，形成配时控制方案

　　C. 优化程度高、控制精度高的优点

　　D. 以上选项均不符合

7. 集中式控制系统的特点包括（　　）。

　　A. 控制原理与控制结构较为简单，操作方便、研制和维护相对容易

　　B. 实时性差、投资与维护费用高

　　C. 只有一个控制中心，控制的交叉口较少

　　D. 以上选项均不符合

8. 分层式控制系统的特点包括（　　）。

　　A. 控制程序与通信协议复杂、所需设备多、现场设备维护繁琐

　　B. 实时性强、可靠性高、传输与维护费用低

　　C. 有多个控制中心，控制的交叉口较多

　　D. 以上选项均不符合

项目二　认识离线优化的区域信号协调控制

【能力目标】

(1) 能正确描述离线优化的基本原理；

(2) 能正确描述 TRANSYT 法在离线优化中的应用。

【知识目标】

(1) 掌握离线优化的基本原理；

(2) 了解结合法在离线优化中的应用；

(3) 掌握 TRANSYT 法在离线优化中的应用；

(4) 了解 TRANSYT 系统。

【支撑知识】

(1) 离线优化的基本原理；

(2) 结合法在离线优化中的应用；

(3) TRANSYT 法在离线优化中的应用；

(4) 典型的离线优化区域协调控制系统——TRANSYT 系统。

　　离线优化方法，即定时优化方法，它是根据交通网络的历史数据，应用计算机建模、优化与仿真技术，生成交通网络的固定信号配时方案。对于每个确定的交通网络配时方案，所有交叉口都将执行相同长度的信号周期（部分交通量较小的交叉口可采用双周期控制模式，即其信号周期长度取为公共信号周期的一半），每个交叉口的各个信号相位都分配有各自固定的绿灯时间，每对相邻交叉口之间的相对相位差也将保持不变。

　　与单个交叉口孤立信号控制和多交叉口干道协调信号控制一样，一套给定的交通网络配时方案将只适应于一组给定的路网交通条件。当路网交通流运行状况随着时间发生改变时，

旧的配时方案将不再适用,必须重新拟订新的交通网络配时方案以适应新的路网交通状况。因此,通常而言,离线优化的区域信号协调控制也需要根据一天中路网交通流的实际变化,拟订适合于不同路网交通状况的配时方案,并采用分时段多方案的信号控制方式。

一、离线优化的基本原理

区域信号协调控制的离线优化设计需要确定的控制参数有:控制子区交叉口的公共信号周期、各交叉口各信号相位的绿信比、相邻交叉口之间的相对相位差以及控制子区的划分。

1. 控制子区的划分

在实行信号协调控制时,一个范围较大的区域往往需要分成若干个相对独立的子区,每一个子区可以根据各自的交通特点,执行相应的控制方案,这些相对独立的子区称为控制子区。控制子区的划分将有利于执行灵活的控制策略,使得交通特性差异悬殊的街区均能获得最佳控制效果。控制子区划分的依据有:①判断相邻交叉口之间的交通性质是否相同。若相邻交叉口之间的交通性质相同,则适宜将它们划分在同一个控制子区。②判断将相邻交叉口划分在同一个控制子区是否有利于保持车流行驶顺畅。若相邻交叉口之间的路口间距适当,交通流量适中,则适宜将它们划分在同一个控制子区以保持车流行驶顺畅。③判断将相邻交叉口划分在同一个控制子区是否有利于防止发生交叉口交通阻塞。假若相邻交叉口之间的路口间距过短,交通流量较大,则适宜将它们划分在同一个控制子区以防止发生交叉口交通阻塞。

2. 公共信号周期的选取

为保证控制子区内交叉口之间相位差的恒定,控制子区内各交叉口必须采用相等的信号周期时长,而交叉口信号周期的大小将直接决定其通行能力的高低、影响其性能指标的优劣,因此控制子区公共信号周期的选取原则为:在满足子区内各个交叉口通行能力需求的前提下,应尽可能地提高子区内总的交通运行效率,减少子区内总的延误时间与停车次数。具体而言,控制子区公共信号周期通常将取决于子区内通行能力需求最高、最短信号周期要求最长的关键交叉口,再考虑到关键交叉口交通需求出现的随机性波动和提高子区内其他非关键交叉口的运行效率,控制子区公共信号周期的取值应使得关键交叉口的饱和度处于0.9。

3. 各信号相位绿信比的计算

对各交叉口各信号相位绿信比的优化,是逐个交叉口分别独立进行的,无需考虑相邻交叉口之间的关联性。在通常情况下,最佳交叉口信号相位绿信比配置应满足使得交叉口总的关键车流阻滞延误最小,即交叉口各关键车流的饱和度相等、交叉口总的饱和度最小的要求。其具体计算方法可以参照交叉口定时信号控制方案设计与仿真中有关相位绿灯时间的计算公式式(5-15)、式(5-16)与式(5-19)。

4. 相邻交叉口相位差的优化

优化相位差的目的在于使得交通流在路网中运行更为连续、平滑,力求总的车辆延误时间与停车次数最少,并尽可能地减少路网交通阻塞。由于每一对相邻交叉口之间都存在相对相位差,而相位差的取值范围为$[1,C]$s(C为公共信号周期时长),倘若某个协调控制区域包含N个交叉口,则该协调控制区域共有C^{N-1}组相位差控制方案。因此,对协调控制区域相位差的离线优化,就是需要针对其C^{N-1}组不同的相位差控制方案,利用计算机进行离线分析计算,从中找到区域整体性能指标最佳的相位差组合方案。

二、结合法在离线优化中的应用

结合法是一种较为简单的区域协调控制配时设计方法,既可以手工计算,也可以编写程序在计算机上进行计算。早在20世纪60年代,设计者曾运用结合法对英国格拉斯哥等城市实施定时优化的区域信号协调控制,效果虽不如后来建立的TRANSYT系统,但比起其他一些协调配时设计方法还是略胜一筹的。

结合法,顾名思义,就是将构成一个复杂路网的连线(Link)逐一两两结合,合二为一,最后使整个路网简化成为两个交叉口之间的一条连线,通过这种"两两结合"的方法,一对一对地协调相邻交叉口之间的相对相位差,从而实现整个路网上所有交叉口之间的相互协调。

1. 结合法基本假定

在进行路网信号协调配时设计时,结合法的运用需要满足以下四个基本假定条件。

(1)在控制区域内,所有交叉口执行一个相同的信号周期时长(公共信号周期),或者有部分交叉口的信号周期时长取为公共信号周期长度的一半,甚至1/3、1/4等。

(2)将公共信号周期划分成若干个时间区段,所有交叉口之间的相对相位差均以公共信号周期的时间区段数表示。

(3)每个交叉口各信号相位的绿信比是已知的,通常绿信比是按照等饱和度原则确定,即各信号相位所获得的绿灯时间恰好使其关键车流的饱和度彼此相等。

(4)两个交叉口之间某一行驶方向车流所受延误阻滞,仅仅取决于这两个交叉口之间的相位差,而与附近其他交叉口的配时设计无关。

值得注意的是,假定条件(4)只有在交叉口饱和度较高的情况下才能接近实际情况。

2. 结合法计算步骤

(1)准备所需的各项基本数据。

①详细调查整个控制区域的路网结构,包括交叉口数目、交叉口之间的距离、车道划分、交叉口渠化情况以及每条进口车道的饱和流量等,绘制一张路网平面结构草图。

②详细调查路网上的交通运行状况,包括各交叉口各进口车道的车辆到达率、转弯车流的流向及流量、行人过街交通量,以及交叉口之间的路段上每股车流的平均速度、交通量波动情况等,并标识在路网平面结构图上。

③对每个交叉口进行信号相位的设计,确定各信号相位的绿灯间隔时间、最短绿灯显示时间以及损失时间等时间参数。

(2)计算各个交叉口的信号周期与绿信比。

根据设计者所期望达到的预期控制效果,利用单个交叉口的定时信号配时设计方法,逐一计算各个交叉口的信号周期时长及各信号相位的绿灯显示时间。

(3)划分控制子区。

依据各个交叉口所需的信号周期时长、相邻交叉口之间的交通流量与路口间距,以及整个路网的结构特点,进行控制子区的划分。通常,在一个控制子区内,所有交叉口的交通负荷度大致接近,因而可以采用相等的信号周期时长。

(4)建立相位差与延误时间的相关关系。

针对相邻交叉口之间相位差的每一种取值,分别计算出相应的路段上行车流与路段下行车流(即各条连线)的总延误时间,建立起相位差与路段上各条连线车辆总延误时间的相关关系。路段上行/下行车辆总延误时间的计算,采用稳态理论中有关均衡相位延误时间的计算方法,并假定在上游交叉口的整个绿灯期间,车流以恒定流率从上游交叉口驶出,按照固定的行驶速度驶到下游交叉口的停车线前,如图 8-3 所示。这种计算延误时间的方法,既未考虑上游交叉口驶出车流量的实际变化,也未考虑车流在路段行驶过程中发生的离散现象,计算结果显然与实际存在一定的出入。不过,在作配时方案对比时,如果仅仅把延误时间作为相对比较指标,这种简化计算方法还是相当有效和实用的。

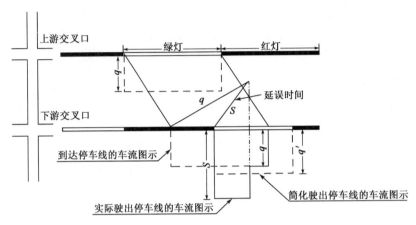

图 8-3 延误时间计算图例

(5)利用结合法逐步简化整个路网。

根据两条有效连线各自的"相位差与延误时间对应关系",综合求出一条新的虚拟连线将其取代,实现两条有效连线的一次合并。两交叉口之间的虚拟连线与路段实际连线一样,也可以对其进行进一步的合并。通过一次次有效(虚拟)连线的两两结合,最终将整个路网简化为连接两个交叉口的一条虚拟连线,完成整个合并过程。其中,所谓的有效(虚拟)连线是指那些满足合并条件的路段连线或交叉口连线。

连线的结合有两种方式:串行结合与并行结合。

① 串行结合。

假若在连线 AB 与连线 BC 的衔接点 B(交叉口)上,除了连线 AB 与 BC 之外,不存在第三条连线与之相连,则连线 AB 与连线 BC 为两条有效连线,可以进行串行结合,生成一条虚拟连线 AC,如图 8-4 所示。不难理解,对于虚拟连线 AC 的节点 A 与节点 C 的每一种相位差取值,其所对应的延误时间应为:对衔接点 B 的不同相位差取值连线 AB 与连线 BC 的总延误时间的最小值。

假定节点之间相位差的取值为 1/5 公共信号周期的整数倍,倘若节点 C 相对于节点 A 的相位差为 0,则对于节点 B,相对于节点 A 的每一种相位差取值[0,(1/5)C,(2/5)C,(3/5)C,(4/5)C],节点 C 相对于节点 B 的相位差有固定取值与之对应[0,(4/5)C,(3/5)C,(2/5)C,(1/5)C],连线 AB 与连线 BC 的总延误时间即虚拟连线 AC 的延误时间有相应取值,如表 8-1 所示。

节点 C 相对于节点 A 的相位差为 0 时虚拟连线 AC 的延误时间取值表　　　表 8-1

节点 B 相对于节点 A 的相位差	节点 C 相对于节点 B 的相位差	虚拟连线 AC 的延误时间(s)
0	0	200+100=300★
(1/5)C	(4/5)C	300+400=700
(2/5)C	(3/5)C	600+200=800

续上表

节点B相对于节点A的相位差	节点C相对于节点B的相位差	虚拟连线AC的延误时间(s)
(3/5)C	(2/5)C	400+400=800
(4/5)C	(1/5)C	500+300=800

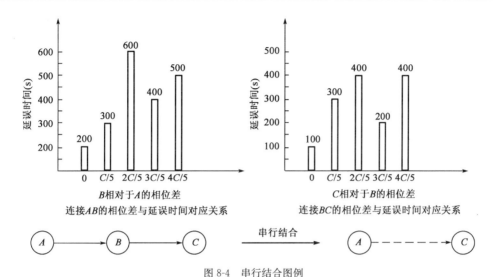

图 8-4 串行结合图例

从表 8-1 可以看出,当节点 C 相对于节点 A 的相位差为 0 时,节点 B 相对于节点 A 的相位差取 0、节点 C 相对于节点 B 的相位差取 0,所对应的虚拟连线 AC 的延误时间最小,因此只要确定了节点 C 相对于节点 A 的相位差为 0,则节点 B 相对于节点 A 的相位差与节点 C 相对于节点 B 的相位差便随之固定下来,分别取 0 和 0。

依照上述方法,可以类推节点 C 相对于节点 A 的相位差分别为(1/5)C,(2/5)C,(3/5)C,(4/5)C 时,虚拟连线 AC 的延误时间取值情况,如表 8-2~表 8-5 所示。

节点 C 相对于节点 A 的相位差为(1/5)C 时虚拟连线 AC 的延误时间取值表　　表 8-2

节点B相对于节点A的相位差	节点C相对于节点B的相位差	虚拟连线AC的延误时间(s)
0	(1/5)C	200+300=500
(1/5)C	0	300+100=400★
(2/5)C	(4/5)C	600+400=1 000
(3/5)C	(3/5)C	400+200=600
(4/5)C	(2/5)C	500+400=900

从表 8-2 可以看出,只要确定了节点 C 相对于节点 A 的相位差为(1/5)C,则节点 B 相对于节点 A 的相位差与节点 C 相对于节点 B 的相位差则固定下来,分别取(1/5)C 和 0。

节点 C 相对于节点 A 的相位差为(2/5)C 时虚拟连线 AC 的延误时间取值表　　表 8-3

节点B相对于节点A的相位差	节点C相对于节点B的相位差	虚拟连线AC的延误时间(s)
0	(2/5)C	200+400=600★
(1/5)C	(1/5)C	300+300=600★
(2/5)C	0	600+100=700
(3/5)C	(4/5)C	400+400=800
(4/5)C	(3/5)C	500+200=700

从表 8-3 可以看出,只要确定了节点 C 相对于节点 A 的相位差为 $(2/5)C$,则节点 B 相对于节点 A 的相位差与节点 C 相对于节点 B 的相位差则固定下来,分别取 $0,(2/5)C$ 或 $(1/5)C,(1/5)C$。

节点 C 相对于节点 A 的相位差为 $(3/5)C$ 时虚拟连线 AC 的延误时间取值表　　表 8-4

节点 B 相对于节点 A 的相位差	节点 C 相对于节点 B 的相位差	虚拟连线 AC 的延误时间(s)
0	$(3/5)C$	200+200=400★
$(1/5)C$	$(2/5)C$	300+400=700
$(2/5)C$	$(1/5)C$	600+300=900
$(3/5)C$	0	400+100=500
$(4/5)C$	$(4/5)C$	500+400=900

从表 8-4 可以看出,只要确定了节点 C 相对于节点 A 的相位差为 $(3/5)C$,则节点 B 相对于节点 A 的相位差与节点 C 相对于节点 B 的相位差则固定下来,分别取 0 和 $(3/5)C$。

节点 C 相对于节点 A 的相位差为 $(4/5)C$ 时虚拟连线 AC 的延误时间取值表　　表 8-5

节点 B 相对于节点 A 的相位差	节点 C 相对于节点 B 的相位差	虚拟连线 AC 的延误时间(s)
0	$(4/5)C$	200+400=600
$(1/5)C$	$(3/5)C$	300+200=500★
$(2/5)C$	$(2/5)C$	600+400=1 000
$(3/5)C$	$(1/5)C$	400+300=700
$(4/5)C$	0	500+100=600

从表 8-5 可以看出,只要确定了节点 C 相对于节点 A 的相位差为 $(4/5)C$,则节点 B 相对于节点 A 的相位差与节点 C 相对于节点 B 的相位差则固定下来,分别取 $(1/5)C$ 和 $(3/5)C$。

综合以上分析,可以得到节点 A、B、C 的最佳相位差协调配置方案,如表 8-6 所示。

节点 A、B、C 的最佳相位差协调配置方案　　表 8-6

节点 C 相对于节点 A 的相位差	节点 B 相对于节点 A 的相位差、节点 C 相对于节点 B 的相位差	虚拟连线 AC 的延误时间(s)
0	(0,0)	300
$(1/5)C$	$[(1/5)C,0]$	400
$(2/5)C$	$[0、(2/5)C]$ 或 $[(1/5)C,(1/5)C]$	600
$(3/5)C$	$[0、(3/5)C]$	400
$(4/5)C$	$[(1/5)C,(3/5)C]$	500

②并行结合。

具有相同起止点的连线 AB 与连线 BA 为两条有效连线,可以进行并行结合,生成一条新的虚拟连线 AB,如图 8-5 所示。由于节点 B 相对于节点 A 的相位差与节点 A 相对于节点 B 的相位差之和等于信号周期的整数倍,因此计算虚拟连线 AB 的延误时间即连线 AB 与连线 BA 的总延误时间时,应该按照上述相位差对应关系将连线 AB 与连线 BA 的延误时间逐一相加,如表 8-7 所示。

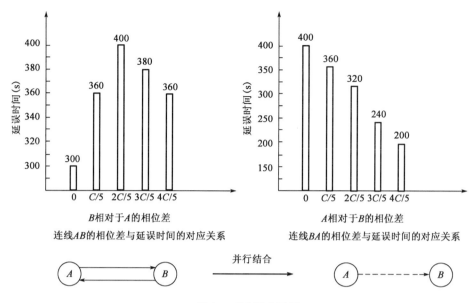

B相对于A的相位差　　　　　　　　A相对于B的相位差
连线AB的相位差与延误时间的对应关系　　连线BA的相位差与延误时间的对应关系

图 8-5　并行结合图例

连线 AB 与连线 BA 并行结合时虚拟连线 AB 的延误时间取值表　　表 8-7

节点 B 相对于节点 A 的相位差	节点 A 相对于节点 B 的相位差	虚拟连线 AB 的延误时间(s)
0	0	300+400=700
(1/5)C	(4/5)C	360+200=560
(2/5)C	(3/5)C	400+240=640
(3/5)C	(2/5)C	380+320=700
(4/5)C	(1/5)C	360+360=720

3. 结合法计算实例

假设在路网$(a、b、c)$中，交叉口(节点)$a、c$与$c、b$之间均为单向行驶路段，$a、b$之间为双向行驶路段(用两条连线分别表示)，路网结构简图如图 8-6 所示。节点之间相位差的取值为 1/5 公共信号周期的整数倍，连线 $ab、ba、ac$ 与 cb 的"相位差与延误时间对应关系"如图 8-6 所示。试确定节点 $a、b、c$ 之间的相位差最优配置，使得在路网上行驶的车辆总延误时间最小。

第一步：对连线 ab 与连线 ba 作并行结合，结合生成一条新的虚拟连线 ab'，结合过程如表 8-8 所示。

连线 ab 与连线 ba 并行结合所生成的虚拟连线 ab' 的延误时间取值表　　表 8-8

节点 b 相对于节点 a 的相位差	节点 a 相对于节点 b 的相位差	虚拟连线 ab' 的延误时间(min)
0	0	15+20=35
(1/5)C	(4/5)C	20+15=35
(2/5)C	(3/5)C	25+25=50
(3/5)C	(2/5)C	20+30=50
(4/5)C	(1/5)C	30+25=55

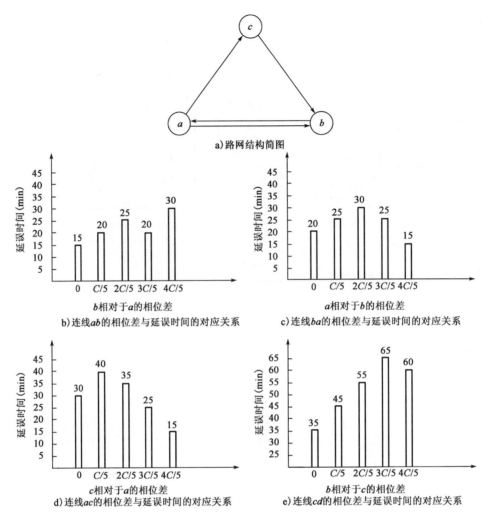

图 8-6 结合法计算实例

在表 8-8 第三列中,第一项加数为连线 ab(从节点 a 驶向节点 b 的车流)在对应相位差取值下的延误时间,第二项加数为连线 ba(从节点 b 驶向节点 a 的车流)在相应相位差取值下的延误时间。

第二步:对连线 ac 与连线 cb 作串行结合,结合生成一条新的虚拟连线 ab'',结合过程如表 8-9 所示。

连线 ac 与连线 cb 串行结合所生成的虚拟连线 ab'' 的延误时间取值表　　表 8-9

节点 b 相对于 节点 a 的相位差	节点 c 相对于 节点 a 的相位差	节点 b 相对于 节点 c 的相位差	虚拟连线 ab'' 的 延误时间(min)
0	0	0	30+35=65
	(1/5)C	(4/5)C	40+60=100
	(2/5)C	(3/5)C	35+65=100
	(3/5)C	(2/5)C	25+55=80
	(4/5)C	(1/5)C	15+45=60★

续上表

节点 b 相对于节点 a 的相位差	节点 c 相对于节点 a 的相位差	节点 b 相对于节点 c 的相位差	虚拟连线 ab'' 的延误时间(min)
(1/5)C	0	(1/5)C	30+45=75
	(1/5)C	0	40+35=75
	(2/5)C	(4/5)C	35+60=95
	(3/5)C	(3/5)C	25+65=90
	(4/5)C	(2/5)C	15+55=70★
(2/5)C	0	(2/5)C	30+55=85
	(1/5)C	(1/5)C	40+45=85
	(2/5)C	0	35+35=70★
	(3/5)C	(4/5)C	25+60=85
	(4/5)C	(3/5)C	15+65=80
(3/5)C	0	(3/5)C	30+65=95
	(1/5)C	(2/5)C	40+55=95
	(2/5)C	(1/5)C	35+45=80
	(3/5)C	0	25+35=60★
	(4/5)C	(4/5)C	15+60=75
(4/5)C	0	(4/5)C	30+60=90
	(1/5)C	(3/5)C	40+65=105
	(2/5)C	(2/5)C	35+55=90
	(3/5)C	(1/5)C	25+45=70
	(4/5)C	0	15+35=50★

从表 8-9 可以将虚拟连线 ab'' 的相位差与延误时间对应关系,进一步简化归纳为表 8-10。

虚拟连线 ab'' 的相位差与延误时间对应关系 表 8-10

节点 b 相对于节点 a 的相位差	0	(1/5)C	(2/5)C	(3/5)C	(4/5)C
虚拟连线 ab'' 的延误时间(min)	60	70	70	60	50

第三步:对虚拟连线 ab' 与虚拟连线 ab'' 再作并行结合,结合生成一条新的虚拟连线 ab''',结合过程如表 8-11 所示。

虚拟连线 ab''' 的相位差与延误时间对应关系 表 8-11

节点 b 相对于节点 a 的相位差	0	(1/5)C	(2/5)C	(3/5)C	(4/5)C
虚拟连线 ab''' 的延误时间(min)	35+60=95★	35+70=105	50+70=120	50+60=110	55+50=105

由表 8-11 与表 8-9 可推知,路网交叉口相位差的最佳取值为:节点 b 相对于节点 a 的相位差取 0,节点 c 相对于节点 a 的相位差取(4/5)C。

4.结合法在复杂路网中的应用

综上所述,使用结合法求解路网交叉口相位差最佳配置方案的思路为:利用串行结合或并行结合,将有效(虚拟)连线两两结合,最终将整个路网简化成为一条虚拟连线,并求出该虚拟连线两端节点的最佳相位差取值,然后再一步步地反推回去,找出路网上其他节点相应的最佳相位差取值。

然而,并非任意两条连线都可以进行串行结合或并行结合,进行结合的两条连线应满足一定的限定条件。例如,图 8-7 所示的进行过压缩后的两种路网结构图形,就无法再使用串行结合或并行结合的方法将其最终化简为一条虚拟连线。

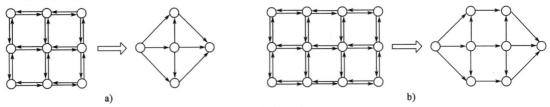

图 8-7 压缩路网结构图形

对如图 8-7 所示的这一类压缩路网进行协调控制相位差设计时,是否仍然可以使用结合法,英国学者沃索普对这一问题给出了肯定的回答。他提出了一种类似于串行结合的"广义结合法",成功地将结合法的思想推广应用于任何一种复杂路网结构图形。

在对一个复杂的实际路网进行协调控制相位差设计时,首先,应将路网中相对独立的各个部分(所谓相对独立是指各部分之间的连接点仅为单个交叉口)暂时分割开来,以便对每一部分分别进行类似的简化处理;其次,利用串行结合或并行结合方法,对每一部分进行合并简化,生成相应的压缩路网结构图形;然后,利用广义结合法对各个压缩路网结构图形进行处理,求出压缩路网上各个节点的最佳相位差取值;最后,根据压缩路网上各个节点的相位差取值,一步步地反推原路网上其他节点的最佳相位差取值。

利用广义结合法对压缩路网进行相位差设计是一个迭代计算的过程,即将整个计算过程分成若干个计算阶段,每一阶段都按固定程序解决一条或数条连线的相位差设置问题,直至压缩路网中的所有连线被处理完毕。在迭代计算过程中,每一阶段所得到的节点最佳相位差组合与相应车辆总延误时间将作为下一阶段计算的已知数据传递下去,直至最后一条连线。每一阶段所处理的路网部分又称为"子网",整个迭代计算过程也可以描述为"子网范围一步步扩展,最后扩展至整个压缩路网"的扩展过程。

为了便于分析,将子网内不同特性的节点分为:甲类节点(与该类节点相连的所有连线都在子网范围内)、乙类节点(在与该类节点相连的所有连线中,存在若干条连线将其与甲类节点相连,其余连线则不与甲类节点相接)与丙类节点(与该类节点相连的所有连线均不与甲类节点相接)。

在对一个新的子网进行迭代计算时,需要已知在前一子网(前一计算阶段)中,对于其乙类节点的每一种相位差组合,各甲类节点的最佳相位差取值以及与甲类节点相连的所有连线的车辆延误时间之和。例如,在如图 8-8 所示的一个利用广义结合法对压缩路网进行相位差设计的实例中,第三计算阶段需要利用第二计算阶段的计算结果,即对于乙类节点(B、D、G)的每一种相位差组合,相应甲类节点(A、C)的最佳相位差取值以及连线 AB、AC、AD、CD 与 CG 的车辆延误时间之和,进行迭代计算。

可以推知,在某一计算阶段,若所采用的子网中包含 P 个甲类节点、Q 个乙类节点,相位差的取值范围为 $\{C/N, 2C/N, 3C/N \cdots C\}$,则需要针对该子网乙类节点的 $N^{(Q-1)}$ 种相位差组合,分别计算出各种相位差组合下甲类节点的最佳相位差取值与相关连线的车辆延误时间之和,共计将为下一计算阶段提供 $(P+1)N^{(Q-1)}$ 个已知数据。可以看出,当相位差的取值精确到 1s,即 $N=C$ 时,Q 值只有限制在一个较小的数值才能保证相应计算阶段的计算量不会太大,这也就为每一个计算阶段子网的扩展提出了一定的限定条件,即扩展部分边界点的选择应以 Q 值最小为原则进行。

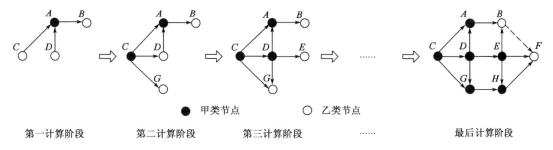

图 8-8 利用广义结合法对某一压缩路网进行相位差设计实例

每一计算阶段的计算内容和计算步骤基本相同,经过若干阶段子网范围的不断扩展,子网范围最终将覆盖整个压缩路网,压缩路网上各节点的相位差最佳组合与整个路网的协调控制相位差设计方案也就随之形成。

三、TRANSYT 法在离线优化中的应用

TRANSYT 是目前在世界各国流传最广、应用最普遍的一种协调配时方法。随着实践经验的不断积累,TRANSYT 方法得到了不断的改进和完善,其中广泛应用的版本有:英国的 TRANSYT(8)、美国的 TRANSYT(7F),以及法国的 THESEE 与 THEBES 等。

迄今为止,各国使用 TRANSYT 的实践统计资料表明,其经济效益十分显著。比起结合法,TRANSYT 方法要略胜一筹。从它们的基本假定和计算模型来看,TRANSYT 方法更为严密、切合实际。由于结合法的假定条件(4)只有在交叉口饱和度较高的情况下才能接近实际情况,因此其计算结果很难符合路网的实际运行状况。而 TRANSYT 摒弃了结合法的这一假定条件,从整个路网的总体上去考察每一个交叉口的信号配时,适当考虑了"个别交叉口信号配时的变动将可能影响到路网上相当大范围的车流运动状态"的这种连锁反应。

TRANSYT 方法由交通模型与寻优算法两部分组成,其基本结构如图 8-9 所示。其中,交通模型充分反映了车流运动的基本特点,在模拟车流运动时,既考虑了在某些按优先规则通行的交叉口等候通行车流与享有优先通行权车流之间的相互关系,又考虑了在路段上行驶的车流中前后车辆之间的相互影响,因此 TRANSYT 方法对路网上车流运动状况的预测精度较高;而寻优算法则通常采用"爬山法",使得整个配时方案的寻优计算时间相对较短,优化过程具有较好的收敛特性。

1. 基本假定

运用 TRANSYT 方法进行路网信号协调配时设计时,需要满足以下四个基本假定条件:
(1)在控制区域内,所有交叉口执行一个相同的信号周期时长(公共信号周期),或者有部分交叉口的信号周期时长取为公共信号周期长度的一半,所有信号控制交叉口的信号相位划分以及最短绿灯时间等均为已知。
(2)路网中所有主要交叉口都有交通信号灯或让路规则控制。
(3)路网中各车流在某一确定时段内的平均车流量均为已知,且维持恒定。
(4)每一交叉口的转弯车辆所占百分数均为已知,并且在某一确定时段内维持恒定。

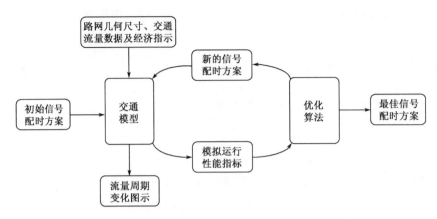

图 8-9　TRANSYT 基本结构图

2. 交通模型

建立交通模型的目的在于，用数学方法模拟车流在路网上的运动状况，研究路网配时参数的改变对车流运动的影响，以便客观地评价任意一组路网配时方案的优劣。因此，交通模型应当能够对不同路网配时方案控制下的车流运动状况，即延误时间、停车次数、燃油消耗等性能指标作出最为真实可靠的估算。

交通模型主要包括对路网交通环境（路网结构）、交通过程（流量周期变化示意图）与交通预测（延误时间与停车次数的计算）的描述。下面仅就 TRANSYT 交通模型中的这几个问题作简要说明。

(1) 路网结构图示。

与结合法相类似，TRANSYT 可将复杂的路网简化成适于数学计算、由节点与连线组成的路网结构简图。在路网结构简图上，每一个节点代表一个信号控制交叉口，每一条连线代表一股驶向下游交叉口的单向车流。在此，切不可将"连线"与"车道"混为一谈，一条连线可以代表一条或几条车道上的车流，而一个进口道上的几条车道则可用一条或数条连线表示。连线与车道之间的关系要视当时当地的具体情况而定，设计者必须事先掌握路网上有关车辆行驶路线的详细情况，需要根据实际情况判断如何划分连线。例如，一股从上游交叉口 A 驶入路段 L 的车流 a 到达下游交叉口 B 时，其中可能存在部分车辆需要左转；而另一股从上游交叉口 A 驶入路段 L 的车流 b 到达下游交叉口 B 时，其中可能不存在任何车辆需要左转，则此时即便连接路段 L 的下游交叉口 B 的进口道采用左直合放相位，其直行车流与左转车流也需要分别设置不同的连线。

通常而言，凡是可能在交叉口停车线后单独形成较长等候车队的车流，均应以一条单独的连线表示；相反，对于某些排队长度极短的次要车流，则不一定要用单独的连线表示。如果几条不同车道上的车流驶近停车线时，将以几乎同等的比例加入车道等候车队中，而且这几条车道上的车流具有完全相同的通行权，则可以只用一条连线来代表这几条车道上的所有车流。

(2) 流量周期变化示意图。

流量周期变化示意图是对一个信号周期内某一连线上的交通流量随时间推移而变化的一种图形描述。为了计算方便，通常可将一个信号周期等分成为若干个时间间隔，每个时间间隔取 1~3s，将连线上的流量周期变化情况用柱状图的形式加以描述，如图 8-10 所示。在

TRANSYT 的交通模型中,所有计算过程的基本数据均为每个时间间隔内连线上的平均交通量、转弯交通量及排队长度,所有计算分析均以柱状流量示意图为依据。

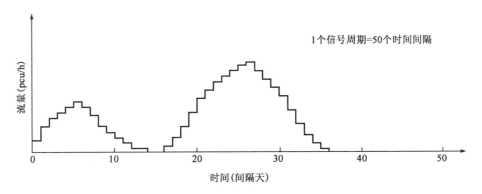

图 8-10 流量周期变化示意图

由于 TRANSYT 法假定路网中各股车流在某一确定时段内的平均车流量维持恒定,因此各连线上的交通量将周期性重复出现,每个信号周期的流量变化柱状图将完全一致。然而,由于个别车辆运动状况的随机性变化,同一连线上的各个信号周期的流量变化柱状示意图将存在一定差异。为了对这种随机波动影响作出可靠的估量,在计算延误时间与停车次数时,需要增加"随机阻滞"项来进行一定的修正。

为描述车流在一条连线上运动的全过程,TRANSYT 使用了以下三种流量周期变化示意图。

①到达流量示意图。

这种示意图用以描述车流在不受阻滞的情况下,到达下游交叉口停车线的到达率变化情况。

②驶出流量示意图。

这种示意图用以描述车流离开下游交叉口时,实际驶出流量的变化情况。

③饱和驶出流量示意图。

这种示意图实际上是描述停车线后排队车流是否以饱和流率驶离停车线的流量示意图,只有当绿灯期间通过的车流处于饱和状态时,才会出现车流以饱和流率驶出停车线的状况。

不难理解,某一连线的到达流量示意图将直接取决于上游连线的驶出流量示意图,在忽略车流运行过程中出现的离散现象时,将各条相关上游连线的驶出流量示意图按分流比例进行压缩合成,即可得到下游连线的到达流量示意图。但是,在确定一条连线的到达流量示意图时,车流运行过程中出现的离散特性却不容忽视,在此可以采用罗伯逊提出的一种分析车队离散特性的计算方法进行描述。罗伯逊方法建立了下游某一断面上的车辆到达率与上游断面上的车辆驶出率之间的数学关系,为使用上游连线的驶出流量示意图来推算下游连线的到达流量示意图提供了一个实用计算公式,如式(8-1)所示。

$$q_d(i+t) = F \cdot q_o(i) + (1-F) \cdot q_d(i+t-1) \tag{8-1}$$

式中:$q_d(i+t)$——第 $i+t$ 个时间间隔内下游断面的车辆到达率;

$q_o(i)$——第 i 个时间间隔内上游断面的车辆驶出率;

t——0.8 倍车辆从上游断面行驶到下游断面的平均行驶时间所对应的时间间隔数;

F——车流在运动过程中的车流离散系数,可由公式(8-2)计算求出。

$$F = \frac{1}{1 + 0.35 \cdot t} \quad (8\text{-}2)$$

可以推算,第 i 个时间间隔内被阻滞于停车线的车辆数 $m(i)$ 应满足:

$$m(i) = \max\{[m(i-1) + q_d(i) \cdot \Delta t - S(i) \cdot \Delta t], 0\} \quad (8\text{-}3)$$

式中:$m(i-1)$——第 $i-1$ 个时间间隔内被阻滞于停车线的车辆数;

$q_d(i)$——第 i 个时间间隔内到达停车线断面的车辆平均到达率,可由"到达流量示意图"求得;

$S(i)$——第 i 个时间间隔内车流通过停车线断面的最大车辆平均驶离率;

Δt——时间间隔的大小。

由式(8-3)可以推知,在第 i 个时间间隔内驶出停车线的车辆数 $N(i)$ 与驶出率 $q_l(i)$ 为:

$$N(i) = m(i-1) + q_d(i) \cdot \Delta t - m(i) \quad (8\text{-}4)$$

$$q_l(i) = \frac{N(i)}{\Delta t} \quad (8\text{-}5)$$

由此可见,根据上游交叉口相关连线的到达流量示意图与饱和驶出流量示意图,按照已知的各流向流量百分比,便可以得到下游交叉口上游断面的驶出流量示意图;再利用罗伯逊方法又可得到下游交叉口连线的到达流量示意图。依此类推,即可得到任一下游连线上的流量周期变化示意图。

(3)延误时间与停车次数的计算。

TRANSYT 计算延误时间与停车次数所采用的方法,与模块六中关于过渡函数计算的内容大体一致。TRANSYT 方法也是将总延误时间分成基准延误时间、随机延误时间与过饱和延误时间三部分;将总停车次数分成基准停车次数、随机停车次数与过饱和停车次数三部分。其中,基准延误时间、基准停车次数可由流量周期变化示意图分别求出,随机与过饱和延误时间、随机与过饱和停车次数则可利用相应的计算公式获取。

较新版本的 TRANSYT 还从动能损失率的角度出发,研究一次不完全停车与一次完全停车的相关关系,并对于在不同初始速度情况下的"减速—停车—加速"过程动能损失的差别给予了充分考虑,将"从 43km/h 的正常行驶减速到停车,再加速恢复到 43km/h 的正常行驶"的一次完全停车当作一次"标准完全停车",对于其他不同初始速度下的一次完全停车,则按相应动能损失折算成若干次"标准完全停车"。

3. 优化算法

TRANSYT 采用"爬山法"对信号配时方案进行逐步优化,其基本思想为:在初始方案的基础上,以适当的步距向正、负两个方向进行试探性调整,如果向正方向调整一个步距后,所获得的方案优于前一方案,则继续向正方向对方案进行调整;如果向正方向调整一个步距后,所获得的方案劣于前一方案,则应改为向负方向对方案进行调整;如果向正、负两个方向分别调整一个步距后,所获得的方案均优于前一方案,则应分别向正、负两个方向对方案进行试探性调整;如果向正、负两个方向分别调整一个步距后,所获得的方案均劣于前一方案,则优化过程结束。

评价区域信号配时方案优劣的性能指标,可以取为区域内的车辆总延误时间与总停车次数以及总燃油消耗的加权之和。

(1)绿信比的优化。

TRANSYT采用爬山法对各交叉口各信号相位的绿信比进行优化调整。其具体做法为：不等量地更改一个或几个乃至所有信号相位的绿信比,以期降低整个路网的交通流运行性能指标。需要注意的是,在对绿信比作上述优化调整时,不允许任何一个信号相位调整后的绿灯时间短于对其规定的最短绿灯时间。

(2)相位差的优化。

TRANSYT采用爬山法对各交叉口的相位差进行优化调整。其具体做法为:按照事先规定的交叉口相位差先后调整次序,使用爬山法依次对区域内所有交叉口的相位差进行第一次优化调整,之后再重新按照调整次序使用爬山法对区域内所有交叉口的相位差进行第二次优化调整……如此反复多遍,直至求得最终的理想相位差配置方案。

(3)信号周期的选取。

TRANSYT的优化过程虽不能对信号周期时长进行优化,但设计者可以事先给出一组信号周期长度取值,然后利用TRANSYT计算不同信号周期长度取值下的性能指标,通过比较分析,从这一组信号周期长度取值中选取出最佳信号周期时长。

4. 所需已知数据

使用TRANSYT方法进行区域交通信号离线优化设计时,设计者需要已知如下基本输入数据:

(1)路网几何尺寸、交通流量数据与经济损失折算当量。

其中,路网几何尺寸主要包括信号交叉口数目、路段长度、车道划分情况以及车道宽度等;交通流量数据包括每条进入协调控制区域道路上的交通流量、车流分流情况以及车流离散特性等;经济损失折算当量包括单位延误时间的损失费用指标、"百次标准完全停车"相当的损失费用指标以及车辆在不同行驶状态下的油耗指标。

(2)控制子区的划分。

设计者需要根据如前所述的子区划分原则,即距离原则、周期原则与流量原则,事先将范围较大的整个控制区域划分为若干个相对独立的控制子区,以便各个控制子区能各自执行适合于其交通特点的协调控制方案。

(3)初始信号配时方案。

TRANSYT的优化算法需要设计者事先为之提供一套初始信号配时方案。初始信号配时方案既可以由设计者自行拟定,也可以由TRANSYT自身提供。TRANSYT可以为所有交叉口的各信号相位自动选择一个初始绿灯时间,使得各股关键车流具有相等的饱和度,从而建立起一个"等饱和度"的初始信号配时方案。

四、典型的离线优化区域协调控制系统——TRANSYT系统

采用TRANSYT方法确定信号配时方案的交通控制系统,均称为TRANSYT系统。TRANSYT系统将根据交通网络历史数据,应用计算机建模、优化与仿真技术,生成交通网络的固定信号配时方案。

自1968年第一版TRANSYT问世以来,经过近40年的实践证明,TRANSYT系统能为改善城市交通拥堵问题带来十分显著的社会经济效益。例如,在泰国曼谷中心区建立的TRANSYT系统,将中心区域内总的车辆行程时间减少了13%～27%,每年节约的燃料价值

为 100 万～240 万英镑;1978 年美国联邦公路局提出的应用 TRANSYT-7F 优化全国 24 万个交通信号配时的计划,每年仅节约燃油开支就达 1 500 万～2 000 万美元。此外,TRANSYT 系统还具有投资少、实现方便、稳定性高等优点,因而已在世界各国得以广泛使用。

然而,TRANSYT 系统也存在许多不足之处。第一,该系统不能适应实时交通流的随机性变化,而且当区域交通状况发生变化时,原信号配时方案将迅速"老化";第二,该系统需要已知大量的路网几何尺寸和交通流量数据,因此需要花费大量的人力、物力和时间,进行相关数据的采集;第三,该系统的计算量很大,特别是在对一个规模较大的路网进行配时设计时,这一问题表现得尤为突出;第四,该系统不能对信号周期进行优化,使用爬山法优化绿信比与相位差时容易陷入局部最优,难以找到最佳信号配时方案。

能力训练 8-2

不定项选择题
1. 离线优化设计需要确定的控制参数有(　　)。
   A. 公共信号周期　　　　　　　　B. 绿信比
   C. 相对相位差　　　　　　　　　D. 控制子区的划分
2. 下列关于 TRANSYT 法的描述,正确的有(　　)。
   A. 是一种离线优化算法　　　　　B. 由交通模型与寻优算法两部分组成
   C. 寻优算法则通常采用"爬山法"　D. 以上选项均不符合
3. TRANSYT 法的交通模型包括(　　)。
   A. 路网结构　　　　　　　　　　B. 流量周期变化示意图
   C. 延误时间与停车次数的计算　　D. 以上选项均不符合
4. 在 TRANSYT 法中,"爬山法"优化的参数包括(　　)。
   A. 信号周期　　　　　　　　　　B. 绿信比
   C. 相位差　　　　　　　　　　　D. 以上选项均不符合
5. 下列关于 TRANSYT 系统的描述,正确的有(　　)。
   A. 是一种典型的离线优化区域协调控制系统
   B. 具有投资少、实现方便、稳定性高等优点
   C. 控制方案容易"老化"
   D. 使用"爬山法"对信号周期进行优化
6. TRANSYT 系统的缺点包括(　　)。
   A. 不能适应实时交通流的随机性变化
   B. 使用爬山法优化绿信比与相位差时,难以找到最佳信号配时方案
   C. 计算量很大
   D. 以上选项均不符合

项目三　认识实时优化的区域信号协调控制

【能力目标】
(1)能正确描述方案选择式实时优化算法;
(2)能正确描述方案生成式实时优化算法。

【知识目标】

(1) 掌握方案选择式实时优化算法；

(2) 掌握方案生成式实时优化算法；

(3) 了解典型的方案选择式区域协调控制系统——SCATS 系统；

(4) 了解典型的方案生成式区域协调控制系统——SCOOT 系统。

【支撑知识】

(1) 方案选择式实时优化算法；

(2) 方案生成式实时优化算法；

(3) 典型的方案选择式区域协调控制系统——SCATS 系统；

(4) 典型的方案生成式区域协调控制系统——SCOOT 系统。

鉴于区域信号协调控制离线优化算法存在配时方案容易"老化"、控制对策灵活性较差、无实时交通信息反馈等弊端，人们开始着力研究能够根据实时交通状况自动获取优化配时参数的区域信号实时优化算法。英国、澳大利亚、美国、德国以及日本等国家在此方面均开展了大量的研究和实践工作，获得了丰富的实践经验，并以此建立了各具特色的区域自适应协调控制系统。

与区域信号离线优化控制相比而言，区域信号实时优化控制将利用道路上的车辆检测器实时采集交通量数据，对道路和区域交通状况进行辨识，并通过优化方法获取实时配时方案，尽量使得区域整体控制效果达到最优，保证配时方案能够及时响应交通流的随机变化，即不存在老化现象。此外，区域信号实时优化控制系统还能提供各种实时交通信息，为交通规划和交通管理决策工作服务。

概括起来，区域信号实时优化算法可以分为方案选择式与方案生成式两种。其中，方案选择式实时优化算法是指事先根据几种典型的交通运行状态，求解出相应的信号协调配时方案，并储存于中心计算机内，以便实际区域信号控制系统能够根据实时采集到的交通量数据，选择最为匹配的配时方案进行交通信号控制；方案生成式实时优化算法是指将实时检测到的交通数据代入事先建立的交通模型，通过对交通流的分析预测，实时优化协调控制信号配时参数，生成较为理想的配时方案实施交通信号控制。

一、方案选择式实时优化算法

对方案选择式实时优化算法进行设计时，设计者需要根据区域交通流的几种典型运行状态，事先利用脱机计算为整个控制区域拟定若干个可供选用的信号周期选择方案，为每个交叉口拟定若干个可供选用的绿信比选择方案，为每个控制子区拟定若干个可供选用的"内部相位差"选择方案，以及为两两相邻控制子区拟定若干个可供选用的"外部相位差"选择方案。

1. 信号周期长度的选择

信号周期的选择通常是以控制子区为单位进行，即在一个控制子区之内，所有交叉口共用同一个信号周期长度。控制子区信号周期长度的选择，主要将依据子区实时交通量指数的大小而定。设计者可以将子区的交通量指数排列成一系列的级别，每一个级别对应于一个确定的信号周期长度，使得任何一种交通量状况都有一个信号周期长度与之对应。

通常需要为整个控制区域规定 15 个不同大小的信号周期长度，考虑到一个控制子区所包含的范围有限，交通状况的差异性不会很大，因此为各控制子区预先规定一个较小的参数选择范围即可,一般情况下每一个控制子区可以从15个信号周期长度取值中挑选出5个作为其信号周期长度的选择范围。

实际上,优化算法也可以选择饱和度或类饱和度作为确定控制子区信号周期长度的主要依据。例如,当区域内饱和度很高时,控制子区应选取最大的信号周期长度;当区域内饱和度适中时,控制子区可选取适中的信号周期长度;当区域内饱和度很低时,控制子区则可选取最小的信号周期长度。

2. 各信号相位绿信比的选择

每一个交叉口根据其信号相位的设计,都需要配有若干个绿信比设置方案,以便适应于不同交通状况下各信号相位的交通需求。通常而言,各个交叉口在每一个信号周期过后都需要进行一次绿信比方案的选择,其选择方法目前多采用"投票法"。

投票法规定:在每个信号周期都要对所有绿信比设置方案进行分析对比,倘若在连续N个信号周期内,某一绿信比设置方案有k次及k次以上($k<N$)获得"最佳绿信比设置方案"的投票,则该绿信比设置方案将被选中作为下一个信号周期的绿信比执行方案。注意,在对绿信比设置方案进行分析计算时,仅仅需要考虑各个信号相位中饱和度最大的进口车道,即关键车流的状态。

具体而言,假设某一交叉口共有R个信号相位与M个绿信比设置方案,则投票法将按以下步骤进行:

(1)根据当前绿信比方案i下,各信号相位关键车流的实测饱和度$x_j^i(j=1,2,\cdots,R)$和各信号相位绿灯显示时间t_{Gj}^i,可以推算出其他$M-1$个未执行的绿信比设置方案如若付诸执行所对应的饱和度$x_j^m(m=1,2,\cdots,i-1,i+1,\cdots,M)$。由于饱和度与绿灯显示时间成近似反比关系,因此$x_j^i$与$x_j^m$之间将满足下述关系式:

$$x_j^m \approx \frac{x_j^i \cdot t_{Gj}^i}{t_{Gj}^m} \tag{8-6}$$

式中:t_{Gj}^m——未执行的绿信比设置方案m分配给信号相位j的绿灯显示时间。

(2)对于每一个绿信比设置方案,找出其最大的信号相位关键车流饱和度,即其付诸执行时的交叉口总饱和度X,通过比较$X^1,X^2,\cdots,X^i,\cdots,X^M$的大小,将此次"最佳绿信比设置方案"的选票投给对应于交叉口总饱和度最小的绿信比设置方案。

3. 相位差的选择

在方案选择式实时优化算法中,有两类相位差方案需要进行优化选择,一类是用于协调控制子区内部各交叉口的"内部相位差"方案,另一类是用于协调合并后的相邻控制子区之间车流的"外部相位差"方案。这两类相位差均包含有若干个不同的设置方案,根据其所在控制子区选用的信号周期长短,可以将其分成不同的方案组;在每一个方案组中,则根据交叉口不同方向的交通负荷情况设置相应的相位差方案。例如,根据控制子区信号周期的长短,可以将"内部相位差"方案分成三组。其中,第一组方案是专门针对子区内交通负荷较小的情况,可能只包含一个相位差设置方案;第二组方案主要是针对子区内交通负荷适中的情况,可能包含三个相位差设置方案,一个设置方案用于优先照顾东西向的直行车流,一个设置方案用于优先照顾南北向的直行车流,另一个设置方案则用于兼顾各个方向上的到达车流;第三组方案则主要是针对子区内交通负荷较大的情况,可能至少需要设置四个同步式相位差方案,以保证交叉口的东、南、西、北四个进口方向均不发生严重的交通阻塞。注意,"外部相位差"方案只有在子区合并后才有被选用的实际意义,其分组设置方法与"内部相位差"方案的分组设置类似。

总结起来,在进行相位差方案选择时,首先,应根据控制子区选用的信号周期长度,选择相应的相位差方案组;然后,再根据各交叉口各个方向上的交通负荷情况,确定具体将选用相位差方案组中的哪种设置方案。此外,在相位差方案选择过程中,也可以考虑采用"投票法"进行方案选择,从而避免瞬时的交通流波动对协调控制效果产生不良影响。

二、方案生成式实时优化算法

对方案生成式实时优化算法进行设计时,设计者一般无需事先准备任何既定的配时方案,也不需要事先确定配时参数与交通负荷之间的对应关系。方案生成式实时优化算法将根据建立好的交通数学模型,利用实时检测到的交通数据进行预测分析,对信号周期、绿信比、相位差等配时参数作出优化调整,最后生成较为精确的区域信号协调配时方案。

方案生成式实时优化算法主要涉及交通模型与寻优算法两部分。交通模型由交通环境、交通过程和交通预测三部分组成。其中,交通环境包括控制区域的道路网结构及其参数和检测器布置位置,交通过程包括静态参数(路段运行时间、信号相位顺序、绿灯间隔时间、最小和最大绿灯时间等)和动态数据(实施的信号配时方案和描述路网各检测点交通状态的流量周期变化示意图),交通预测包括对不同配时方案可能产生的延误时间、停车次数、排队长度和拥挤程度进行预测。寻优算法则包括信号周期长度的寻优、绿信比的寻优和相位差的寻优三部分。

1. 交通模型

与离线优化算法中的 TRANSYT 方法类似,方案生成式实时优化算法需要建立一套模拟车流在路网上运动的交通模型,研究路网配时参数的改变对车流运动的影响,以便生成一组最佳的路网信号配时方案。但与离线优化算法相比,方案生成式实时优化算法建立的交通模型,在以下方面存在着一定的差异。

(1)车辆检测器。

由于区域路网交通数据信息的实时性、准确性与完整性,对于方案生成式实时优化算法的实现具有至关重要的作用,因此,车辆检测器的布置数量与埋设位置是直接决定实时优化算法优劣的一个重要因素。

原则上,车辆检测器的布置数量最好能保证每一股接受信号控制的车流均能被准确、实时、动态地检测。但是,车辆检测器的数量太多会导致组建实际系统时的造价过高,增加不必要的投入,因此车辆检测器的布置数量需要根据控制区域的实际交通状况进行合理设置。

对于车辆检测器的埋设位置,则更是需要设计者进行科学合理的选择,否则,检测器不但不能发挥其应有的作用,而且可能将干扰到系统的正常工作,产生严重的负面影响。一般而言,车辆检测器埋设位置的选择需要考虑以下一些因素:①通过车辆检测器的车流行驶速度;②正常情况下受阻滞车队的队尾位置;③实时交通信息的传输延迟;④支路汇入车流的干扰;⑤对向车流的干扰;⑥路段上的各种短时干扰等。

(2)流量周期变化示意图。

与离线优化算法类似,方案生成式实时优化算法也需要使用流量周期变化示意图对一个信号周期内连线上的交通流量变化进行描述。但是,方案生成式实时优化算法中所采用的流量周期变化示意图与离线优化算法中的流量周期变化示意图有所不同。其一,离线优化算法中的流量周期变化示意图是根据上游连线给定的平均交通量和一些基本假定推算出来的,因此其准确性受诸多因素的影响;而方案生成式实时优化算法中的流量周期变化示意图是通过车辆检测系统直接实测获得的,因此既避免了复杂的推算程序,节省了计算机 CPU 的计算时间,又避免了计算过程中可能出现的各种错误。其二,离线优化算法对混合车流的折算是按照事先确定的车型混合比例,将各种车型的流量全部折算为标准小客车单位;而方案生成式实时优化算法对混合车流的折算是以车流量和车辆检测器被占据时间的混合量作为计量单位,此计量单位又称"连线车流示意图单位",记作"LPU"。

(3) 排队预测模型。

对于每一条设置了车辆检测器的路段,交通排队预测模型将根据检测数据建立起上游断面(检测器所在位置)的流量周期变化示意图,从而预测该路段下游停车线断面的车辆受阻排队长度变化示意图。

在对下游停车线断面车辆排队长度进行预测时,需要已知路网的每条连线上车辆从上游检测点行驶到下游停车线的平均行驶时间,即"平均无阻滞行驶时间"。在估算"平均无阻滞行驶时间"时,注意要把车流中不同车种行驶速度差异所造成的车队离散程度充分考虑进去。

(4) 拥挤预测模型。

对于每一条设置了车辆检测器的路段,交通拥挤预测模型将根据每一个车辆检测器所检测到的车辆占有率(即有车辆通过或逗留的时间占整个绿灯放行时间的比率)来确定相应进口路段的实时交通拥挤程度,并以"拥挤系数"加以描述。通常,道路的拥挤程度可以划分为若干个级别,并分别对应于不同的拥挤系数,而建立交通拥挤预测模型的目的就在于确定拥挤系数与车辆占有率之间的对应关系。当然,这种对应关系需要根据具体的交通环境对各条车道逐一确定。

在方案生成式实时优化算法中,利用交通拥挤预测模型算出路网上每一条连线的实时拥挤程度(拥挤系数),并将其纳入优选目标函数,通过寻优算法生成配时方案,可以尽量避免路网内交通拥挤现象的发生。

2. 寻优算法

方案生成式实时优化算法对协调信号配时参数的优化,通常采用连续微量调整的方法,即在每个信号周期过后,将所需调整的数量分成"大幅度"(也是相对而言的,可取 4~5s)的"临时性调整"与"小幅度"(可取 1~2s)的"永久性调整"两部分。这种优化方法根据实时交通量实行较大幅度的"临时性调整"可以使算法具有最大限度的灵活反应机能,以便迅速适应实时交通状况的变化。然而,根据较短时间内的交通检测数据,很难判断某一信号周期内出现的交通负荷骤增或骤减是否能代表在那以后一段时间内的实时交通变化规律,因此算法采用较小幅度的"永久性调整",可以避免参数优化的盲目性,而且当实时交通负荷出现持续增长或下降的趋势时,这种小幅度的"永久性调整"必然会连续累积起来,经过若干个信号周期之后,使得新的配时参数能与实际交通负荷很好地匹配。

采用连续微量调整的方案生成式实时优化算法,与方案选择式实时优化算法以及离线优化算法相比,其所生成的协调信号配时方案将使得整个协调控制系统在实际运行时具有如下优点:①确保整个系统在运行上无突然性波动现象发生,可以最大限度地消除由于配时方案变化而引起对车流运动连续性的干扰;②算法控制效果不依赖于对未来若干分钟内路网上交通状况变化的精确预测;③个别车辆检测器临时错误的反馈信息几乎不影响寻优算法对配时参数的优化;④对实时交通状况的变化反应灵敏;⑤可以大大简化优化算法的复杂性,实时运算的自适应控制可以得到充分的实现;⑥算法具有广泛的适应性,无需事先准备任何既定的配时方案。

对于公共信号周期时长、各交叉口各信号相位绿信比以及相邻交叉口相位差的优化,其各自可以遵循以下基本原则。

(1)公共信号周期时长的优化。

实践表明,兼顾到交叉口的通行效率与绿灯时间利用率,交叉口饱和度保持在 0.9 时,交叉口可以获得较好的运行条件。又由于交叉口饱和度的高低与公共信号周期时长的长短密切相关,即当缩短信号周期时长时交叉口的饱和度将增高,当增加信号周期时长时交叉口的饱和度将降低。因此,公共信号周期时长的优化原则可以设置为:确保控制子区内负荷度最高的"关键交叉口"的饱和度维持在某一数值(0.9)。

由于上述公共信号周期时长的优化方法,只着眼于交通负荷最高的关键交叉口,使其饱和度维持在 0.9 左右,因此对于控制子区内交通负荷很低的非关键交叉口,使用公共信号周期时长作为其信号周期有悖于科学合理性。此时可以考虑适当调整公共信号周期的大小,并采用双周期的信号周期设计方法,从而既保证控制子区能够获得较好的协调控制效果,又能兼顾交通负荷很低的交叉口的个体利益。

值得注意的是,对于区域信号协调控制,信号配时方案的变换间隔不能太小,否则配时方案变换引起的交通延误所带来的损失会大于新方案所得到的效益。因此,交通协调控制子区的公共信号周期时长不能频繁、更不能剧烈地变化。通常需要在执行完 3 个以上的信号周期以后才能进行一次公共信号周期时长的调整。

(2)绿信比的优化。

各交叉口绿信比优化调整的基本原则可以设置为:确保交叉口的总饱和度最小,即关键车流的总延误时间最少。与此同时,车辆受阻排队长度、道路拥挤程度以及相位最短绿灯时间限制等,也都应该作为进行绿信比优化时必须予以考虑的因素。各交叉口各信号相位绿信比的优化具有相对独立性,即无需考虑交叉口之间的关联性,与其他两项配时参数(公共信号周期时长和相位差)的优化调整相比,绿信比的优化调整是最为频繁的。

在相邻的两个信号周期内,考虑到实时交通量经常出现随机波动的现象,为了使绿信比的调整不至于受到这种随机波动的干扰,维持一种平稳的变化,适宜根据实时交通负荷程度,采用上述"连续微量调整法"对绿信比进行实时优化调整。

(3)相位差的优化。

在交通负荷较小的控制区域,相位差的优化原则通常取为:使得控制子区内的总延误时间最少、总体性能指标最优;在交通负荷较大的控制区域,相位差的优化则必须考虑到交叉口之间的车辆排队长度(特别是对于短距离的路段)与拥挤程度,以防止出现交通阻塞与严重的交通拥挤。

方案生成式实时优化算法对相位差的优化,是依据实时流量周期变化示意图所提供的数据信息,通过估算路段上的车辆延误时间、停车次数、排队长度以及拥挤程度,决定相位差的调整方向与调整大小,以提高车流在相邻交叉口之间路段上行驶的连续性,并保证短距离路段上的排队车辆不会阻塞至上游交叉口。

三、典型的方案选择式区域协调控制系统——SCATS 系统

SCATS 系统是一种配时方案选择式区域协调实时控制系统,由澳大利亚新南威尔士干线道路局自 20 世纪 70 年代开始研究,并于 80 年代初投入使用。目前,SCATS 系统已在澳大利亚、中国、美国、爱尔兰、新西兰、菲律宾、墨西哥等数十个国家的 60 多个大城市得到了成功应

用。SCATS系统在我国的广州、上海、宁波等城市已相继投入使用。

SCATS系统的最大特点在于,没有使用模拟实时交通流运行的数学模型,但却有一套以实时交通数据为基础的算法,利用一组简单的代数表达式来描述当前路网的交通特征和运行规律。SCATS系统是由实时交通数据计算和优化选择两部分组成,其中实时交通数据计算主要包括类饱和度与综合流量的计算,优化选择则主要包括公共信号周期的计算、绿信比方案的选择、相位差方案的选择与控制子区的合并问题。注意,SCATS系统对公共信号周期、绿信比和相位差所进行的选优过程是各自独立的。

1. 基本结构

SCATS系统使用的是分层式控制结构,其底层为各交叉口信号控制机,次低层为控制子区,次高层为区域控制中心,顶层为中央监控中心,其系统结构如图8-11所示。

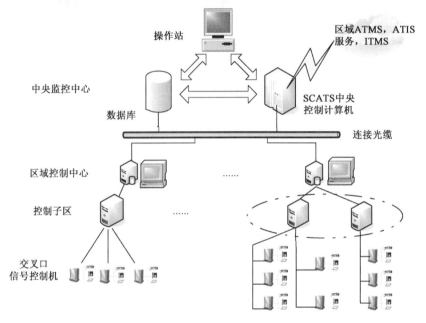

图8-11 SCATS系统结构图

交叉口信号控制机是SCATS系统的执行单元。它主要负责采集与处理交叉口检测器提供的实时交通数据,并通过通信网络将其传送至控制子区中心;接受控制子区中心下传的信号配时参数与控制指令,控制交叉口信号灯的灯色切换;实施单交叉口孤立信号控制方式下的定时控制与感应控制;以及对各种交叉口控制设备与检测设备进行监视。

控制子区,又称为子系统,通常由1~10个关联性较大的交叉口组成,每个子系统完成相应的子区协调控制任务,相邻子系统之间存在一定的协调关系。随着路网交通状况的变化,子系统既可以合并,也可以重新分开。子系统是SCATS系统进行协调控制的基本单元,公共信号周期和相位差的选取都是以子系统为核算单位的。

区域控制中心,又称为系统,由若干个子系统组合而成,每个区域控制中心完成相应的区域协调控制任务,相邻区域控制中心之间保持相对独立。区域控制中心将根据路网交通状况的变化,对子系统进行交通信号的协调,如相邻子系统之间相位差的设置、子系统的合并与分解。

中央监控中心配备有监控计算机和系统数据库管理计算机,负责对整个SCATS系统进行监控和管理。中央监控中心能对所有区域控制中心和控制子区的各项数据,以及每一台交叉口信号控制机的运行参数进行动态存储;能自动监测和记录整个控制系统运行状况及系统各项设备工作状态;可直接监视路网中发生的交通事故或车辆故障所造成的交通阻塞;并能为其他交通子系统,如交通诱导系统、公交调度系统,提供相关的交通信息。

2. 实时交通数据计算

根据 SCATS 系统控制算法的需要,SCATS 系统设计将车辆检测器(环形线圈)埋设于每条车道停车线后,以便系统可以根据交通需求改变相序或跳过下一个相位以及时响应每一个周期的交通请求,实现局部车辆感应控制功能。

在 SCATS 系统中,使用单个的环形线圈进行实时交通量检测时,由于对通过车辆车型的检测存在一定的困难,因此无法像固定配时系统那样,可以按一定的折算系数将混合车流折算为标准的小客车车流,这就要求我们不得不采用一种与车身尺寸无直接关系的参数来反映实时交通负荷情况。类饱和度和综合流量就是为了适应这样一种需要而建立的新型计算参数,它们在一定程度上摆脱了车辆尺寸的影响,因而能够比较客观地反映真实的交通需求。

(1)类饱和度。

类饱和度是一个易于检测且能够客观表征交叉口进口道交通阻塞拥挤状况的状态参数。

可以推断,当通过停车线断面(即环形线圈)的车流处于饱和状态时,除了车与车之间的必要空当之外,不存在任何未被利用的空当时间,即 $t_E = N \cdot \tau$,由式(7-6)与式(7-7)可知,类饱和度 $x' = 1$;当绿灯期间通过停车线断面的车流未达到饱和状态时,车与车之间将存在未被利用的空当时间,即 $t_E > N \cdot \tau$,此时,类饱和度 $x' < 1$;当下游交叉口出现严重交通阻塞,以致排队车辆蔓延至上游交叉口时,上游交叉口绿灯期间通过停车线断面的车流将受阻,形成一股"压缩"车流,车与车之间的空当将被压缩到比正常必要空当还小的程度,即 $t_E < N \cdot \tau$,此时,类饱和度 $x' > 1$。

(2)综合流量。

在 SCATS 系统中,引入了一个反映通过停车线的混合车流大小的参量,即综合流量 q'。综合流量是指一次绿灯期间通过停车线的车辆折算当量,可以由检测到的类饱和度 x' 以及饱和流量 S 与绿灯时间 t_G 计算确定,即

$$q' = x' \cdot t_G \cdot \frac{S}{3\,600} \tag{8-7}$$

可以看出,当类饱和度 $x' = 1$ 时,综合流量 $q' = t_G \cdot \frac{S}{3\,600}$,即车流以饱和流量 S 通过停车线;当类饱和度 $x' < 1$ 时,综合流量则按类饱和度比例减少;当类饱和度 $x' > 1$,即下游交叉口出现严重交通阻塞时,$\frac{q'}{t_G} > \frac{S}{3\,600}$,这一计算结果表明实际交通流量将超过饱和流量,显然不具有实际上的真实性,但 SCATS 系统默许这样的 q' 值存在,且用它作为方案选择的相关指标。

3. 配时参数优化选择

(1)信号周期长度的选择。

SCATS 系统对信号周期长度的选择是以子系统为基础,根据其中类饱和度最高的交叉口来确定整个子系统应当采用的信号周期长度。SCATS 系统在各交叉口各进口道上都埋设有车辆检测器,选取前一个信号周期内子系统各车辆检测器检测到的类饱和度中的最大值,并据此计算出子系统下一个信号周期时长的相对调整量。

SCATS系统为了维持交叉口信号控制的连续性,控制子区信号周期长度的调整采取连续小步距方式,即一个新的信号周期长度与前一个信号周期长度相比,其长度变化限制在±6s之内。信号周期长度的调整量 ΔC 可由下式决定:

$$\Delta C = 60 \cdot [x' - f(C)] \tag{8-8}$$

对于函数表达式 $f(C)$,当信号周期 C 取最小值 C_{min} 时,可以假定 $f(C_{min})=0.5$;当信号周期 C 取最大值 C_{max} 时,可以假定 $f(C_{max})=0.9$;当信号周期 C 取中间值时,假定 $f(C)$ 的取值将介于 0.5 与 0.9 之间,其变化率与信号周期的变化率呈线性关系。

可以看出,当子系统的信号周期 C 取 C_0 时,若其类饱和度 x' 为 x'_0,且 $x'_0=f(C_0)$,则信号周期长度的调整量 $\Delta C=0$,此时子系统的信号周期将维持在 C_0。在此结合公式(8-8)与函数表达式 $f(C)$,可以将信号周期长度的调整算法理解为,通过对信号周期长度的动态调整,使得信号周期长度与类饱和度之间满足一种一一对应的选择关系。

(2)绿信比方案的选择。

SCATS系统事先为每一个交叉口都准备了 4 个绿信比设置方案以供实时选择使用。这 4 个绿信比设置方案是分别针对交叉口可能出现的 4 种典型交通流负荷情况,对各信号相位绿信比分配以及信号相序进行的方案设计。注意,在 SCATS 系统中,每一个绿信比设置方案不仅规定了各信号相位的绿信比,同时还规定了各信号相位的先后次序,即交叉口的信号相序是可变的,这也是 SCATS 系统所具有的一个重要特征。

在 SCATS 系统中,每一个信号周期都要进行一次绿信比方案选择,采用的方法为"投票法",即在每一个信号周期都对 4 个绿信比设置方案进行比较,倘若在连续 3 个信号周期内,某一绿信比方案有 2 次得票中选,则该绿信比方案将被选中作为下一个信号周期绿信比的执行方案。

在 SCATS 系统的绿信比方案中,还为局部战略控制(即单个交叉口的感应控制方式)提供多种选择。受车流到达率波动影响,某些信号相位按给定绿信比方案所分配的绿灯时间可能会有富余,而另外一些信号相位可能又会出现分配的绿灯时间不足。为此,SCATS 系统在绿信比方案中以信号周期的函数形式,规定了哪些信号相位是可以调整的,哪些信号相位是不能调整的,并对调整方向(即应当把富余绿灯时间调整到哪个信号相位上)及相应的调整量进行了详细的规定。

(3)相位差方案的选择。

在 SCATS 系统中,有两类相位差方案,即用于协调控制子区内部各交叉口的"内部相位差"方案与用于协调合并后的相邻控制子区之间车流的"外部相位差"方案,每类相位差方案均包含有 5 个不同的设置方案。在这 5 个相位差设置方案中,第一个方案仅仅用于信号周期恰好等于最小信号周期 C_{min} 的情况,第二个方案则仅用于信号周期满足 $C_s<C<C_s+10$(C_s 为使得控制子区内双向车流均具有较好行驶连续性的中等信号周期),其他三个方案则要根据实时检测到的"综合流量"进行选择。在连续 5 个信号周期内,有 4 次当选为最佳的相位差方案,将被选中作为下一个信号周期付诸执行的新方案。

"内部相位差"方案与"外部相位差"方案均采用相同的选择方法与步骤,但值得注意的是,"外部相位差"方案只有在子区合并后才具有被选用的意义。

(4)子系统的划分与合并。

设计者将事先根据区域交通流量的历史数据、路网的环境与几何条件等,对 SCATS 系统的子系统予以划分,所划分好的子系统将作为组成区域协调控制系统的基本单元。

在 SCATS 系统中,当两个相邻子系统的信号周期在一段时间内多次出现接近或相等时,此时区域控制中心可以考虑发出"合并"指令,将这两个相邻子系统进行合并。同样,合并后的两个相邻子系统若在一段时间内各自所要求的信号周期差异明显,此时区域控制中心可以考虑发出"分离"指令,将这两个相邻子系统重新分离开来。对于子系统的合并与分离,SCATS 系统设置了一个选票计数器,进行信号周期的选票统计工作。如果两个相邻子系统的信号周期差小于 9s,则产生一个"正"票,选票计数加 1;如果两个相邻子系统的信号周期差大于等于 9s,则产生一个"负"票,选票计数减 1。当选票计数达到 4 时,相邻子系统可以进行合并,且在此之后选票计数将不再增加(即选票计数最大取 4);当选票计数降为 0 时,相邻子系统需要重新分离,且在此之后选票计数将不再减少(即选票计数最小取 0)。

此外,如果局部地区出现交通拥挤和阻塞,SCATS 系统有时不得不从一个较大范围的交通信号协调入手,立即强制若干个相邻子系统进行合并,此时将不再以选票计数作为子系统合并与分离的依据。

4. 系统总体评价

SCATS 系统依据实时检测到的类饱和度与综合流量,进行子系统的合并与分离,计算子系统信号周期的调整量,选择各交叉口绿信比与子系统相位差的实施方案,实现了一定程度的自适应区域控制。SCATS 系统投资较小,可以根据交通需求改变相序或跳过下一个信号相位以及时响应每一个信号周期的交通请求,具有局部车辆感应控制功能。但是,由于 SCATS 系统未使用实时交通模型,而是根据类饱和度和综合流量从有限数目的既定方案中选择配时参数,从而限制了其配时参数的优化程度,使其不能及时而准确地适应实时交通变化的客观要求,而且该系统无法检测到排队长度(检测线圈埋设在停车线附近),难以迅速消除交通拥挤、预防交通阻塞。

四、典型的方案生成式区域协调控制系统——SCOOT 系统

严格地说,SCOOT 是一个"软件包",采用 SCOOT 程序确定信号配时方案的实时交通控制系统,简称为 SCOOT 系统。SCOOT 系统是一种配时方案生成式区域协调实时控制系统,由英国运输与道路研究所(TRRL)自 20 世纪 70 年代初开始研究开发,并于 1979 年在格拉斯哥市中心区正式投入使用。SCOOT 系统经过近 40 年的不断发展与完善,现已在全世界的 200 多个城市得以广泛应用,我国的北京早在 20 世纪 80 年代就开始引进该套区域信号控制系统。

SCOOT 系统是在 TRANSYT 系统的基础上发展起来的,其交通模型及优化原理均与 TRANSYT 系统相仿,所不同的是 SCOOT 系统是方案生成式实时控制系统,它将根据埋设于交叉口上游的车辆检测器所采集到的车辆到达信息,通过预测分析,实时调整信号周期、绿信比以及相位差等配时参数,以适应路网交通流的实时变化。实践表明,与 TRANSYT 系统相比,SCOOT 系统可以减少 12% 的平均车辆延误时间。

1. SCOOT 的基本结构与主要特点

SCOOT 系统主要由车辆检测数据的采集与分析、交通模型、配时参数优化调整、信号控制方案的执行和系统监控等几部分组成。SCOOT 系统采用的是集中式控制结构,如图 8-12 所示,即整个控制系统分为两级。其中,上一级为中央计算机,完成交通量的预测和配时方案的优化等任务;下一级为交叉口信号机,完成信号控制、数据采集及处理等工作。

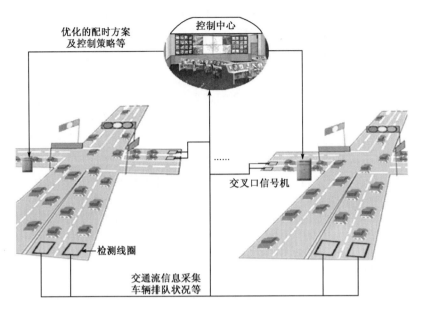

图 8-12 SCOOT 系统结构图

与离线优化区域控制系统和方案选择式区域控制系统相比,SCOOT 系统具有如下特点:①系统舍去长预测而采用短预测,只需对下一个信号周期的交通条件作出预测,并对预测结果进行控制,从而大大提高了预测的准确性和控制的有效性;②系统对于信号配时参数优化调整,采用频繁的小增量方式,一方面减少了由于控制方案变换所带来的交通延误,另一方面通过频繁调整产生的累积效应,可以使得信号配时参数与交通条件的变化相匹配;③系统将车辆检测器埋设在交叉口上游路段,有利于下游交叉口信号配时的优化调整,同时可以防止因排队车队阻塞到上游交叉口所造成的交通瘫痪;④系统能鉴别车辆检测器的运行状况,能及时对检测器故障作出诊断,减少检测器故障对系统造成的影响;⑤系统还可以为交通管理和交通规划等部门提供各种诸如延误时间、停车次数、拥挤状况的数据信息。

2. 车辆检测器

SCOOT 系统需要根据埋设在交叉口上游的车辆检测器所采集到的车辆到达信息,预测到达下游交叉口停车线的流量示意图,因此检测器的埋设位置应设在距停车线相当距离的上游路段。

为了保证检测精度,SCOOT 系统在确定车辆检测器的埋设位置时,需要考虑如下因素:①为了正确反映路网上车流的运行状况,要求车辆检测器应设置在无阻滞的路段,即通过检测器位置的车流行驶速度应基本等于或接近于车流正常平均行驶速度,这样车辆检测器至少需要与上游交叉口有一段 10~15m 的距离;②为了满足交通预测的需要,要求从检测器所在位置到下游交叉口停车线,车流在无阻滞情况下正常行驶时间不得少于 8~12s;③考虑到支路汇入车流的影响,当两个交叉口之间存在支路或中间出入口,且其交通流量大于主路交通流量的 10% 时,应尽可能把检测器设在该支路或中间出入口的下游,否则需要在支路或出入口上设置辅助检测器;④考虑到受阻滞车队的队尾位置,检测器的埋设位置应在预计正常情况下可能出现的最大排队长度之外,又要保证能够及时检测到交通拥挤与交通堵塞;⑤检测器尽量不要埋设在公共汽车站附近,避免由于其他车辆因绕道而发生的漏检。

3. 交通模型

SCOOT系统的交通模型与TRANSYT系统的交通模型十分类似，SCOOT系统的交通模型主要也包括交通环境、交通过程和交通预测三部分。其中，流量周期变化示意图、车辆排队长度预测模型与交通拥挤预测模型是SCOOT系统交通模型的核心，也是SCOOT系统进行信号配时优化设计的重要依据。下面仅对SCOOT系统交通模型中的一些特别之处进行简要描述。

从基本形式来看，SCOOT系统所建立的流量周期变化示意图与TRANSYT系统是相同的。但是，它们之间也存在一些重要的差别：①SCOOT系统将根据车辆检测器检测到的实时交通信息，生成车辆检测器所在断面的车辆到达流量周期变化示意图，再利用交通流运动离散模型，预测下游交叉口停车线断面的车辆到达流量周期变化示意图；②在SCOOT系统的流量周期变化示意图中，纵坐标采用的单位为LPU，它是一个交通量和占用时间的混合计量单位，其作用相当于定时控制系统所采用的计量单位pcu。实际上，LPU与pcu之间存在着一定的相关关系。在SCOOT系统中，通常规定一辆小客车相当于17LPU，而一辆大客车则相当于32LPU。

理论上，对于每一条在上游断面设置了车辆检测器的路段，只要确定了路段"平均无阻滞行驶时间"与"交通流运动离散模型"，SCOOT系统就可以利用交通排队预测模型，根据上游断面的流量周期变化示意图，精确预测下游停车线断面的车辆排队长度变化示意图。但实际上，真实车辆排队长度与预测车辆排队长度之间往往存在一定偏差，究其原因，车辆行驶速度与车队离散的不确定性、交叉口进口车道饱和流量的时变性，以及路段上出现的车辆中途停驶或中途转弯驶入其他支路的现象，都将不同程度地影响排队预测模型的预测效果。因此，在建立一个SCOOT系统时，应当对交通排队预测模型的有效性和可靠程度作出必要的实地检测与修正。

SCOOT系统可以通过检测线圈被占用的情况，或者通过对比检测到的实时目标函数值与实时交通量，对路网上偶然出现的一些异常事件作出及时判断。因为最优目标函数值的变化受很多因素影响，但其中最重要和最基本的因素是路网上的实时交通量。在正常情况下，目标函数值的增大是伴随交通量的增长而出现的，当交通量没有明显变化而目标函数值却骤然上升时，这就表明在路网上出现了某种意外事件，例如交通事故。此时SCOOT系统可以立即作出反应，自动调整信号配时方案，并向交通控制管理中心报警，以便尽快消除意外事件对控制系统产生的影响。

4. 配时参数优化

SCOOT系统在对公共信号周期时长进行优化时，需要注意的有：

(1)公共信号周期时长的优化将以子区为单位进行。

(2)每隔3~5min对控制子区信号周期时长优化一次。

(3)信号周期时长的优化原则为：确保控制子区内负荷度最高的"关键交叉口"的饱和度维持在0.9左右。

(4)每次信号周期时长的调整量为±(4~8)s。

(5)当控制子区内存在交通负荷很低的非关键交叉口时，可以考虑适当调整公共信号周期的大小，采用双周期的信号周期设计方法。

(6)不能选择交通拥挤系数作为信号周期时长优选的决定因素。

SCOOT系统在对绿信比进行优化时,需要注意的有:

(1)各交叉口各信号相位绿信比的优化具有相对独立性。

(2)在每一个信号周期,各交叉口都要进行一次绿信比的优化调整。

(3)每次绿灯显示时间的调整量分为±4s的"临时性调整"与±1s的"永久性调整"。

(4)优化时需要综合考虑系统对交叉口总饱和度、车辆排队长度、拥挤程度以及最短绿灯显示时间等因素的条件限制。

SCOOT系统在对相位差进行优化时,需要注意的有:

(1)相位差的优化将以子区为单位进行。

(2)在每一个信号周期,系统都要对相邻交叉口之间的相位差进行一次优化调整。

(3)每次相位差的调整量为±4s。

(4)优化时需要综合考虑车队在交叉口之间行驶的连续性与交叉口之间的车辆排队状况,必要时需要牺牲长距离交叉口之间的协调性,以保证短距离路段上不出现车辆排队延伸至上游交叉口的现象。

此外,针对饱和与超饱和的交通状态,新版本的SCOOT还设计了专门的处理程序,大大增强了SCOOT系统预防和处理饱和与超饱和交通状态的功能。

5. 系统总体评价

SCOOT系统根据采集到的交通路网实时数据信息,应用计算机建模、优化与仿真技术,生成控制区域实时信号配时方案,具有广泛的适用性和良好的实时性。但是,现有SCOOT系统采用的是集中式控制结构,因此难免具有结构上的缺陷,例如,硬件投资很大,需要配套相应的通信、控制系统,维护费用高等,而且与SCATS系统相比而言,SCOOT系统的信号相位不能自动增减,相序不能自动改变,不能实现感应控制,控制子区不能自动划分。

能力训练 8-3

不定项选择题

1. 对方案选择式实时优化算法需要选择的参数有(   )。
   A. 公共信号周期　　　　　　B. 绿信比
   C. 相位差　　　　　　　　　D. 控制子区的划分

2. 方案生成式实时优化算法的组成部分包括(   )。
   A. 交通模型　　　　　　　　B. 寻优算法
   C. 控制子区的划分　　　　　D. 以上选项均不符合

3. 下列选项关于SCATS系统的描述,正确的有(   )。
   A. 是一种方案生成式自适应控制系统
   B. 是一种方案选择式自适应控制系统
   C. 优于SCOOT系统
   D. 以上选项均不符合

4. SCATS系统中实时计算的交通数据有(   )。
   A. 类饱和度　　　　　　　　B. 综合流量
   C. 饱和流量　　　　　　　　D. 交通密度

5. SCATS系统的特点有(   )。
   A. 投资较小,具有局部车辆感应控制功能

B. 不能及时而准确地适应实时交通变化的客观要求

C. 无法检测到排队长度

D. 以上选项均不符合

6. 下列选项关于 SCOOT 系统的描述,正确的有( )。

   A. 是一种方案生成式自适应控制系统

   B. 是一种方案选择式自适应控制系统

   C. 优于 SCATS 系统

   D. 以上选项均不符合

7. 下列选项关于 SCOOT 系统的描述,正确的有( )。

   A. 提高了预测的准确性和控制的有效性

   B. 检测器的埋设位置应设在距停车线相当距离的上游路段

   C. 可为交通管理和交通规划等部门提供各种诸如延误时间、停车次数等数据信息

   D. 以上选项均不符合

模块九　高速公路交通控制设计

【主要内容】

本模块主要介绍高速公路的交通特性及存在问题,高速公路交通控制的基本概念与参数,高速公路匝道控制、主线控制、通道系统控制。

项目一　认识高速公路的交通特性及存在问题

【能力目标】

能正确描述解决高速公路交通问题的方法。

【知识目标】

(1)了解高速公路交通拥挤的分类;

(2)掌握解决高速公路交通问题的方法。

【支撑知识】

(1)高速公路的交通问题;

(2)解决高速公路交通问题的方法。

一、高速公路概述

高速公路是相对于普通道路的用语,它是供汽车高速行驶的公路。世界各国的高速公路没有统一的标准,命名也不尽相同。美国、加拿大、澳大利亚把高速公路命名为 Expressway,德国命名为 Autobahn,法国命名为 Autoroute,英国命名为 Motorway。英语中一般通称为 Freeway。这些国家尽管对高速公路命名不同,但都是专指有 4 车道以上、双向分隔行驶、完全控制出入口、全部采用立体交叉的公路。此外,有不少国家对部分控制出入口、非全部采用立体交叉的直达干线也称为高速公路。

我国的《公路工程技术标准》(JTG B01—2003)规定,高速公路是指"能适应年平均昼夜小客车交通量为 25 000 辆以上,专供汽车分道高速行驶并全部控制出入的公路"。一般能适应 120km/h 或者更高的速度,要求路线顺畅,纵坡平缓,路面有 4 条以上车道的宽度;中间设置分隔带,采用沥青混凝土或水泥混凝土高级路面,为保证行车安全设有齐全的标志、标线、信号及照明装置;禁止行人和非机动车在路上行走,与其他线路采用立体交叉,行人采用跨线桥或地道通过。

高速公路是国民经济的交通运输大动脉。世界各国均积极发展本国高速公路建设,促进经济繁荣。目前,全世界已有 80 多个国家和地区拥有高速公路,通车总里程超过了 23 万 km。其中,我国高速公路建设总里程名列第一,截至 2012 年年底,我国高速公路总里程达 9.56 万 km。高速公路极大地改善了我国的交通运输状况。

二、高速公路的交通问题

高速公路主要存在交通拥挤和交通安全问题。

1. 交通拥挤问题

拥挤是高速公路运行中经常出现的交通问题。它直接影响高速公路的交通安全与运行效益,它是高速公路交通需求与其服务能力不平衡的结果。

所谓交通拥挤,是指交通需求(一定时间内想要通过道路的车辆数)超过道路的交通容量时,超过部分的交通滞留在道路上的交通现象。

在造成交通拥挤的许多因素中,大部分可归纳为两类:一类是常发性交通拥挤,此时,交通需求超过了高速公路的设计通行能力。常发性交通拥挤主要用来描述在某些特定时期和地点经常发生的交通拥挤现象。二是偶发性交通拥挤,如发生交通事故或进行公路养护等。偶发性交通拥挤用来描述由于诸如事故或其他特殊事件等随机引起的交通拥挤现象。

1)常发性交通拥挤

引起高速公路常发性拥挤的原因主要分两类:运行因素和几何因素。其中运行因素包括:
(1)交通需求超过容量。

引发常发性交通拥挤最普遍的原因是过大的交通需求,即交通需求超过容量。在理想条件下,高速公路每车道每小时的通行能力大约为 1 800pcu/h,当交通需求超过这一数值时,就会发展成为运行上的瓶颈,进而车辆开始聚积,形成拥挤和堵塞。

(2)不受限制的入口匝道。

高速公路的瓶颈和伴随出现的拥挤经常是由于入口匝道不受限制的结果。在这种情况下,匝道上的车辆加入高速公路上的交通流时,将产生超过容量的需求,在高速公路主线上产生交通拥挤,并导致瓶颈上游车辆出现排队现象。这种情况还将由于匝道车辆汇合行驶时产生的干扰而进一步复杂化。

(3)出口匝道排队。

当出口匝道上的需求超过了能够处理通过汇合区交通的能力,或超过了匝道下游的一个交叉路口通过交通的能力,或者匝道本身缺乏存储停车的能力时,最终的结果是车队一直排到高速公路上,引起主线拥挤。通常这类交通拥挤出现的地点和时间均能加以预测。

(4)收费站收费。

由于目前高速公路收费方式主要采取人工收费或半自动收费(例如磁卡收费),效率很低,车辆在收费站停下来交费时常引起拥挤。特别当交通需求大于收费站的通行能力时,容易在收费站的入口形成排队,有时会排队几公里。

另一种引起常发性交通拥挤的原因是道路几何上的缺陷(例如,在直行车道末端出现"车道减少"等)造成通行能力的降低。这些称为几何瓶颈路段的行驶车辆数超过通行能力时,就产生交通拥挤,并在瓶颈上游车道形成排队现象。这种瓶颈与由于过大交通需求引起的瓶颈有许多相同的特性。同样,通过对这种交通拥挤现象的反复观察,也能完全准确地加以预测。

车道减少、交织路段短、道路横断面窄、标志短缺、视线不良、互通式立交不符合标准等都是引起几何瓶颈最主要的原因。因此应积极着手重新设计和改建现有道路交通设施,消除这类几何缺陷。不过,由于改建费用过高,这类问题在许多市区高速公路设施上仍旧是产生交通拥挤的根源。

2)偶发性交通拥挤

高速公路最常见的偶发性问题有以下几种类型。

(1)事件和交通事故。

事件是指车辆抛锚、驾驶员"引颈观望"、货物掉落等随机发生的事情,一般意义上也包含交通事故。其中,道路交通事故是指车辆驾驶员、行人、乘车人以及其他在道路上进行与交通有关活动的人员,因违反《中华人民共和国道路交通法》和其他道路交通管理法规、规章的行为(简称违章行为),过失造成人身伤亡或者财产损失的事故。事件造成的后果主要和事件发生的频率、对通行能力的影响、持续时间、对公众健康和安全作用等方面有关,例如许多交通事故在发生后需救护车、灭火设备、抢救车等,以及一些相应的部门处理。

典型的事件频率是每百万车公里为124次。在交通繁忙的双向六车道高速公路上,相当于每1.6km每小时发生一次事件。事件的严重程度还取决于不同类型的问题究竟是同时发生的,还是不同时间发生的。例如,对于诸如车辆在高速公路路肩上抛锚这样的暂时危险,在非高峰期条件下可能只引起轻微的延误,而同样的事件若发生在高峰期,当高速公路交通流量接近通行能力时,就可能导致严重的交通拥挤。

(2)不利的气候条件。

不利的天气将引起道路通行能力的下降。影响最大的情况是由大雪引起的,它将导致许多车道关闭。气候情况的变化(如下雨、下雪、雾、强烈的阳光等)对通行能力的影响,还没有一致的数据,恶劣天气减少通行能力10%~20%是很典型的,更高的比例也有可能。

(3)作业区。

由于公路需周期性的养护或者修理车道、路边或支撑结构物的一些病害,将造成道路通行能力下降。

随机事件的位置和时间都是无法预测的,所引起的交通拥挤问题,难以采取诸如控制交通需求或者提高通行能力等对策来处理。特别应该注意的是,如果这些问题发生在交通需求高峰期间,就会引起严重的交通拥挤。

2. 交通安全问题

高速公路存在的另一重大问题是交通安全问题。虽然高速公路采用中央分隔带和立体交叉等安全设施,比一般公路和城市街道要安全得多,但驾驶员在高速公路上仍易发生事故或受其他事故的影响,并且大部分事故是特大交通事故。导致交通事故发生的因素是多方面的,它们包括:驾驶员的判断错误、车辆故障、交通流的相互作用、驾驶员不熟悉高速公路驾驶方法、险恶的气候条件和公路的几何特征等。而交通量的增大,特别是交通拥挤现象的出现,也将导致事故的增加。反过来,交通事故的发生又会大大加剧交通拥挤状况。因为高速公路的日通过量很大,一旦发生交通事故,造成的堵塞将会比一般公路严重得多。

三、解决高速公路交通问题的方法

为了保证高速公路的高速、高效、安全和舒适性,必须妥善解决高速公路存在的交通问题。为此,有两种方案可供选择:一是新建高速公路或在原有线路上附加支线。这样做,虽然可以缓和交通拥挤状况,事故率也会降低,但成本很高,特别是在城市内修建高速公路,不仅拆迁费用高,而且会破坏居住环境,经济和环境均难以承受。二是对高速公路上的交通状态进行控制,以期达到合理地组织交通,减少交通事故,缓和或消除拥挤,提高道路利用效率的目的。设置高速公路监控系统,其成本仅占公路全部投资的5%~10%。因此,方案二是解决高速公路交通问题有效方法之一。

所谓高速公路的交通控制，就是对一些主要交通参数，如交通量、交通密度、速度、占有率、拥挤度以及交通状况、路面状况和气象参数等进行实时观察和测量，根据交通参数及交通条件的历史数据或实时采集的数据，按照某种预定的性能准则来调节高速公路上的交通参数，从而使公路自动地保持最佳的运行状态。经验表明，对高速公路实行监控，不仅能提高高峰期间车辆的行驶速度，增加高峰期间的交通量，减少交通堵塞和延误时间，同时也能大大减少交通事故和交通公害，节约燃料和减少车辆的磨损，具有显著的经济效益。

高速公路的交通控制策略通常分常发性交通问题的控制策略和偶发性交通问题的控制策略。由于偶发性交通问题发生的位置和时间是不可预测的，因而影响有时可能会很大，如某一主要车道发生阻塞事件；有时也可能影响不大，如临时关闭某一入口匝道。对于引起延误的事件，它所造成的延误大小取决于事件的处理过程。发现事件的时间、对事件的反应时间，以及排除事件的时间越短，它对高速公路的交通流影响越小。因此，对于这类事件，主要控制策略是消除或防止引起事件的原因，有效管理交通事件邻近地段的交通需求，并使高速公路尽快恢复到正常服务水平。为了实现这一控制策略，需要建立监视系统、事件服务系统和驾驶员信息系统。常发性交通问题的控制策略包括：对交通需求的控制、通过几何改善来提高通行能力、对旅行需求的管理等。交通需求的控制技术主要有：入口匝道控制、高速公路干道控制、优先通行权控制和通道控制。

能力训练 9-1

不定项选择题

1. 高速公路的特点包括(　　)。
   A. 有 4 车道以上　　　　　　　　B. 双向分隔行驶
   C. 完全控制出入口　　　　　　　D. 全部采用立体交叉
2. 高速公路存在的交通问题包括(　　)。
   A. 拥挤问题　　　　　　　　　　B. 安全问题
   C. 事故问题　　　　　　　　　　D. 以上选项均不符合
3. 交通拥挤分为(　　)。
   A. 常发性交通拥挤　　　　　　　B. 偶发性交通拥挤
   C. 周期性交通拥挤　　　　　　　D. 以上选项均不符合
4. 引发常发性交通拥挤的因素有(　　)。
   A. 交通需求超过容量　　　　　　B. 不受限制的入口匝道
   C. 出口匝道排队　　　　　　　　D. 收费站收费
5. 引发偶发性交通拥挤的因素有(　　)。
   A. 事件和交通事故　　　　　　　B. 不利的气候条件
   C. 道路养护　　　　　　　　　　D. 以上选项均不符合
6. 解决高速公路交通问题的方法有(　　)。
   A. 新建高速公路或在原有线路上附加支线
   B. 对高速公路上的交通状态进行控制
   C. 对高速公路上的车流进行诱导
   D. 以上选项均不符合

7. 常发性交通问题的控制策略包括( )。
   A. 对交通需求的控制　　　　　　B. 通过几何改善来提高通行能力
   C. 对旅行需求的管理　　　　　　D. 以上选项均不符合
8. 交通需求的控制技术主要有( )。
   A. 入口匝道控制　　　　　　　　B. 高速公路干道控制
   C. 优先通行权控制　　　　　　　D. 通道控制

项目二　认识高速公路交通控制的基本概念与参数

【能力目标】
能正确描述道路通行能力、速度、占有率、密度、服务水平、服务流量等概念。
【知识目标】
了解高速公路交通控制基本参数。
【支撑知识】
道路通行能力、速度、占有率、密度、服务水平、服务流量等。

高速公路运营中,管理部门需要及时准确地采集道路上交通流的状态,并对此状态进行评估,根据交通流的状态变化,通过诱导或控制手段,限制进入高速公路的车辆数量,指挥车辆改变速度、进行适度调整。显而易见,使用传统的管理手段,难以对高速公路各个位置的交通流进行有效的管理和控制,必须借助现代监控手段,才能完成高速公路的管理任务,体现高速公路的交通特性。

在运用监控手段实现高速公路监控与管理目标时,需要对高速公路交通管理进行研究,明确一些基本概念和定义,便于在实施监控系统时用量化指标描述问题。

一、道路通行能力

1. 基本概念

道路通行能力是指道路上某一点、某一车道或某一断面处,单位时间可能通过的最大交通实体(这里指车辆)数。通常定义为在一定的道路、交通状态和环境下,单位时间内(良好天气情况下),一条车行道或道路的某一断面上能够通过的最大车辆数量,也称为道路(交通)容量,简称容量,单位是 veh/h。车辆多指小客车,当有其他车辆混入时,均采用等效通行能力的当量小客车为单位。

2. 平均交通量

平均交通量是指将某一时间段内交通量的平均值作为该时间段的代表交通量。一般包括年平均日交通量、月平均日交通量和周平均日交通量。

3. 高峰小时交通量(PHT)

在观察时段内交通量最大的那个小时,称为高峰小时,该小时的交通量称为高峰小时交通量。一般高峰小时都按整点计算。

4. 设计小时交通量

交通量具有随时间变化和出现高峰小时的特点,在进行道路设施规划设计时,必须考虑这个特点。工程上为了保证道路在规划期内满足绝大多数小时车流能顺利通过,不造成严重阻塞,同时避免建成后车流量低,投资效益不高,规定要选择适当的小时交通量作为设计小时交通量。根据美国的研究,认为第 30 位小时交通量是最合适的。研究表明,第 30 位小时交通量与年平均交通量之比(K 值)十分稳定。据国外观测,按照道路类别及所在地区不同,K 值分布在 12%～18%的范围内。

5. 车头时距

同一地点相邻两辆车经过的时间间隔称为车头时距,用 h 表示。

6. 车头间距

同一时间相邻两辆车车头之间的距离称为车头间距,用 x 表示。

二、速度

速度是指单位时间内车辆行驶的距离。车速分地点车速、行驶车速、区间车速、时间平均车速和空间平均车速等。

在高速公路上,有两个经常被提到的速度概念是:

(1)85%位车速:在该路段行驶的车辆中,有 85%的车辆行驶在此速度以下,只有 15%的车辆行驶速度高于此值,交通管理部门常以此速度作为某些路段的限制车速。

(2)15%位车速:在该路段行驶的车辆中,有 15%的车辆行驶在此速度以下,其余车辆的行驶速度高于此值。在高速公路和快速道路上,为了行车安全,减少阻塞排队现象,要规定低速限制,在限速中将该值作为低速限制值。

在表示交通状态的各个参数中,速度是用来表示交通通畅程度的量,当交通量的实际速度比较高时,认为交通比较通畅,而当实际速度接近于 0 时,认为交通出现严重拥挤或堵塞。

三、占有率

占有率有空间占有率和时间占有率之分。

在观测路段长度内,行驶车辆总长度占该路段长度的比例称为空间占有率。

在一定时段内,全部车辆通过某一断面所需时间的累计值占该时段的比例称为时间占有率。

四、服务水平

服务水平是描述道路交通设施为道路交通使用者提供服务质量的评定标准。对高速公路服务水平的评定,往往从道路使用者(主要指汽车驾驶员和乘客)的角度来进行。而服务质量评定标准也是一种综合的评定标准。该标准通常以行驶的通畅程度、行驶的自由度、连续性、方便性、舒适性和安全性等来表征。具体的计算指标(也称效率度量)随道路设施而异,有的用一个指标即可,有的则需多个指标来综合评定。随着我国高速公路管理体制的改革,在考虑方便性、舒适性等指标的同时,使用效率也是要考虑的一个重要因素。高速公路运输的服务水平包含行程速度、交通流量、交通密度等指标,这些指标可以全面衡量高速公路的服务质量,借鉴国外的服务水平划分标准对我国高速公路服务水平的研究有重要意义。

五、服务流量

在通常道路条件、交通条件和管制条件下,在给定的时间周期内保持规定的服务水平,车辆通过一条车道或道路某一断面的最大小时流量即服务流量。

能力训练 9-2

不定项选择题
1. 高速公路交通控制的主要参数有(　　)。
   A. 道路通行能力　　　　　　　　B. 速度
   C. 占有率和密度　　　　　　　　D. 服务水平及服务流量
2. 表征道路通行能力的参数有(　　)。
   A. 平均交通量　　　　　　　　　B. 高峰小时交通量
   C. 设计小时交通量　　　　　　　D. 车头时距和车头间距
3. 体现高速公路服务水平的指标有(　　)。
   A. 行程速度　　　　　　　　　　B. 交通流量
   C. 交通密度　　　　　　　　　　D. 以上选项均不符合
4. 下列选项关于占有率的描述,正确的有(　　)。
   A. 占有率有空间占有率和时间占有率之分
   B. 在观测路段长度内,行驶车辆总长度占该路段长度的比例称为时间占有率
   C. 全部车辆通过某一断面所需时间的累计值占该时段的比例称为空间占有率
   D. 以上选项均不符合

项目三　高速公路匝道控制

【能力目标】
(1)能设计入口匝道定时控制方案;
(2)能设计入口匝道感应控制方案。

【知识目标】
(1)了解高速公路入口匝道控制目标、条件、分类;
(2)掌握入口匝道定时控制方法;
(3)掌握入口匝道感应控制方法;
(4)了解交汇控制方法。

【支撑知识】
(1)入口匝道控制目标、条件、分类;
(2)入口匝道定时控制、感应控制、交汇控制。

一、入口匝道控制概述

入口匝道控制是高速公路交通控制中使用最广泛的一种方式。其基本原理是平衡入口匝道处高速公路上、下游交通量。一般来说,如果上游交通量与从匝道进入的交通量之和大于下游的通行能力,就会发生交通拥挤。若根据上游的交通需求与下游通行能力之差来限制进入

匝道的交通流量便可减轻高速公路上的交通拥挤，而车辆在高速公路上的总延误时间及在匝道上等待进入高速公路的时间也都会减少。入口匝道控制的基本原理就是限制进入高速公路的车辆数目，以保证高速公路自身的交通需求不超过其交通容量。

1. 入口匝道控制的目标

入口匝道控制的目标是下述的一个或全部：
(1) 增加高速公路实际通行能力，即增加匝道整体的驶入量。
(2) 减少高速公路主线上行驶车辆总的行程时间。
(3) 减少通道内全部行驶车辆的行程时间。
(4) 在高速公路主线和入口匝道上，消除或减少车辆中的冲突事故。
(5) 改善交通流的平稳性，减少车辆的不舒适感和环境干扰。

2. 入口匝道控制的条件

实施入口匝道控制实质上是对交通需求的调节转移及重新分布。因此，入口匝道控制的成功与否取决于下列条件是否得到满足。

(1) 在通道区域内必须有可供使用的附加容量（即可替换的路线、时段或其他运输方式）。它们不仅能容纳从高速公路上转移来的交通量，而且也能适应原来已使用它的正常交通量。如果通道内没有可供使用的额外的容量，那么尽管入口匝道控制可以防止高速公路上发生拥挤，但在别的地方将会发生拥挤，拥挤还有可能扩展，从而在可供使用的替换道路和高速公路入口匝道附近地区都可能发生拥挤。交通控制方法并没有创造新的容量。

(2) 在入口匝道上应有足够的停车空间（每辆小客车需用的存储空间约为7m，依次可计算出匝道排队容量）可供等待匝道交通信号的车辆使用。在实施匝道控制时，使匝道上的排队车辆不致延伸到堵塞引道或平交街道的程度，保证等待的排队车辆不会严重影响非高速公路的交通。

(3) 交通模式必须合适。控制进出匝道的车辆数量、通行时间等要与该区域的通道交通需求与容量及出行习惯相协调。

(4) 为节省行程时间，在高速公路下游出口处必须有可能利用的容量，否则，仅仅使交通瓶颈向下游移动，这样的匝道控制无益。

(5) 匝道与主线有足够的交织区且视距良好，否则会在高速公路上造成常发性拥挤或严重事故。

3. 入口匝道控制方法

入口匝道控制包括匝道调节和匝道关闭两种形式。匝道调节是在匝道上使用交通信号灯对进入车辆实行计量控制，也可通过收费站的收费车道开放数来调节进入高速公路的车辆数。单位时间内允许进入的车辆数称之为匝道调节率。匝道关闭可通过自动路栏、交通标志、人工设置隔离墩把某些入口匝道关闭。

入口匝道调节方法有很多，如果按照调节率相对一定时间段是固定的还是变动的，是单匝道调节还是多匝道调节，是用于消除高速公路上的拥挤还是改善汇合运行安全来分类，入口匝道调节方法可分如下几类：

(1) 入口匝道定时控制；
(2) 入口匝道感应（动态）调节；
(3) 入口匝道交汇控制；
(4) 入口匝道整体定时控制。

二、入口匝道定时控制

1. 入口匝道关闭

匝道关闭就是对所有交通都实行关闭,不允许车辆进入高速公路,维持高速公路不拥挤。匝道关闭可以是永久性关闭,或者是在高峰期以及偶发性拥挤期短期关闭。永久性关闭主要用在立交非常接近、交织问题十分严重的地方,永久性关闭方法一般缺点多于优点。

由于入口匝道关闭的局限性,只在下述几种情况下可以考虑使用匝道关闭:

(1)由于大雾、大雪等异常天气,导致高速公路失去通行能力,此时的放行将导致严重的安全事故,并且无法救援。

(2)入口匝道上游的高速公路的交通需求已达到下游道路容量,而可替换道路上还有足够的容量可供使用。关闭入口匝道就能防止下游路段上交通需求超过容量,并且能把匝道上的交通需求转移到可替换道路上。

(3)如果允许进入高速公路的车辆很少,会使驾驶员以为匝道调节信号已坏,致使违章事件发生,即不经允许闯入高速公路。

(4)在入口匝道上没有足够的停车空间,为防止等待进入高速公路的排队车辆妨碍平交街道交通,此时关闭匝道能消除车队积存问题。

在上述几种条件中,第一种情况是最常见的,其他情况相对比较少。

匝道关闭一般采用人工设置路栏、自动路栏关闭、设立关闭标志三种方法。

在关闭匝道控制中,要解决的关键问题是关闭时机的选择,需要采集高速公路上的交通流量数据及气象数据,以经验数据为参考,综合判断匝道关闭的时机。

2. 入口匝道定时控制

定时控制是指调节率预先给定,在某一段时间的运行是固定不变的。这种控制方式的特点是忽略交通量变动的瞬态和细小差异,根据历史情况的调查掌握交通流的统计情况,把一天划分为若干时段。假定每个时段内交通流状况基本不变,以此作为依据来确定每个时段内一组不变的入口调节率,使某项性能指标最优。显而易见,这种控制方式不能适应交通流的随机变化。但是,当交通流在一段时间内波动不大时,这种控制是十分有效的,而且定时调节很容易实现多个匝道口协调控制。此外,这种控制运行安全可靠,使用设备少,是目前应用最广的匝道控制形式。

定时控制系统由信号灯、控制器、检测器、匝道控制标志和路面标记组成,如图9-1所示。

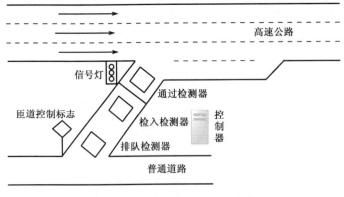

图9-1 入口匝道定时控制系统构成

在定时控制系统中,匝道信号以固定的周期运行,这些周期是根据为特定的控制时段规定的调节率计算的。而周期中红黄绿信号的配时取决于所使用的调节形式是单车调节还是车队调节。

1)单车调节

匝道调节信号配时规定在每个绿灯时段只允许放一辆车进入高速公路。例如,如果采用的调节率是600veh/h或10veh/min,那么绿灯加黄灯的时间为3s,红灯为3s。如果采用的调节率是300veh/h或5veh/min,那么绿灯加黄灯的时间为3s,红灯为9s。

2)车队调节

当要求调节率大于900veh/h时,必须采用每周期允许两辆或两辆以上的车辆进入高速公路,称这种方式为车队调节方式。它有串行放行和双列放行两种类型。

一般不采用车队调节,除非确实必须达到更高的调节率。而在车队调节形式中,一般倾向于采用两车并行调节方式,因为它不易引起驾驶员的混乱,能提供安全运行。

入口匝道调节率主要依据匝道上游需求、下游容量、匝道需求以及调节率的上下限约束条件、道路条件等因素来确定,主要用于预防高速公路上的常发性拥挤。匝道调节率 r(veh/h) 的计算公式为:

$$r = q_c - q_d \tag{9-1}$$

式中:q_c——匝道下游容量,veh/h;

q_d——匝道上游交通需求,veh/h。

匝道调节周期长度 C 为:

$$C = \frac{3\,600n}{r} \tag{9-2}$$

式中:n——每个调节周期允许进入的车辆数,$n=1,2,3$。

匝道调节率 r 还要受下列条件约束:

$$\begin{cases} d - \dfrac{P_{\max} - P_0}{T} \leqslant r \leqslant d + \dfrac{P_0}{T} \\ r_{\min} \leqslant r \leqslant r_{\max} \end{cases} \tag{9-3}$$

式中:d——匝道到达率,veh/h;

T——时段长度,h;

$P_{\max}$——匝道上允许的最大排队车辆数;

P_0——匝道上初始排队车辆数;

$r_{\min}$——调节率下限值,一般取180veh/h;

$r_{\max}$——调节率上限值,单车调节率为900veh/h,车队调节率为1 100veh/h。

三、入口匝道感应控制

定时调节是根据以往观察到的实际交通情况,按预先设定的调节率进行控制的。在交通流针对时间的规律性比较强时,定时调节能够发挥很好的作用。但是,当交通流发生突然变化,以前设定的调节率不适应交通流的实际情况时,定时调节可能会起到相反的作用。如果控制系统能够检测交通流的变化,根据交通流的实际情况进行动态调节,必然会优化交通控制的效果。

在感应式动态控制策略下,可以在一定程度上克服定时调节的弊端。其特点是调节率的变化不再依赖过去观测到的交通状况,而是依赖现场检测的实际交通状况,它以交通量实时检测数据为依据来确定匝道调节率,因而能响应交通流的随机变化。

与定时调节系统不同的是,感应调节具有对局部交通状况作出动态响应控制的能力,因此它包含主线交通检测器。根据控制算法的不同,采集主线上邻近匝道的上游或下游或两者的交通变量(例如交通量、占有率或平均速度),实时确定匝道上游交通需求与匝道下游容量差额,计算出入口调节率,系统构成如图9-2所示。

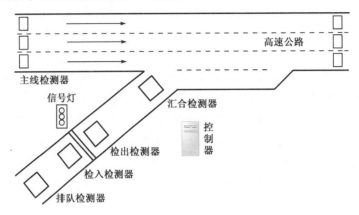

图 9-2 感应控制系统构成图

为了使调节功能更加完善和实用,可在入口调节系统中添加若干个匝道检测器,包括设在汇合区内的汇合检测器和设在匝道起点处的排队检测器。例如,当汇合检测器被车辆占据,表明通过匝道信号的车辆仍在汇合区,所以,在单车调节的情况下,随后的绿灯时间应跳过,一直到这辆车离开汇合区。当排队检测器被车辆占据时,这表明等待的车队正要到达前沿道路或平交街道,它可能干扰到非高速公路上的交通,这时系统应允许使用较高的匝道调节率以缩短排队队长,但调节率的增大不能造成主线交通的拥挤,必要时须通知上游邻近匝道,将其入口调节率适当降低,以便能提高本匝道调节率。

为了实时反映车辆构成、气候条件等因素对交通流的影响,增加感应调节系统的适应性,可在系统中安装用来确定交通组成和气候条件的检测器。

感应调节控制器一般由一台微型计算机以及外围接口设备构成。由于要进行实时检测调节,因而控制系统比定时调节系统要复杂一些。这种调节系统只对单个匝道进行动态控制,该匝道路段以外的交通由相应的其他控制器另行控制。

常用的入口匝道感应控制的方法有:交通需求—通行能力控制和占有率控制。

(1)交通需求—通行能力控制。

这种控制方法的特征是在实时比较匝道上游交通量和下游容量的基础上选择匝道调节率,其目标是更好地利用有效道路容量。

(2)占有率控制。

占有率控制的原理是对匝道的上游或下游的占有率进行实时测量来估算下游剩余容量 Δq_c,再来确定入口匝道的调节率。

四、交汇控制

在定时调节和交通感应调节中,车辆经过匝道进入高速公路时,往往和上游车辆同时到达交汇区,由于上游车辆以较快的速度行驶,从匝道欲进入高速公路的车辆就得在匝道上排队。这些车辆通过匝道口后,急欲进入高速公路,在驶入高速公路时往往会引发交通事故。通过将这些车辆控制在交汇区之外,当上游到达车辆比较稀疏时,才允许匝道外的排队车辆进入高速公路是较好的解决方法。

交汇控制是一种微观控制方法,以安全为控制原则。交汇控制的基本目标是通过使入口匝道车辆最准确地利用高速公路主线车流的间隙来完成合流,改善高速公路交通流的分布及运行。交汇控制期望使大量的入口匝道车辆安全地汇合而不引起高速公路交通的明显间断。其方法是根据高速公路外侧车道车流间隙的长度来决定能否放行匝道车辆,只有当检测到上述车流间隙长度不小于可插车间隙时,才允许匝道车辆进入高速公路,这样才能保证匝道车辆及时安全地汇入高速公路车流中。交汇控制系统实现的入口匝道调节率完全取决于检测到的主线车流间隙数目。这种控制可使高速公路上的车流间隙得到最佳利用。

交汇控制是通过向驾驶员提供进入高速公路时需要配合的时间、地点等信息来改善入口匝道处的交汇运行。其运行的工作过程为:

(1)检测高速公路上的可插间隙。
(2)估计这个可插间隙到达入口匝道交汇点的时间。
(3)引导匝道车辆进入这个可插间隙。

交汇控制系统有可插间隙交汇控制系统、移动交汇控制系统两种基本类型。两者的区别在于对匝道车辆的引导方式不同。另外还有一些混合类型,例如可插间隙和需求—容量控制。

1. 可插间隙交汇控制

可插间隙交汇控制是一种比较简单的交汇控制方式,它把普通的匝道调节信号用于引导匝道车辆,其构成如图 9-3 所示。

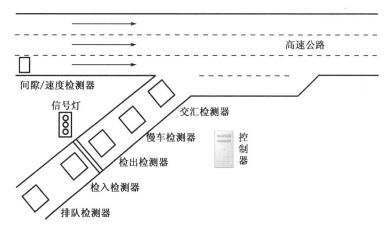

图 9-3 可插间隙交汇控制系统的布置

当设置在主线外侧车道上的间隙/速度检测器检测到有一个足够大间隙(和最小可插间隙相比)以及该间隙移动速度时,匝道控制器计算出可插间隙到达交汇区的时间,并在适当时间控制匝道调节信号灯由红变绿,等候在匝道停车线上的车辆立即起动,开始交汇过程。只要保持平均的速度和加速度,该车辆就能够在被测出可插间隙到达交汇点的同时也到达该点,顺利汇入车流。

可插间隙控制一般只采用单车进入调节,但当入口匝道需求超过单车进入调节所能达到的最大调节率(12~15veh/min),并且高速公路外侧车道有很多可供利用的大间隙时,可在一个绿灯信号期间允许 1 辆、2 辆或 3 辆车通过匝道信号,实行车队调节。某个绿灯时间允许通过的车辆数取决于可插间隙的大小。因此,车队调节系统的控制器必须能识别比预计值大的间隙,并能提供允许1辆车或2辆车或3辆车进入的调节信号灯,车队调节率上限不得超过1 100veh/h。

在实际使用时,必须注意到,当高速公路出现拥挤时,由于车流行驶速度较低,连续的车辆之间的小间隙会形成很大的车头时距,如果以此为依据来控制匝道信号灯,就会有许多车辆被放行而进入拥挤的高速公路,当然这是不允许的。所以,如果高速公路交通流速度低于某预定值时(例如40km/h),就应该以最小调节率控制匝道车辆(一般为3~4veh/min)。

最小可插间隙是指两个相随的车辆的车头间隙时间足够一个入口匝道车辆交汇进入的最小车头间隔时间。影响最小可插间隙因素很多,主要是:

(1)高速公路和入口匝道的几何形状;
(2)车辆加速特性;
(3)驾驶员的驾驶水平;
(4)交通条件;
(5)天气条件。

最小可插间隙可通过现场的实际观测和调查得到。放行时间的计算依据是:
(1)可插间隙移动速度;
(2)交汇地点到间隙/速度检测器之间的距离;
(3)停在匝道信号灯前的车辆到达交汇点的预计行驶时间。

由于货车和公共汽车的加速特性差,因此在这两类车比例大的入口匝道,应考虑使用一种慢速车辆检测器来测量车辆从匝道停车线行驶到该检测器位置所用的时间。

2. 移动交汇控制

在可插间隙交汇控制系统中,如果对放行车辆的加速度、速度掌握不当就不能与被测出间隙同步到达交汇点,使交汇出现困难与混乱。为此,出现了利用匝道左侧面带有绿色光带的显示器,向匝道车辆提示高速公路外侧车道的可插间隙移动情况。车辆跟随光带的移动,则有助于掌握加速度和速度,有利于顺利交汇。此外,在光带旁设有标志,指示本匝道运行是否处于控制状态下;指示光带移动速度是××km/h;指示"小心交汇",如图9-4所示。

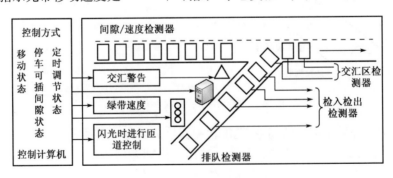

图9-4 移动交汇控制绿带系统

移动交汇控制有移动模式、停车的可插间隙模式和定时调节三种模式。移动模式适合于高速公路流量较小的情况,此时控制系统实时监视主线外侧车道的每个间隙何时到达交汇点。同时,匝道入口的标志给出匝道车辆行驶的建议速度值(绿带移动速度),帮助驾驶员及时安全地完成交汇。绿带移动速度是根据高速公路外侧车道3min的平均速度和交通量而定的。

随着高速公路交通量的增加,速度下降到某值时,此时控制系统换用停车的可插间隙状态。在该状态下,匝道信号保持红色,直到一辆匝道来车到达检入检测器处;然后,控制器确定是否有可插间隙,如果有,控制系统就开绿灯,放行这辆等待驶入高速公路的汽车,并在改变绿灯前,在匝道左侧显示器上显示一个加速的绿带;如果在预定的时间内没有可利用的可插间隙,交通信号灯变绿灯放行该车辆,但不显示绿带,只显示"小心交汇"警告标志。

当高速公路流量继续增加,超过某一标准时,该系统转为定时调节方式。若有车辆到达检入检测器处,由控制器控制,经过一定延迟后(根据调节率)信号灯变绿色,允许该车放行。当该车通过检出检测器后,信号在经过一段黄灯后恢复为红灯。

为了使交汇更安全,可在匝道埋设一套检测系统,控制器根据匝道检测器的检测结果,实时计算出进入车辆长度、速度和到达交汇点的预计时间,然后计算出它与主线上可插间隙之间的偏差。根据此偏差,通过设在匝道左边的一长串标杆灯(沿匝道方向,每隔一定距离设置一个灯泡,每次只亮一个灯)进行动态引导该车前进(称为步进系统),实行闭环控制,只要驾驶员跟得上标杆灯光的移动,则可安全进入一个可插间隙,汇入主线车流。

美国沃伯恩实验性移动交汇控制系统的控制效果表明,交汇控制与无控制相比,可使车辆交汇延误减少,增加了匝道汇合容量,但闭环移动系统与绿带系统相比改进效果并不明显,而且增加了一套车辆检测系统。

3. 可插间隙和需求—容量控制

这种方法综合了交通需求—容量和可插间隙两种控制方法。匝道调节率按照交通需求容量差额原理来确定,但以此调节率放行的匝道车辆要与可利用的可插间隙相符合。该方法解决了需求容量差额控制方法无法确定匝道最佳放行车辆时间的弊病。

4. 交汇控制系统的评价

交汇控制系统的主要目的是改善交汇安全,有效利用高速公路的可插间隙,其效益类似于交通需求容量差额控制。它与交通需求—容量差额感应调节系统比较具有如下特点。

(1)交汇控制可得到比较平滑的交汇运行,车辆由匝道调节信号处到达交汇区所需时间短。

(2)交汇控制的匝道车辆放行是根据检测到的可插间隙来确定的,因而控制运行方式没有规律,排队等待时间较长(调节率为 4~5veh/min),车辆违章率较高。

(3)需求—容量差额感应调节可得到较高的调节率和较大的入口匝道容量。

(4)当驶入匝道具有良好的加速车道等几何形状时,采用定时调节、需求—容量差额感应调节,可获得良好的经济效果,无需采用交汇控制系统。

(5)对于因视距不良、加速车道、坡度缺陷等造成交汇困难的高速公路,采用交汇控制是有利的。

(6)交汇控制需增加较多设备,系统成本昂贵。

能力训练 9-3

不定项选择题

1. 入口匝道控制的目标包括(　　)。

　　A. 增加高速公路实际通行能力

B. 减少高速公路主线上行驶车辆总的行程时间

C. 减少通道内全部行驶车辆的行程时间

D. 消除或减少车辆中的冲突事故

2. 实施入口匝道控制的条件包括( )。

A. 在通道区域内必须有可供使用的附加容量

B. 在入口匝道上应有足够的停车空间

C. 匝道与主线有足够的交织区且视距良好

D. 在高速公路下游出口处必须有可能利用的容量

3. 入口匝道调节方法包括( )。

A. 入口匝道定时控制 B. 入口匝道感应(动态)调节

C. 入口匝道交汇控制 D. 入口匝道整体定时控制

4. 考虑使用匝道关闭的情况有( )。

A. 由于大雾、大雪等异常天气,导致高速公路失去通行能力

B. 入口匝道上游的高速公路的交通需求已达到下游道路容量

C. 在入口匝道上没有足够的停车空间

D. 匝道调节信号已坏

5. 下列选项关于入口匝道定时控制的描述,正确的有( )。

A. 一般不采用车队调节,除非确实必须达到更高的调节率

B. 不能适应交通流的随机变化

C. 由信号灯、控制器、检测器、匝道控制标志和路面标记组成

D. 以上选项均不符合

6. 下列选项关于入口匝道感应控制的描述,正确的有( )。

A. 优于入口匝道定时控制

B. 能适应交通流的随机变化

C. 主要方法有交通需求—通行能力控制和占有率控制

D. 以上说法均不符合

7. 交汇控制的运行过程包括( )。

A. 检测高速公路上的可插间隙

B. 估计这个可插间隙到达入口匝道交汇点的时间

C. 引导匝道车辆进入这个可插间隙

D. 以上说法均不符合

项目四 高速公路主线控制

【能力目标】

能正确描述主线控制分类。

【知识目标】

(1)了解主线控制的目的;

(2)了解主线控制的主要过程;

(3)掌握主线控制的常用方法。

【支撑知识】
(1)主线控制概述;
(2)可变速度控制、可逆车道控制、主线调节控制。

一、主线控制概述

主线控制的对象是高速公路路段上的交通流,通过对高速公路主线的交通进行调节、诱导和警告,达到优化交通流状态的目的。

通过主线控制可以改善高速公路运行的安全和效率,缓解主线上的交通拥挤和交通瓶颈对交通的影响。这种控制对常发性和偶发性交通拥挤都是有效的。

1. 主线控制的主要目的

(1)当交通需求接近道路通行能力时,使主线上的交通流保持均匀性和稳定性,以增加驾驶员的舒适程度,提高高速公路的利用率,并预防拥挤的发生。

(2)改善交通流运行状态,使其在主线上的瓶颈路段能达到最大通行能力。

(3)如果发生交通拥挤,或因车速、车流密度发生变化而在车流中产生冲击波时,需要改进交通运行使其从拥挤状态恢复到正常状态,并防止冲撞事故。

(4)在雨、雪、雾等特殊气候条件下,保证高速公路的运行安全。

(5)当出现交通事故或因维修而使主线通行能力下降时,要提高道路的使用效率。

(6)当高速公路交通需求在方向上有很大差别时,需改变高速公路不同方向上的通行能力。

(7)减少驾驶员的不良情绪,将驾驶员诱导到交通状况较好的道路上。

2. 主线控制的内容

(1)车道使用控制:通过对车辆在使用车道的时间和空间上的限制来达到对交通流进行控制的目的,包括车道关闭、交通调节等。

(2)警告和诱导:通过给出交通运行变量限制值来控制交通流,为驾驶员提供交通信息来诱导驾驶员选择合理的运行状态和行车线路,包括对行驶速度、车辆间距、旅行时间和行驶路线方面的警告、诱导。

(3)优先控制:对一定种类的车辆在使用交通设施上分配优先通行权或特别使用权,如对救护车、公共汽车、专用车辆的优先控制。

3. 主线控制的主要过程

(1)从过去的统计资料中或采用交通感应方法获得当前高速公路上交通流状态变量值。

(2)在当前高速公路交通流状态变量的基础上,判定该值在由通行能力、交通构成以及气候条件所决定的高速公路路段交通流基本特性曲线上处于哪一部分,即依据交通流模型判断交通流运行状态。

(3)确定高速公路主线交通流控制的目标状态值及相应的控制方法,使交通流趋于目标状态。

主线控制方式可以是定时控制,也可以采用交通感应式控制。如果所用的控制变量值和等级是根据一天时间内的交通流变化规律预先确定好的,这种系统就称为定时主线控制。如果控制变量值是基于实时测量到的现时交通条件下的交通参数,那么这种控制就称为感应主线控制。定时主线控制的设备较为简单,但缺乏适应性。感应式主线控制设备较复杂,但采用这种方式,通常可以提高主线控制的效率。

4.常用的主线控制方法

通常采用的几种主线控制方法是:

(1)可变速度控制;

(2)车道关闭;

(3)主线调节;

(4)可逆车道控制;

(5)公共汽车、合用车优先控制;

(6)驾驶员信息系统。

二、可变速度控制

可变速度控制是在高速公路主线上设置可变限速标志来限制行车速度,从而使主线上的交通流的速度能随车流密度的改变而变化,以保证交通流的均匀、稳定,同时还能提高道路通行能力。

可变速度控制的主要作用表现在以下几个方面:

(1)保证交通安全的前提下尽可能增加交通量。

(2)在交通需求小于通行能力的情况下,当由于高速公路主线上的车辆数变化而引起交通密度变化时,可通过速度调节改善交通流的稳定性,并有助于保证达到最大交通量。

(3)如果交通需求大于通行能力时,可变速度控制的效果最多能延缓拥挤的出现,而不能完全避免拥挤(避免拥挤出现需要用匝道控制、通道控制等策略)。

(4)当发生交通拥挤时,可变速度控制通过改进高速公路上交通速度的均匀性并在高峰时段充分地降低行车速度,可以减少追尾事故。

(5)在非高峰交通期间作为一种提前报警系统来防止事故发生。例如,在事故现场或交通障碍之前设置速度限制标志,以提醒驾驶员前方有危险。另外,在雨、雾、雪等特殊气候条件下,给出能保证安全行驶的速度限制值。

1.可变速度控制的目标速度

可变速度控制的基本原理是依据道路、交通、气候等条件对高速公路主线交通流安全高效运行的限制要求和路段交通流的流量、速度、密度的关系,确定能够允许的最大交通量下的最佳速度和最佳密度,并据此采用可变限速标志等方法对高速公路主线交通流进行速度控制。

可变速度控制的目标主要是速度指标。最佳目标速度的确定方法有两种:

(1)经验统计法。

它根据使用可变速度控制高速公路上交通流状况的历史统计数据来确定。

(2)数据模型法。

通常来讲,交通流状态控制变量的函数关系,加上道路、交通、气象等条件对交通流运行安全和效率的约束条件,建立交通流速度控制数学模型。实际中,可以依据交通流状态和道路、气候等条件,通过修正数学模型参数,来获得不同交通环境条件下的最佳速度控制目标值。

2.可变速度控制策略和方法

主线可变速度控制主要通过主线上交通流的速度在空间和时间上的分布进行控制,以保证交通流的稳定、均匀,或实现将交通流从不稳定状态、拥挤状态调控到稳定状态。可变速度控制的基本依据是实际服务水平和由实测交通状态数据确定的速度—流量关系,其目标是使主线交通流流量最大或保持在一定的服务水平上。

在可变速度控制中,依据动态交通流模型,应该能导出交通流当前所处状态类型,同时应该能在交通流的各种状态出现之前恰当地预警。在德国进行的有关调查结果表明,主线交通阻塞之前,交通流的速度分布已经扩大,因而可用反映速度分布变化扩大程度的速度分布标准差,作为在交通流接近拥挤和紊流状态的早期报警准则。调查也表明,在各种情况下,平均速度下降之前标准差会超过 18km/h 门限值,因而可用检测速度标准差的方法作为早期报警策略。

实现主线可变速度控制的方法是在主线上建立由可变限速标志组成的系统,即在主线沿线上每间隔一定距离设置一个可变限速标志。标志间隔在城市地区一般为 2~3km。

可变限速标志系统中的每一个可变限速标志都与中央控制室相连,中央控制室将交通状况(拥挤、低速、正常)、路面条件(车道数变化、坡度、弯道、结冰、积雪)及气象条件(雾、雨、雪)的各种组合所确定的最佳速度目标值与实际检测出的主线上车流速度值进行比较,判断当前车流运行状态是否符合控制目标,若不符合,则将目标速度值通过可变限速标志告诉驾驶员,从而实现对主线可变速度控制。除用可变限速标志系统外,主线可变速度控制还可利用可变信息标志、驾驶员信息系统、电子道路交通诱导和控制系统、路旁无线电广播来实现。

主线交通状况的检测可用设在主车道上的环形线圈检测器来进行,也可以用设在路旁的紧急电话作为事故发生、特殊气候等信息的来源。检测内容包括车速、车队长度、车流密度。当检测到车队的存在或车流密度过大时,可由控制中心决定速度限制的时间和速度限制值在沿线上的空间序列分布,并自动显示。

发达国家高速公路上使用可变速度控制的情况差别较大(西欧国家采用较多,北美国家采用较少),但都对可变速度控制方法很重视,并做了许多调查,一般认为这种控制方法是有效的,主要表现在:

(1)明显降低了车流速度,改善了速度分布,使速度偏差控制在 7~14km/h。

(2)交通量增大。

(3)减少了交通事故频率,降低了事故的严重程度。

可变速度控制存在的问题是,除非在有特别说明限速原因时,否则一般驾驶员不认为可变限速标志所显示的限速值具有约束力,因而常不遵守限速标准;另一方面是在增加关键瓶颈路段的通行能力上,可变速度控制是不太成功的。

3. 主线计算机控制系统

主线可变速控制系统包括速度控制、综合速度控制和变道控制等功能,要实现这些功能就得把高速公路分成若干节可变速路段。由于这类系统在空间上的范围较大,因而应使用微型计算机控制,以便减少传输费用和增加控制的适应性。

以下对目前西欧高速公路控制系统中所采用的典型的主线计算机控制系统进行简要介绍。

主线计算机控制系统由局部控制器和主线控制中心构成。局部控制器由交通检测装置、可变信息装置和气象检测装置组成,它们通过数据总线与局部控制器的控制单元相连接。局部控制器是基本独立的,对 0.5~5km 长的路段交通流进行控制,将多个这样的局部控制器连接起来,形成对主线交通的控制系统。为了避免在局部控制路段上的速度显示出现不合理的跳动,将主线沿线上的各局部控制器,通过一个数据总线(AUSA-bus)用调制解调器连接起来,在这一连接链的末端(该链的长度可以达到 50km 甚至更长)是一个由 Sun 计算机工作站组成的控制中心,它负责对主线沿线上各局部控制器的协调。

三、可逆车道控制

可逆车道控制又称变向车道控制。可逆车道控制的目的在于改变高速公路主线不同方向上的通行能力,以适应高峰时某一方向的交通需求。在高速公路主线上恰当地使用可逆车道控制能够更经济有效地使用道路空间和通行权。

1. 采用可逆车道控制的条件

当交通需求符合下列条件时,采用可逆车道控制是合理的。

(1)交通需求在方向上的不平衡具有明显的差别,例如主流方向与次流方向的交通量分别占交通量的 70% 和 30%,并且主流方向交通量超过正常情况下该方向的道路通行能力。

(2)交通需求主流与次流在方向上必须定期或不定期地经常相互转换。

(3)上述不平衡交通需求在未来若干年内会继续存在。

(4)没有其他可替代的或更经济有效的解决方向不平衡交通需求的办法,诸如利用其他道路或增加路面宽度等。

2. 可逆车道控制的基本运行方式

(1)可逆性单向通行方式:又称潮汐式单向通行,它是将一条道路上所有车道在一段时间内只准朝一个方向通行,在另一段时间内只准朝相反的方向通行。

(2)可变向车道运行:在不同时间内将道路的部分车道供不同方向的车流通行。

3. 实施可逆车道控制的方法

可逆车道控制技术是使用可移动的交通设施、可变信息标志来改变车道通行方向。这些装置可以由现场人工操作,也可由中央控制室远距离操纵。

在高速公路设计时就可以考虑采用可逆车道控制,通常把可逆车道与一般车道分开,形成三幅式车行道,并通过可变信息标志告诉驾驶员可逆车道的通行方向。

四、主线调节控制

主线调节控制是根据输入的交通流和下游的通行能力,对经由主线入口(例如收费站、隧道或桥梁入口)进入高速公路控制路段的交通流实行一些限制的方法,使该路段下游高速公路主线能保持期望的服务水平。采用主线交通调节控制还能实现在沿高速公路主线上不同地方的交通需求之间合理地分配高速公路的通行能力,并对载客率较高的公共汽车、合用客车和高占有率车辆给予优先通行权。除专门设置主线调节控制设施外,利用设置在主线上的收费站也是实现主线调节控制的主要手段之一,它可以在任何给定的时间内通过调节开放收费车道数,来调节沿线进入下游主线的交通流量。

能力训练 9-4

不定项选择题

1. 主线控制的主要目的包括(　　)。

　A. 当交通需求接近道路通行能力时,使主线上的交通流保持均匀性和稳定性

　B. 当出现交通事故或因维修而使主线通行能力下降时,要提高道路的使用效率

  C. 改善交通流运行状态,使其在主线上的瓶颈路段上能达到最大通行能力

  D. 减少驾驶员的不良情绪,将驾驶员诱导到交通状况较好的道路上

2. 主线控制涉及的几个方面包括(　　)。

  A. 车道使用控制   B. 警告和诱导

  C. 优先控制   D. 以上选项均不符合

3. 主线控制的主要过程包括(　　)。

  A. 从过去的统计资料中或采用交通感应方法获得当前高速公路上交通流状态变量值

  B. 依据交通流模型判断交通流运行状态

  C. 确定高速公路主线交通流控制的目标状态值及相应的控制方法

  D. 以上选项均不符合

4. 主线控制的常用方法有(　　)。

  A. 可变速度控制   B. 车道关闭

  C. 主线调节   D. 可逆车道控制

5. 可变速度控制的主要作用有(　　)。

  A. 保证交通安全的前提下尽可能增加交通量

  B. 交通需求小于通行能力时,改善交通流的稳定性,并有助于保证达到最大交通量

  C. 交通需求大于通行能力时,能延缓拥挤的出现,但不能完全避免拥挤

  D. 当发生交通拥挤时,充分地降低行车速度,可以减少追尾事故

6. 可逆车道控制的条件包括(　　)。

  A. 交通需求在方向上的不平衡具有明显的差别

  B. 交通需求主流与次流在方向上必须定期或不定期地经常相互转换

  C. 没有其他可替代的或更经济有效的解决方向不平衡交通需求的办法

  D. 以上选项均不符合

7. 可逆车道控制的基本运行方式(　　)。

  A. 可逆性单向通行方式   B. 可变向车道运行

  C. 可逆性双向通行方式   D. 以上选项均不符合

8. 下列选项关于主线调节控制的描述,正确的有(　　)。

  A. 对经由主线入口进入高速公路控制路段的交通流实行一些限制

  B. 使高速公路路段下游高速公路主线能保持期望的服务水平

  C. 实现在沿高速公路主线上不同地方的交通需求之间合理地分配高速公路的通行能力

  D. 对载客率较高的公共汽车、合用客车和高占有率车辆给予优先通行权

项目五　高速公路通道系统控制

【能力目标】

能正确描述通道系统的概念。

【知识目标】

(1)了解通道系统的原理、方式、措施、目标、特点;

(2)了解通道控制战略;

(3)了解高速公路结合点控制。

【支撑知识】
(1)通道系统的原理、方式、措施、目标、特点；
(2)通道控制战略、高速公路结合点控制。

通道控制的对象是由高速公路、侧道和其他平行干道所组成的通道系统上的交通流。通过对交通资源进行灵活调整和合理分配，达到高效运输的目的。

一、高速公路通道控制概述

1. 通道系统的概念

高速公路通道系统由高速公路、匝道以及与高速公路相关的侧道、干道、城市街道等组成。它是一个以高速公路为核心的、沟通两个或两个以上地区之间交通的道路网络。

2. 通道控制原理

高速公路通道控制就是对通道系统交通流进行协调、管理、诱导和警告。其基本原理是监测通道系统中所有道路及交叉口，将超载道路上的交通转移到通行能力尚有剩余的道路上去。通道控制是一个综合控制系统，它集中了高速公路监控系统、驾驶员信息系统、匝道控制、侧道控制、主线控制、交叉口控制、干道控制以及城市道路交通控制和区域交通控制的原理、策略和方法。

3. 通道控制方式和措施

通道控制可分为限制和分流两种方式。限制是控制各道路上的交通需求，使其低于通行能力；分流则是把车辆从超负荷的道路上引到尚有剩余通行能力的道路上去。

在通道系统中，高速公路的运行效率比其他干线道路要高，所以一般情况下最好优先利用高速公路，只有当高速公路上的交通需求超过或接近其通行能力时再用通道分流方法，这样可以提高通道系统的总体运行效率。

当发生常发性或偶发性交通拥挤以及在道路维修情况下，可用通道分流控制方式来缓解或消除交通拥挤。

通道控制的常用措施包括：采用临时性分流标志、优化各类道路交通信号配时方案、统筹制定各匝道的调节率以及运用驾驶员信息系统和实行公共汽车、合用车优先控制。

4. 通道控制的目标与特点

高速公路通道的通行能力是由高速公路的通行能力和能为高速公路交通需求提供可替换服务的平面道路及交叉口的通行能力组成的。通道控制是通过在通道系统内有效地分配和管理交通流，以达到在交通需求与通道通行能力之间获得最佳平衡和充分利用通道通行能力的目的，使整个通道系统处于最佳运行状态。

由于通道系统控制是以系统最优为目标，其控制对象又分布在较大的地区范围内，所以要求通道系统的控制采用各种交通自动检测手段和控制方式，这样通道控制系统能否有效监测系统内各条线路的交通状态是控制效果好坏的关键因素。

影响通道控制效果的另一基本因素是通道控制方法。由于通道控制对象包括高速公路的主线、匝道以及侧道、干道、城市街道，它们在控制方式、控制方法上有很大区别；并且是分布在一个较大的区域范围，因而对各类控制对象的交通控制方法如何选择，以及如何组织和协调这些控制对于通道控制系统来讲有多种组合方案可供选择,确定最佳的通道系统控制方案就是通道控制战略问题。

从理论上讲,通道控制采用定时的或交通感应式的控制都是可以的。但实际上,一方面,通道控制的目的和范围决定了它须采用交通感应式控制,即要求通道控制系统是具有实时响应控制能力的动态控制系统。另一方面,高速公路通道控制的控制模型维数高,系统结构复杂,有多个相互联系的子系统,且空间分布范围大,系统控制是多目标决策,需采用多个指标评价系统控制效果,因而通道控制系统问题是一个典型的大系统控制问题。

二、通道控制战略

1. 通道控制系统的构成

按控制对象分,通道控制系统可由以下子系统构成。
(1)高速公路(包括主线和匝道)控制系统。
(2)侧道、干道控制系统。
(3)城市道路交通控制系统。
(4)驾驶员信息系统。
(5)交通监视系统。
(6)中央控制系统。

按控制功能分,通道控制系统可由下列设备组成。
(1)用于提供通道系统内各道路运行情况实时信息的检测系统。
(2)对上述信息进行处理,在此基础上作出控制决策的中心控制设备。
(3)执行控制策略的外场控制设备。
(4)连接检测设备、中心控制设备、外场控制设备及车载设备的通信系统。

2. 通道控制战略的内涵

所谓通道控制战略是指从通道系统整体利益出发,为实现提高通道系统的效率和安全的目的,而对通道控制系统的控制目标、评价指标、系统组成、控制功能、控制结构、控制技术和方法以及控制逻辑的一个优选组合方案。具体来讲,通道控制战略是为了最大限度地发挥通道通行能力的利用效率,把通道上各种控制系统的运转和驾驶员信息系统结合起来,所采取的继承应用方式。

制定通道控制战略是一项交通控制系统工程,它包括下列内容:
(1)明确通道控制系统的要求。通过对交通需求特征、通道系统结构特征以及通道系统环境的调查分析,提出设计通道控制系统的具体要求。
(2)通道系统的设计和综合。理解并组合系统各部分的功能。内容包括:城市道路控制、高速公路控制、监视、计算机控制、监测、信息传输、系统组成、系统结构、现有的系统技术、候选的通道控制方案。
(3)评价和选择系统。对系统方案分析评价包括:效用/成本分析、成本估算、可靠性分析,选出最优方案,以此形成通道控制战略。
(4)设计、实施和管理。依据通道控制战略设计通道控制系统,实施后交付使用,并对系统进行维护管理。

通道控制战略中的主要技术包括:

(1)协调技术。包括局部协调技术和整体协调技术。局部协调技术指高速公路、匝道、侧道、干道、城市街道相互连接处的交通信号两两之间的协调技术。整体协调技术是指各个控制分系统之间的协调技术。

(2)通道控制系统设计与优化技术。

(3)系统控制技术。包括交通控制技术、动态系统控制技术、大系统控制技术等。

目前付诸使用的通道控制技术主要是采用驾驶员信息系统来实现交通转移(分流)。在许多发达国家已采用道路交通诱导系统对区域交通进行控制,这是一项先进的交通控制系统,可以用于通道控制中。通道系统的动态最优控制等大系统控制方法还处在研究中。

三、城市与高速公路结合点控制

城市与高速公路结合点控制实际上是通道控制的一种特殊情况,必须根据其特点制定合理的通道控制战略。城市与高速公路结合点的控制战略取决于这个结合点在城市道路网中的地理位置及道路网络的结构特点,可分为以下两种基本情况:

(1)高速公路与城市道路系统在距离城市中心较远的地方相结合,这种情况下,结合点控制是以出入匝道控制、主线控制、交通分流等高速公路交通控制方法为主的通道控制。

(2)高速公路与城市中心区域的道路系统相结合。这时需要考虑城市交通控制系统与高速公路交通控制系统的相互协调及控制策略。

城市与高速公路结合点控制有它的特殊性,即控制对象不仅是高速公路及其附属设施,还包括结合点周围区域的城市道路。以下情况经常发生时,就需要考虑建立城市与高速公路结合点控制系统:

(1)结合点处高速公路的交通需求接近或超过高速公路通行能力。

(2)由高速公路流出并驶入城市中心区域的交通量导致该区域出现交通拥挤。

因此,城市与高速公路结合点控制具有以下特点:

(1)它是一个双向控制系统,既对流入高速公路方向的交通流进行控制,也对由高速公路流出并驶向城市中心区的交通流进行控制。

(2)需要考虑城市交通控制系统与高速公路的匝道、主线及干道等控制子系统的相互协调问题。在此要根据城市道路网络结构特点(如网格型、放射型、环形等)以及结合点周围区域的城市交通控制类型(如点控、线控还是网络控制系统),结合高速公路通道控制类型和方式制定相应的控制战略和策略。

(3)城市与高速公路结合点控制是区域交通控制系统的一个类型。这是将城市中心道路和高速公路及其配套道路上的全部交通信号的监控置于一个指挥控制中心管理下统一进行交通管理和控制的综合系统。

因此,应该运用区域交通控制系统的概念和方法去处理城市与高速公路结合点控制。

能力训练 9-5

不定项选择题

1.下列选项关于高速公路通道系统控制的描述,正确的有(   )。

    A. 由高速公路、匝道以及与高速公路相关的侧道、干道、城市街道等组成

    B. 是一个以高速公路为核心的、沟通两个或两个以上地区之间交通的道路网络

    C. 监测所有道路及交叉口,将超载道路上的交通转移到通行能力尚有剩余的道路上去

D. 以上选项均不符合

2. 通道控制的常用措施包括(　　)。
   A. 临时性分流标志　　　　　　　　B. 优化各类道路交通信号配时方案
   C. 统筹制定各匝道的调节率　　　　D. 实行公共汽车、合用车优先控制

3. 按控制对象分,通道控制系统构成包括(　　)。
   A. 用于提供通道系统内各道路运行情况实时信息的检测系统
   B. 驾驶员信息系统
   C. 执行控制策略的外场控制设备
   D. 侧道、干道控制系统

4. 按控制功能分,通道控制系统构成包括(　　)。
   A. 用于提供通道系统内各道路运行情况实时信息的检测系统
   B. 交通监视系统
   C. 城市道路交通控制系统
   D. 中央控制系统

5. 通道控制战略中的主要技术包括(　　)。
   A. 协调技术　　　　　　　　　　　B. 通道控制系统设计与优化技术
   C. 系统控制技术　　　　　　　　　D. 以上选项均不符合

6. 城市与高速公路结合点控制的特点包括(　　)。
   A. 既对流入的交通流进行控制,也对流出并驶向城市中心区的交通流进行控制
   B. 需考虑城市交通控制系统与高速公路的匝道、主线及干道等子系统的相互协调问题
   C. 区域交通控制系统的一个类型
   D. 以上选项均不符合

参 考 文 献

[1] 徐建闽.交通管理与控制[M].北京:人民交通出版社,2007.

[2] 徐晓慧,黄德章.道路交通控制教程[M].3版.北京:中国人民公安大学出版社,2011.

[3] 翟润平,周彤梅.道路交通控制原理及应用[M].北京:中国人民公安大学出版社,2011.

[4] 周蔚吾.道路交通信号灯控制设置技术手册[M].北京:知识产权出版社,2009.

[5] 尹宏宾,徐建闽.道路交通控制技术[M].广州:华南理工大学出版社,2000.

[6] 陈峻.交通管理与控制[M].北京:人民交通出版社,2012.

[7] 罗霞,刘澜.交通管理与控制[M].北京:人民交通出版社,2008.

[8] 隋亚刚,等.城市智能交通控制理论与应用[M].北京:中国水利水电出版社,2011.

[9] 中国公共安全行业标准.GA/T 509—2004 城市交通信号控制系统术语[S].北京:中国标准出版社,2004.

[10] 中国公共安全行业标准.GA/T9508—2004 道路交通信号倒计时显示器[S].北京:中国标准出版社,2004.

[11] 中国公共安全行业标准.GA/T 851—2009 人行横道信号灯设置规范[S].北京:中国标准出版社,2009.

[12] 中华人民共和国国家标准.GB/T 24726—2009 交通信息采集 视频车辆检测器[S].北京:中国标准出版社,2009.

[13] 中华人民共和国国家标准.GB/T 26942—2011 环形线圈车辆检测器[S].北京:中国标准出版社,2011.

[14] 中华人民共和国国家标准.GB/T 20609—2006 交通信息采集 微波交通流检测器[S].北京:中国标准出版社,2006.

[15] 林晓辉,曹成涛.基于GIS的交通信号模拟控制实验平台研制[J].广东交通职业技术学院学报,2012,01:50-52.

[16] 林晓辉.Vissim交通仿真软件在地铁施工交通影响分析中的应用[J].物流科技,2012,09:44-46.

[17] 林晓辉,徐建闽,等.基于Vissim仿真软件的干道协调控制方案研究[J].物流科技,2010,02:127-130.

[18] 林晓辉,曹成涛."道路交通控制"教学研究与实践[J].科教文汇(下旬刊),2010,06:58-59.

[19] 林晓辉,徐建闽,等.各进口单独放行条件下的双向绿波设计方法研究[J].交通与计算机,2007,05:8-12,16.

[20] 林晓辉,徐建闽,等.虎门镇连升路干道协调控制系统的设计与实现[J].交通与计算机,2008,03:14-18.

[21] 曹成涛,郭庚麒,等.智能交通信号机的设计及其实现[J].计算机工程与应用,2010,12:68-71.

[22] 曹成涛,徐建闽.单交叉口交通多目标控制方法[J].计算机工程与应用,2010,16:20-22.

[23] 孙璐,丁爱民,等.基于VISSIM仿真模拟的道路改造方案评价[J].公路交通科技,2012,

06:26-30.
- [24] 赵润林,朱铭琳.单点交通信号控制系统的优化设计[J].计算机工程与科学,2012,11:158-162.
- [25] 王静波.交通控制信号优化模型的仿真研究[J].计算机仿真,2011,04:353-357.
- [26] 梁超,范炳全,等.区域交通流协调控制方法[J].交通运输工程学报,2011,03:112-117.
- [27] 吴伟,时柏营,等.面向交通控制的实时在线仿真参数标定[J].同济大学学报(自然科学版),2011,06:842-847.
- [28] 李健,贾元华,等.高速公路转向快速路的匝道控制[J].深圳大学学报(理工版),2011,05:466-470.